中国名镇志文化工程
Culture Project of Local Records of China's Famous Towns
中 国 名 镇 志 丛 书

U0788069

杨柳青镇志

LOCAL RECORDS OF YANGLIUQING

天津市西青区杨柳青镇志编纂委员会　编

方志出版社
Publishing House of Local Records

图书在版编目（CIP）数据

杨柳青镇志 / 天津市西青区杨柳青镇志编纂委员会编 .—北京 : 方志出版社 , 2022.9
（中国名镇志丛书）
ISBN 978-7-5144-5248-8

Ⅰ . ①杨… Ⅱ . ①天… Ⅲ . ①乡镇–地方志–西青区 Ⅳ . ① K292.15

中国版本图书馆 CIP 数据核字（2022）第 062861 号

责任编辑：程倩
责任校对：刘玉霞
责任印制：赵楚
出 版 者：方志出版社
地　　址：北京市朝阳区潘家园东里 9 号（国家方志馆 4 层）
邮　　编：100021
网　　址：http://www.zgfzcb.cn
发　　行：方志出版社图书营销中心（010–67110500）
印　　刷：北京中科印刷有限公司
开　　本：787 毫米 ×1092 毫米　1/16
印　　张：18
字　　数：360 千字
版　　次：2022 年 9 月第 1 版
印　　次：2022 年 9 月第 1 次印刷
定　　价：145.00 元

· 版权所有　翻印必究 ·

（如有印装质量问题，请与我社图书营销中心联系）

序一

习近平总书记指出："不忘历史才能开辟未来，善于继承才能善于创新……只有坚持从历史走向未来，从延续民族文化血脉中开拓前进，我们才能做好今天的事业。"中国优秀传统文化是在漫长的历史长河中历经无数次涤荡和沉淀而形成的思想精髓，蕴藏着无穷的宝藏和无尽的力量。发掘和继承优秀传统文化，是延续中华文明"根"与"魂"的必由之路。与时俱进，推动传统文化不断开拓创新，是中华文明常葆勃勃生机的重要保证。

"国有史，邑有志。"编修地方志是中国特有的文化现象，是中华民族的优秀文化传统。数千年来，连绵不断的志书编修为保护中华民族根脉，传承中华文明发挥了不可替代的作用。中国现存古志有 8000 余种，占现存古籍的十分之一。中华人民共和国成立以来，编修完成数万种省、市、县三级综合性行政区域志、部门志、行业志、专志等，编纂数万种地方综合年鉴、行业年鉴和专门年鉴等，整理出版数千种历代方志及相关研究成果，发表相当数量的方志理论与年鉴理论研究成果。这既是对我国国情、地情持续开展的大规模普遍调查，也是对各地自然与社会发展状况进行的综合研究，其成果构成了一座丰富的文化资源宝藏，为各级领导科学决策提供了重要参考，为推动经济社会发展和文化建设发挥了重要作用。

当前，中国特色社会主义进入新时代，全国地方志事业也进入新时代。如今的地方志事业围绕党和国家利益、经济社会发展，以人民为中心开拓创新，志、鉴、馆、史"四驾马车"并驾齐驱，志、鉴、馆、网、库、用、会、刊、研、史"十业并举"，加快实现在全国范围内全面推进地方志从一项工作向一项事业转型升级。在党中央、国务院的亲切关怀和各级地方志工作者的共同努力下，一批紧密结合社会发展需求、具有独特创造性的工作逐步开展，涵盖中国名镇志、中国名村志、中国名山志、中国名水志、中国名街志等"名志"系列文化工程是其中代表。作为首个"名志"系列文化工程的中国名镇志文化工程，启动于 2015 年，至今已是第三个年头。中国名镇志丛书在记述主体上，选择中国历史文化名镇、经济强镇、特色镇等在全国具有影响力和代表性的乡镇，旨在全面展示中国名镇的文化精髓；在内容题材选择上，重在突出不同名镇的“名”和“特”，力求集中体现不同名镇最精彩的部分，增强可读性；在志书编纂程序设置方面，志书申报、篇目设计、专家审读、专家组验收等流程环环相扣，紧密结合，力争把每一部志书都打造成精品佳志。

习近平总书记指出：“历史和现实都表明，一个抛弃了或者背叛了自己历史文化的民族，不仅不可能发展起来，而且很可能上演一场历史悲剧。”2018 年是改革开放 40 周年，40 年来中华大地发生了翻天覆地的变化，乡镇发生了极为深刻的改变，从粗茶淡饭到有机食品，从粗布衣裙到精美时装，从土屋平房到高楼大厦，人民生活水平大大提高，城乡差距不断缩小。然而，在感受辉煌成就的同时，我们也应该看到，许多精巧的古建、精湛的工艺、亲切的乡音、独特的乡俗也在快节奏的发展中与我们渐行渐远，曾经的家乡正逐渐变为记忆中的故园。

党的十九大报告提出乡村振兴战略，此后党中央、国务院又推出一系列重大举措。实施乡村振兴战略，必须全面加强乡村文化建设，培养乡村文化自信，培植文化之“根”，铸牢文化之“魂”。没有乡村文化的高度自信，没有乡村文化的繁荣发展，就难以实现乡村振兴的伟大使命。振兴乡村文化，既要塑形，更要铸魂，必须遵循乡村发展的客观规律，在发展中把文化的精髓保留下来，把乡土味道、乡村风貌的“魂”传承下去。在保留优秀乡村文化内核的基础上，用现代表现方式，把反映时代精神、先进理念的内容通过群众喜闻乐见的文化产品表达出来，才能够让乡土文化具有更强大的生命力。用创新性的模式书写乡镇志，传承和抢救乡土历史文化，激发爱国爱乡情怀，为探索中国特色新型城镇化发展经验、发展模式、发展道路提供历史智慧和现实借鉴，正是实施中国名镇志文化工程的目的和意义所在。

“月是故乡明”。中国人素有“家国情怀”，家乡的山水是最为美丽的，家乡的风俗是充满温暖的，一声亲切的乡音，一口熟悉的家乡菜，都能拨动游子的心弦，让其魂牵梦萦。中国名镇志丛书是一套全面梳理中国名镇历史人文，挖掘文化特色，突出“名”和“特”的镇志。它能让人民群众深刻感受到本土本乡自然的优美、历史的醇厚、人物的杰出、艺文的风雅等，有助于培养人民群众对家乡文化的自信，激发起人民群众浓烈的爱乡爱国情怀，助力国家新型城镇化建设和乡村振兴战略的实施。

是为序。

中国社会科学院原院长
中国地方志指导小组原组长　谢伏瞻

序二

连绵不断地编修地方志是我国特有的文化传统，为传承中华文明作出了巨大的贡献。在党中央、国务院的高度重视和支持下，这一古老的文化传统焕发勃勃生机，展现新的活力，成为保存、继承、发扬光大中华优秀传统文化的重要依托，培育和践行社会主义核心价值观的重要媒介，社会主义先进文化建设的重要组成部分，发展中国特色社会主义，增强道路自信、制度自信、理论自信的重要载体，在实现“两个一百年”奋斗目标和中华民族伟大复兴中国梦进程中具有不可替代的地位和作用。

事物总是在不断发展中前进。经过改革开放以来 30 余年的发展，中国特色地方志事业与传统的编修地方志已不可同日而语，形成了志（志书）、鉴（年鉴）、库（地情数据库）、馆（方志馆）、网（地情网站）、刊（期刊）、会（学会）、研（理论研究）、用（开发利用）等多业并举的新格局。截至 2015 年 10 月底，全国编纂完成首轮、二轮省、市、县志书 8000 多种，编修部门志、行业志、专业志、乡镇村志 27000 多种，编纂地方综合年鉴 2300 多种，累计整理旧志 2500 多种，还编纂出版了大量的地情书，字数以百亿计，形成以反映国情、地情为主要内容，全面系统、持续不断、卷帙浩繁的社会科学成果群。另外，还开通了 27 个省级网站、230 个市级网站、816 个县级网站；建成国家方志馆 1 个、省级方志馆 16 个、市级方志馆 86 个、县级方志馆近 300 个。这些成果，成为国家极为重要的文化资源，是国家文化软实力和公共文化服务体系的重要组成部分。

最近几年，地方志工作的触角在不断延伸，部门志、行业志、专业志、特色志、乡镇村志编纂方兴未艾，成为当前地方志事业发展新的增长点和亮点。特别是乡镇志，兴起了编纂热潮，从自发的民间行为逐渐过渡为政府组织的文化行为，有的省份以政府令形式将其纳入地方志编修范畴，像河南省还以省政府办公厅名义要求全省普修乡镇志。乡镇志并不是一个新生事物，据现有资料可考，宋代常棠所撰《澉水志》是现存最早的一部乡镇志。与省、市、县三级志书相比，乡镇志虽属小志，但意义却不小，特别是在当前国家全力推进新型城镇化建设的背景下，乡镇志的作用更显重要。

启动中国名镇志文化工程，是适应当前新型城镇化建设形势发展需要、地方志事业发展形势需要的重要举措，也是充分发挥地方志存史、资政、育人功能的重要手段。作为最基层行政组织的志书，镇志是最接近中国社会发展变迁的国情、地情记录文本，具有重要的历史文献价值。而作为充分反映本区域自然、政治、经济、文化和社会的历史与现状的资料性文献，镇志又能全面展示发展脉络，摸索发展经验，为探索中国乡镇未来发展方向提供借鉴和参考。当然，对于祖祖辈辈生于斯长于斯的中国人来说，故乡就是一个魂牵梦萦的地方，故乡的情怀终生难忘。留得住乡愁，记得住乡思，充分展示名镇文化魅力，激发爱乡、爱国情怀，正是中国名镇志文化工程题中应有之义。

是为序。

中国社会科学院原院长
中国地方志指导小组原组长 王伟光

序三

“国有史，邑有志”，中国自古就有注重编史修志的传统。按照我国目前地方志行政法规，国家各级地方志机构的法定职责是编纂省、市、县三级志书，并不包括县以下的乡镇志和村志。这种规定，一方面可能因为全国有数百万自然村落和数万乡镇，全部实行官修很难实现；另一方面可能因为我国历史上就有“皇权止于县”的说法，县以下的民间社会历来是一个以自治为主的领域。然而，改革开放几十年来，我国社会正在发生巨变，这种巨变在基层社会的乡镇、村落、家庭领域更为深刻。作为“乡之首，城之尾”的镇，逐渐被日益崛起的大都市淹没了光彩，村落在快速的城镇化过程中每天都在大量消失，农村家庭的小型化、空巢化趋势非常突出。在这种情况下，我一直在思考，如何留得住历史文化记忆和乡愁，如何把修志的工作向基层社会延伸？

中国人的“家国情怀”，是从“诚意、正心、修身”开始，到实现“齐家、治国、平天下”。所以从国家一统志，省、市、县三级志，到乡镇志、村志、家谱，也是一个完整的系统。

正是在这种背景下，我们决定启动中国名镇志文化工程。乡镇是无数中国人生命的底色和成长的摇篮。如何在城镇化进程中，留得住乡愁，记得住乡音，忘不了乡思，事关城镇化进程的人文关怀和文化保护，事关文化血脉的传承。同时，科学记录城镇化进程，反映城镇化成就，也为今后探索城镇化发展规律、积累经验提供了基本素材。作为全面系统记述一定行政区域的自然、政治、经济、文化和社会的资料性文献，志书是以上功能最好的载体。

我国目前有 4 万多个乡镇，全部修乡镇志还不具备条件。中国名镇志丛书选择的是传统文化名镇、历史军事重镇、革命历史名镇、民族特色名镇、特色经济名镇、旅游景观名镇等类型的乡镇，应该是最具代表性的，在中国乡镇文化传承和社会发展中具有标杆意义。

编纂中国名镇志丛书是对乡土历史文化的保护。随着城镇化进程加快，有不少乡镇被撤并，有些还是在历史上有重要意义的历史文化名镇、特色镇等。如不及时对其历史进行整理、记录，这些重要的历史资料将散佚殆尽。因此，中国名镇志丛书的编纂是对宝贵历史资料的抢救。

编纂中国名镇志丛书是对乡土意识的传承。什么东西有魅力？故乡的山水，乡音乡情的记忆，乡土的气息和家乡菜的味道，不管走到哪里，总是触动心弦。中国名镇志丛书记录的是家乡的山山水水，家乡的历史文化，家乡的风土人情，留住的是乡愁。这些最能激发远方游子和本地民众的爱乡情怀、爱国情怀。

编纂中国名镇志丛书是一种学术探索。镇志的编纂，实质也是一次深入的社会调查研究。“麻雀虽小五脏俱全”，相比省、市、县，乡镇第一手资料的获得需要付出更大的努力。我们也希望在志书编纂上有所创新，使中国名镇志丛书成为一套图文并茂、雅俗共赏的新型志书。

中国社会科学院原副院长
中国地方志指导小组原常务副组长

中国名镇志丛书编纂委员会

主　　任　高　翔

常务副主任　崔唯航

副 主 任　曹宏举　邱新立　朱旭尧　陈秋霖

委　　员（按姓氏笔画排序）

甘根华　田富祥　左健伟　刘文海　刘汉征
江　涌　贠有强　李　良　李云鹤　杨　涛
杨松义　杨洪进　吴爱民　吴泽明　何伟志
汪德军　张军利　陈　旭　陈华康　陈建春
欧阳志国　郑金月　唐昌华　赵国卿　赵增昆
洪民荣　贺　彪　黄　誌　曹荣湘　梁金荣
程中才　魏占海　熊　晖

中国名镇志丛书编纂委员会办公室

主　　任　崔唯航

副 主 任　邱新立　杨军仕

成　　员　陈　旭　李　江　王丹林　刘淑颖　范永恒
王　静　陈　菁　李晓晓　王海荣

天津市西青区杨柳青镇志编纂委员会

主　　任　张晓辉（至 2020 年 5 月）
郭　颖（自 2020 年 5 月至 2021 年 10 月）
宫克明（自 2021 年 10 月）

副 主 任　李银亭（至 2018 年 1 月）
李德成（自 2018 年 1 月至 2018 年 8 月）
陈文成（自 2018 年 12 月至 2020 年 3 月）
柳瑞珍（自 2019 年 12 月至 2021 年 7 月）
张　伟（自 2021 年 7 月）
都应顺（至 2021 年 3 月）
宋浩茹（自 2021 年 3 月）
梁金凤（至 2018 年 4 月）
潘兴旺（至 2019 年 11 月）
李宝磊（自 2020 年 4 月至 2020 年 8 月）
王炳建（自 2020 年 10 月至 2021 年 7 月）
穆光柱（自 2021 年 7 月）
符新华（自 2017 年 5 月）

委　　员　久　奇　门留仁　王　媛　王玉毅　王春明　刘　涛
刘　斌　孙红艳　李　杨　李　涛　李汝杰　李娟华
杨洪艺　宋　卓　张　乐　张乐宇　陈秀峰　林　愚
庞宏剑　赵　勇　赵金月　钱立文　高登政　韩云涛
强　军　潘　峥

特约编审　（按主管镇志工作时间先后排序）
孙国春　邹积浩　林小琳　张月光　杨鸣起　白文平

天津市西青区杨柳青镇志编辑人员

主　　编　赵继华

副 主 编　王洪海

顾　　问　方文贤　胡有刚　冯　立

编　　辑　韦　恬　王富盛　谢连华　梁　浩　冯　楠
胡有华　杜　卉　冯月兰　吴金妹

照片提供　杨柳青镇网信办（宣传工作）
西青区融媒体中心
西青区文化和旅游局
天津市文化遗产保护中心

改造后的尊美街入口（2018年）

中国名镇志丛书凡例

一、以马克思列宁主义、毛泽东思想、邓小平理论、“三个代表”重要思想、科学发展观、习近平新时代中国特色社会主义思想为指导，坚持辩证唯物主义和历史唯物主义的立场、观点和方法，存真求实，全面、客观、系统记述中国名镇城镇化进程和改革开放成果，反映小康社会建设过程，传承和抢救乡土历史文化，激发爱国爱乡情怀，留住乡愁，为探索中国特色新型城镇化建设、服务乡村振兴战略提供历史智慧和现实借鉴。

二、为全面反映入志事物发展脉络，各志上限尽量追溯至事物发端，下限一般断至各志启动编修年份，个别重大事项可延至搁笔。详今明古，着重反映时代特色和地方特点，重点体现各镇的“名”与“特”。

三、记述地域范围以下限年份的行政辖区为主。为体现名镇在更大区域内的意义，可以从更开阔的区域视野记述与该镇相关的内容。

四、统一采用纲目体，设类目、分目、条目三个层次。横排门类，纵述史实，述而不论。

五、综合运用述、记、志、传、图、表、录等体裁，以志体为主。体裁运用适当创新，篇目设置不求面面俱到。

六、除引用文字和附录文献资料外，统一使用规范的现代语体文记述，行文力求朴实、严谨、简洁、流畅、优美，可读性强。

七、人物部类遵循“生不立传”原则，人物传主按生年排序，只选录对本镇发展有重大影响的人物，不面面俱到。

八、各项数据一般采用国家统计部门数据。数据缺乏的，采用主管部门或主办单位正式提供的数据。

九、数字用法、标点符号用法分别采用国家标准《出版物上数字用法》（GB/T 15835—2011）、《标点符号用法》（GB/T 15834—2011），计量单位采用国家技术监督局1993年12月发布的《量和单位》系列国家标准。历史上使用的计量单位，如斗、石、里、尺、磅、华氏度等，在引文时可照录。考虑到社会使用习惯，全书中亩不统一换算。

十、中华民国成立前的纪年，使用朝代年号纪年，括注公元年份；中华民国成立后的纪年，均使用公元纪年。志中所称“解放前（后）”，以该镇解放日为界；“新中国成立前（后）”，以中华人民共和国成立日1949年10月1日为界；“改革开放前（后）”，以1978年12月中共十一届三中全会召开为界。本志“××年代”，凡未加世纪者，均指20世纪。

十一、为节省篇幅，避免重复，本志采用条目互见法。参见条目的表示形式为：参见本志“××类目·××分目·××条目”。

十二、对旧志、古籍中的繁体字、冷僻字一般用简化字或通用字替换，易引起误解的则保留。

十三、记述各个历史时期的党派、机构、职务、地名等，均以当时的名称为准。对频繁使用的名称，首次用全称并括注简称，其后用简称。

十四、各镇志需要单独说明的事项，均在各自编后记中记述。

杨柳青镇在中国的位置

审图号：GS（2021）8722 号

杨柳青镇在天津市的位置

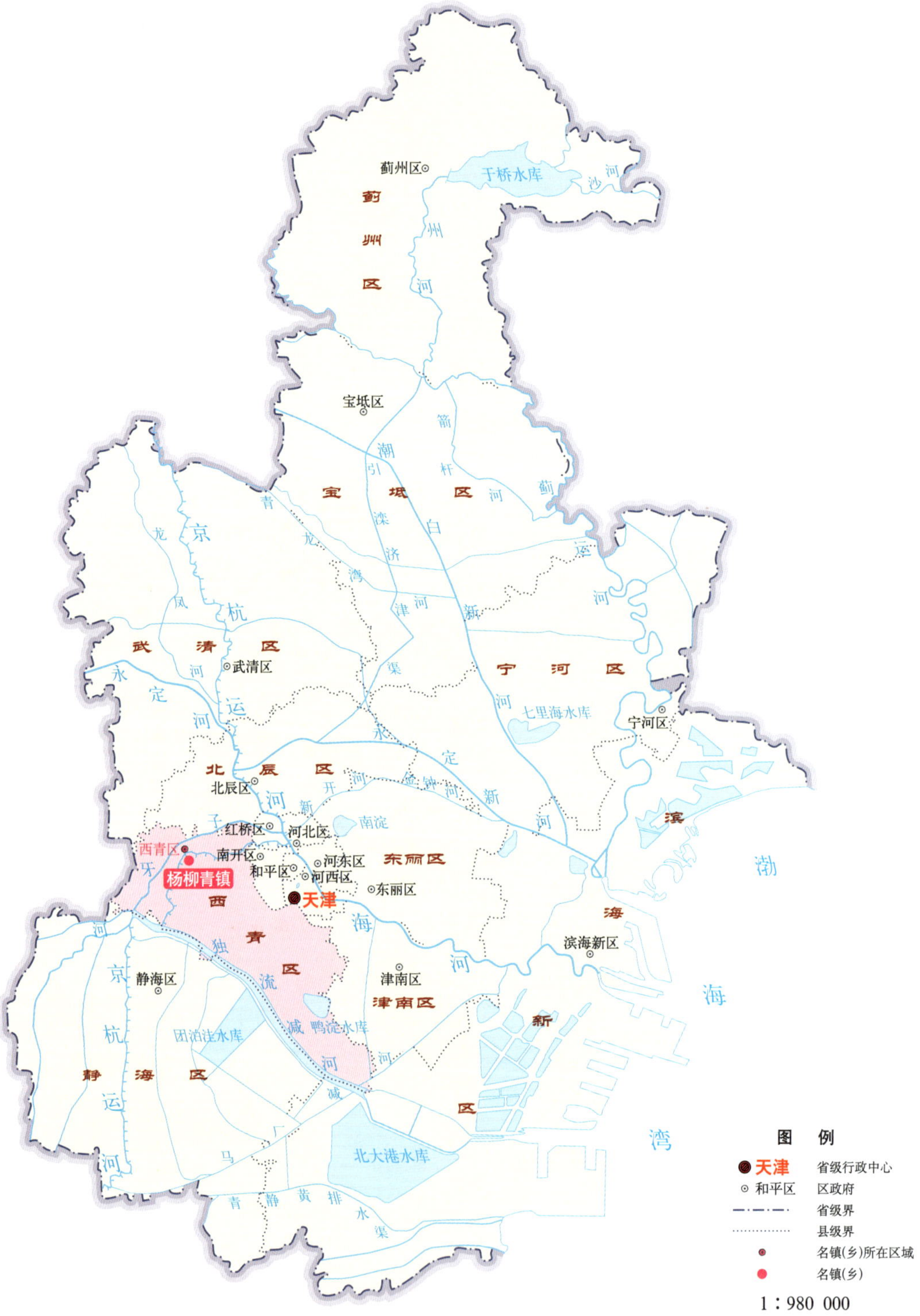

审图号：GS（2021）8722 号

杨柳青镇地图

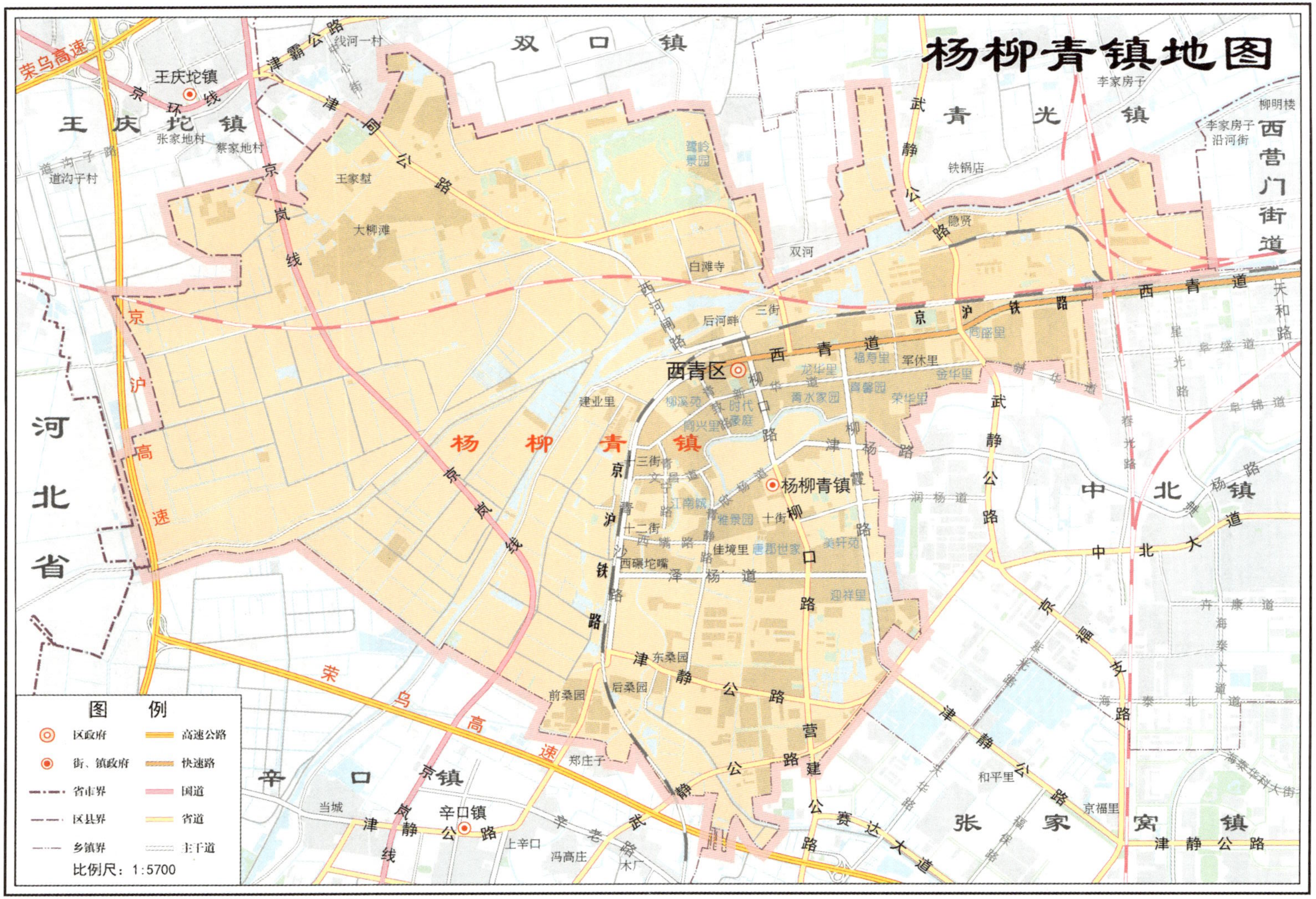

审图号：津S（2020）001

古镇新貌（2005 年）

广场琵琶班（2005 年）

娃娃舞《年年有余》(2018 年)

石家大院玉白菜(2019 年)

石家大院戏楼（2019 年）

过年买吊钱（2019 年）

元宵节灯展（2020 年）

元宵节灯展焰火（2019 年）

杨柳青古镇牌坊（2018 年）

画师文房（2020 年）

年画《麒麟送子》（2011 年）

年画《蟾宫折桂》（2017 年）

年画《盗仙草》（2013 年）

年画进校园（2021 年）

江南城（2016 年）

杨柳青风筝（2021 年）

剪纸《福寿》（2021 年）

目录

大运河畔的年画之乡

“村旗夸酒莲花白，津鼓开帆杨柳青”，这是明代文学家吴承恩赞美杨柳青的诗句。

大运河畔的杨柳青古镇，过去人们用美好的诗句颂扬它，是因为这里有漕运带来的商业繁华和根基深厚的历史文化。现代人们对这个古镇的钟情，是因为这里有运河文化、年画文化、赶大营文化、大院文化形成的独特民俗文化底蕴。

在大运河流经天津市域的南运河段上，有一座千年古镇——杨柳青，它不仅有个充满诗情画意的地名，还享有中国历史文化名镇、中国文化传承魅力名镇和中国木版年画之乡的美誉。

2005 年，杨柳青被中央电视台评为中国文化传承魅力名镇。2008 年 12 月，杨柳青镇被评为中国历史文化名镇。为加强对历史遗存、名胜古迹的保护，政府投资恢复 4.2 千米的南运河（京杭大运河杨柳青段），建成南运河景观带和御河人家民俗文化旅游区，形成南有秦淮人家、北有御河人家的人文景观。运河文化、年画文化、大院文化和民俗文化等，这些中国北方传统的民俗历史文化在此集中体现，显示了杨柳青镇的古典风格，充溢着浓郁的文化气息和斯文气质。

2019 年年末，天津市将杨柳青大运河国家文化公园建设明确为重点实施的标志性工程，对外公布规划方案，即把杨柳青大运河国家文化公园全力打造成文化传承的载体、文化交流的平台、文化消费的场所和市民乐活的家园，使其成为大运河上一颗闪亮的明珠，向人们呈现一座展示中华民族灿烂文化、生动鲜活的“历史博物馆”。

“杨柳青古镇”碑（2018 年）

春到杨柳青（2008 年）

一

杨柳青地处九河下梢，从太行山山脉顺流而下的卫河、漳河、滹沱河、滏阳河、大清河等河流都汇入子牙河与南运河。杨柳青南临南运河，北临子牙河，历来水资源丰富，被称为“北国小江南”。

因有大运河水运之便，南方的文人墨客、达官显贵往返北京，杨柳青是必经之地。其中，很多名家在当地留下诗篇，赞美杨柳青的旖旎风光。清代天津水西庄查彬有诗《杨柳青道上》：烟水迷离处，驱车纵目遥。日斜杨柳驿，帆落直沽潮。[①] 富察明义诗

① 查彬：《杨柳青道上》，选自《小息舫诗草》卷二。

京杭大运河杨柳青段拐弯处（2010 年）

《舟行子牙河》：遥天阔野望苍茫，河势奔腾东去长……苇村晓作鱼虾市，泽国春多凫雁行。[①] 清沈峻诗《津门棹歌》：家家户户对篷窗，白鹭飞来照影双。杨柳桃花三十里，罟师都惯唱南腔。[②] 在诗人笔下，古镇杨柳青不是江南，却胜似江南，尤其“罟师都惯唱南腔”，点醒读者不要错以为杨柳青是在江南，其实是在北方，当地渔夫习惯于用南方腔唱渔歌。

杨柳青镇西有广袤的莲花淀，清高恒懋有诗《泛莲花淀口占》：十年荷花面面秋，渔人指点向莲洲。芦花深处难回棹，一叶随风溯水流。……花光水色乱晴湖，小艇轻移起浴凫。遥望远波无限景，恍疑身入辋川图。[③] 诗人生动地描绘了莲花淀“云水流肆，舟楫过往”的美景，令人仿佛置身于仙境般的画卷之中。

---

① 富察明义：《舟行子牙河》，选自《绿烟琐窗集》。
② 沈峻：《津门棹歌》，选自《欣遇斋诗集》卷十三。
③ 高恒懋：《泛莲花淀口占》，选自 1934 年《静海县志》人民部戌集文艺志（下）。

二

“杨柳青”之名本身就美，再有年画之美，二美相加，使古镇优雅的气质蜚声海内外。杨柳青年画亦有神奇之处，被媒体称为“中国四大木版年画之首”。究其历史原因有四。

其一是年画进京。杨柳青是北京门户，又有大运河之便，年画于清乾隆年间（1736—1795）进入北京城，皇家贵族、豪门富贾需要与年俗画不一样的高雅艺术品，杨柳青年画因此必须提高档次，开始走向富丽雅致。

其二是手工彩绘。杨柳青年画发明了手工彩绘，仅绘制面部就有15道工序，精细程度由此可知，从此品位提升走向高雅。

其三是拓展题材。源于农耕文化的年俗画走向高雅，进入中上阶层后，题材的局限性问题突出。杨柳青年画作坊为开拓新内容，聘请南方海派画家进入杨柳青作画，其中较著名的是钱慧安，他在十余年里先后为杨柳青年画创作100余幅作品。钱慧安把文人画的诸多特点融入年画创作，杨柳青年画色调风格也由浓艳转向淡雅，使人耳目一新。皇家如意馆宫廷画师高桐轩以画亭台楼阁式的界画著称于世，其《荷亭消夏》《四美钓

杨柳青年画代表作《莲年有余》（2017年）

年画艺人在手工彩绘（2010年）

鱼》等画作一经问世，精美的皇家园林画面令人惊叹，很快风靡市场。张祝三也是宫廷画师，他最擅长画“戏出画”，即以戏曲剧目为题材的作品，如《三英战吕布》《大破冲霄楼》等都出自其手。正是这些高手画师和杨柳青本土画师的共同创作，使杨柳青年画达到 3000 多个题材的规模，中国数千年的历史人文故事尽收画中。

其四是万人同画。杨柳青年画进入鼎盛期后，镇上作坊近百家，画牌相连，彩幌比肩。其中，较大的作坊画案有上百个，工人 200 余人，每年能制作年画 2000 件，每件 500 张。每年冬至前后，远近趸画的客商云集古镇，订货到手，客商才络绎散去。随着市场需求越来越大，单靠作坊已无法满足，年画艺人便大胆放手，将印完墨线的画坯子分发给南乡百姓去着色描金，很快带动南乡 36 个村的人加入年画彩绘行列，形成万人

《南村访友》　钱慧安　作

《教子有方》　钱慧安　作

《潇湘清韵》 高桐轩 作

作画，“家家会点染，户户善丹青”的画乡之势。这一令人惊叹的可喜局面延续百余年，既是伟大创举，也成为历史佳话。

清光绪三十三年（1907），俄罗斯汉学家阿列克谢耶夫（1881—1951）到杨柳青探访。经过对杨柳青年画的深入了解，这位学者震惊了。他看到大运河畔沿街的画店竟如此之多，一家紧挨一家，大作坊甚至占据一条胡同。更令他感到不可思议的是，古镇南乡36个村的农民都在画画。这位汉学家开始崇拜这片神奇的土地，并大量购买杨柳青年画，达3000幅之多。阿列克谢耶夫的举动影响了一批欧洲有识之士，他们先后进入画乡，把大量年画带回欧洲。后来，这些年画被俄罗斯、法国、德国等国各大博物馆收藏。

阿列克谢耶夫搜集的3000多幅杨柳青老版年画大部分收藏在圣彼得堡的博物馆。天津市西青区新闻中心得知这一消息后，于2016年派记者前往俄罗斯一探究竟。在圣彼得堡国立艾尔米塔什博物馆，记者见到了大量100年前的杨柳青年画。俄罗斯圣彼得堡国立艾尔米塔什博物馆、国家东方民族艺术博物馆、普希金造型艺术博物馆等共收藏中国年画7600余幅，这也是他们几代人努力搜求的成果。

三

清光绪初年，新疆被外国侵略势力占领，伊犁地区也被沙俄侵占。左宗棠临危受命，组织西征军收复新疆。后左宗棠因追击捻军到河北，击败捻军后回师西北，临行在河北广备军需，在杨柳青招募大船和纤夫运送物资，纤夫安文忠与伙伴们应招。军需物资送到西安后，安文忠和一些伙伴没回家，改行做货郎，追随军队大营做货郎生意，因此叫赶大营。

安文忠和众多货郎随西征军进入新疆，有力地支援了军队供应，新疆收复后由货郎改为坐商。安文忠和先期进入新疆的货郎发迹后，一批又一批的杨柳青人奔赴新疆，时有“3000 货郎遍天山”之说。到光绪末年，去新疆谋生求发展的杨柳青及周边人口已有 2 万余人。

从纤夫安文忠于清同治七年（1868）改行货郎追随西征军大营做生意开始，到 1937 年抗日战争全面爆发驼道被封闭结束，赶大营延续 70 年。杨柳青人在新疆创造了商贸奇迹，他们重新激活了古丝绸之路，利用被称作“沙漠之舟”的骆驼，把大量的新疆土

“大营客”骆驼队

赶大营展馆（2019 年）

特产运进北京、天津，又把其他各地的货（统称京货）运到新疆，提高新疆人的生活质量。他们的商贸店堂字号遍及北疆和南疆，迪化（今乌鲁木齐）大十字商业街的生意户基本是杨柳青人，伊犁的汉人街、惠远城的十字街上杨柳青商人占 80% 以上。塔城、奇台、吐鲁番，以及南疆各城，到处都有杨柳青人。大商号比比皆是，一次进货或回货能用 2000 头骆驼。他们还将丝路拓展到渤海之滨。清末，在民族危亡的紧要关头，朝廷给新疆的协助饷银迟迟不能到位时，是大营客们拿出巨额银两解了新疆之危。

赶大营的大营客遍布新疆各地，他们扎根西域边疆，重视教育，后辈多出人才，遍及各行各业。至 2019 年，据新疆赶大营后裔估算，大营客后代已有 60 万余人。

四

石家大院，古镇杨柳青的名门望族石家，祖籍是山东东阿大瓮口石家岭村。清雍正年间（1723—1735），以船运为业的石蓬到杨柳青定居。从此石家依靠漕粮运输，兼营万兴粮行，成为津西首富。清道光二十六年（1846）出版的《津门保甲图说》，载有清嘉庆二十年（1815）的石府住宅图，其范围东起美成德胡同，西至大寺胡同，南至前大街，北至后大街，连同旧宅，近 20 个宅院连成一片。清光绪三年（1877），石献廷之孙石元士在大运河畔新建的石家大院由 10 个大四合院连体，也就是如今被辟为杨柳青博物馆的石家大院尊美堂。1991 年，作家冯骥才到馆参观，题词“津西称首富，华北第一家，民殷皆如是，自然安天下”。

2006 年 6 月 10 日是第一个中国文化遗产日，石家大院被国务院列为全国重点文物保护单位。同年 10 月，被国家旅游局批准为国家 AAAA 级旅游景区。

石家大院（2010 年）

石家大院学堂（2021 年）

作为杨柳青博物馆的石家大院，其宏大的四合院连套规模，精美的砖雕、木雕、石雕蕴含了丰富的北方民俗文化知识。许多国家领导人、文化名人和国外友人到大院考察游览，游客常年络绎不绝。这里是完整的明清风格古建筑群，也是影视剧选景的极佳场所，电视剧《狼烟北平》《故梦》《辛亥革命》《阴谋与爱情》《我是大侦探》等诸多剧目都曾在此拍摄。

安家大院，位于石家大院后门一路之隔的杨柳青估衣街 28 号，始建于清同治年间（1862—1874），宅院占地面积 1118 平方米，建筑面积 583 平方米，一宅两院，是中国北方典型的连套四合院格局。它有房屋 35 间，皆砖木结构，外墙磨砖对缝，内墙是清水砖砌的围墙，屋顶是木椽清水砖望板。

宅院虽年代久远，但基本完好，正门门楼等处的砖雕、石雕无甚破损。房屋的青砖碹窗、碹门仍显露着昔日建筑的艺术华彩；上房梁时贴的福字和对联“上梁喜逢黄道日，竖柱欣遇紫微星”的字样仍清晰可见。清末民国初的家具古香古色、典雅华贵，尤其各房间的 300 余扇、近百种门窗隔扇能充分体现房主的富有与工匠的精湛技艺。游人置身此地，可真切感受老式庭院的魅力，体味古人的智慧与工匠精神。

安家大院门前是当时杨柳青最繁华的估衣街，出门向前百余米是穿镇而过的京杭大运河，距离运河上的西摆渡口不足 200 米。从宅院处向后远眺，由东向西依次是东门、北门、西门。

这所极富北方古老风格的民宅大院最初的主人是谁已不得而知，后来被安文忠买下，给二弟安文发居住。

安家大院被开辟成旅游景点后，在修葺时有一大发现。正厅一侧的地砖下突见洞口，进洞口逐级而下，才知这是一个不小的藏金银珠宝的地窖，并在地窖里挖出一把锈迹斑斑的手枪。这地窖不知是在建筑初期就已经存在，还是安文忠买下后增设的。

安氏祠堂，位于杨柳青镇估衣街施医局胡同 2 号的安氏祠堂，始建于清光绪年间（1875—1908）。安文忠购得此民居，用来祭祀祖先，改建成安氏祠堂。安氏祠堂占地 631 平方米，由一路两进四合院 24 间房屋组成，中间有穿堂，将整座建筑分为南北两个院落。院落布局相同，皆为四合院式，建筑形式均采用小式硬山做法。正房为七檩前出廊五开间，东西厢房三栋为三开间，均为布瓦屋面、马鞍脊。所有房屋明间采用四扇五抹隔扇门，次间和稍间下部为海棠池式槛墙，上部为支摘窗，地面为仿古青砖，古朴雅致。东南角开金柱大门，门内有一字影壁。院内保存有安氏家祠记事碑一通，主要记述安文忠的生平及修建家祠的初衷。

新中国成立后，安氏祠堂先后作为杨柳青文化馆、图书馆、少年宫、启智学校等办公使用。在第二次、第三次全国文物普查中，安氏祠堂被登记为不可移动文物。2002 年，西青区对安氏祠堂进行全面修缮，恢复原貌。2003 年，此院成立杨柳青年画馆，同时设计布展陈列。

如今，建设中的杨柳青大运河国家文化公园、文化小镇，让人们对这个历史文化名镇魅力的提升充满热切的期盼和美好的憧憬。

安家大院（2012 年）

镇中文化旅游区（2017 年）

基本镇情

杨柳青镇位于天津市西南部，是西青区委、区政府所在地。杨柳青镇是千年古镇，历史长于天津，因此有“先有杨柳青，后有天津卫”之说。镇内交通便利，津浦铁路、津保公路穿镇而过，区域东南紧邻京沪高铁天津南站。地处“京津冀”一小时核心都市圈内，杨柳青发展前景广阔。

建置区划

地名由来 杨柳青是一座千年古镇。隋代以前，杨柳青为渤海西南隅一片泽国，隋开皇元年（581），海水退却，形成沼泽地。宋景德至元丰年间（1004—1085），黄河泛滥，河水冲决汇流东下，所携泥沙逐渐形成大片土地，故名流口。后宋军在此屯兵植柳，复名柳口。金贞祐二年（1214），设柳口镇，为建置之始。元至正三年（1343），文人揭傒斯游历至此，赋杨柳青诗“杨柳青青河水黄，河水两岸苇篱长”，是为杨柳青之名较早见于文字。明、清两代，杨柳青成为南北物资流通和文化艺术交流的北方重镇。漕船云集，杨柳繁茂，巨商富贾、名流学士云集于此。

建置沿革 汉，境域隶属渤海郡章武县。隋、唐，隶属鲁城县。北宋，隶属清州乾宁军。金代，隶属大兴府武清县。元、明两代，分属武清县、静海县。清及民国时期，改属天津县辖镇。1948 年 12 月，设杨柳青市。1949 年 4 月，改市为镇，隶属天津县，8 月改为河北省直辖镇。1950 年 12 月，划归天津县。1951 年 7 月 6 日，河北省人民政府指令杨柳青镇由天津地区直接领导，直至 1954 年 4 月划归静海县。1960 年，隶属天津市南开区。1962 年，隶属天津市西郊区。1992 年，西郊区更名为西青区，杨柳青镇归属西青区至今。

辖区变迁 明中叶，杨柳青归属顺天府武清县时为杨柳青里，后因镇区向西扩张入静海县境，故镇区东部属武清县管辖，镇区西部属静海县管辖。明嘉靖十九年（1540），全部划归河间府静海县，时为杨柳青乡。清康熙年间（1662—1722），杨柳青镇并入武清县鱼市里庄。清雍正八年（1730），划归天津县西乡，次年，在该镇设水、陆驿丞，下领 43 个村。清乾隆四年（1739），天津县划分为四路，杨柳青镇属天津县西路，辖现镇内各街。民国初年，沿清代建置，杨柳青镇隶属大津县西乡，辖现镇内各街和小稍直口以西、碾砣嘴以北、现北辰区青光以南各村。1925 年，天津县划分为 8 个区，杨柳青镇隶属第三区，为区公所驻地，辖现镇内各街。1941 年，辖现镇内各街和碾砣嘴、马家庄、谢家庄、李家楼、祁家庄、小蒋庄、雷家庄、西北斜、东北斜、疙瘩村、邢家庄、汪家庄、大稍直口、西姜井、东姜井、李家园、小稍直口、大园村、小园村、北辛庄、大觉庵、杨家庄、赵家庄、大卞庄、曹家庄、王家庄、大梁庄等行政村。1948 年，国民党实行保甲制。时辖镇内 16 个保和由镇外划入的 2 个保，总计 18 个保，186 个甲。1949 年，改为天津县直辖镇，辖镇内 16 个街。一至十六街的名称依次定为胜利街、解放街、长胜街、光明街、民主街、革新街、改善街、中心街、互助街、进步街、牌坊街、利民街、兴华街、平安街、建设街、和平街。8 月，改为河北省直辖镇，由天津专区代管，辖镇内各街和白滩寺村。1952 年，辖镇内 16 个街和白滩寺、大柳滩、三星里、东房子、西房子、王家堼、杜家堼等自然村。1957 年 11 月，当城乡并入杨柳青镇。1958 年 8 月，杨柳青镇成立红色人民公社，辖区范围未变。11 月，火箭人民公社（原小甸子乡）与杨柳青红色人民公社合并为杨柳青人民公社。1960 年，隶属天津市南开区，辖区范围未变。

1962 年 2 月，天津市恢复西郊区建置，杨柳青人民公社隶属西郊区，辖区范围为镇内 16 个街和白滩寺、大柳滩等行政村。1963 年，公社以大划小，杨柳青镇体制保留，既是镇又是公社，辖镇内 16 个街和白滩寺村。1968 年 7 月，原属天津市北郊区青光公社的隐贤村划归杨柳青镇管辖。1969 年 8 月，辖区范围除原村、街外，增辖东碾砣嘴、西碾砣嘴、前桑园、后桑园、东桑园、娄家院等行政村。

1983 年 4 月，撤销人民公社体制，恢复乡、镇体制。杨柳青镇为西郊区一镇。

1990 年 12 月，设杨柳青镇街道办事处，辖镇内一至十六街的居民委员会和火车站、青沙路、二经路、三经路、轻机厂、发电厂、南营房、耀华里、西河闸等居民委员会。2019 年，辖 25 个行政村，16 个社区居委会。

村庄

大柳滩村 位于镇政府驻地西北 5 千米。清嘉庆年间（1796—1820），为杨柳青齐家看护柳林的佃户在老浑河（子牙河）滩上建房居住，逐渐发展成村，因村建在柳林旁河滩上，故名。

大柳滩村由 6 个自然村组成，分别为大柳滩中心村、三里星村、东房子村、西房子村、王家堼村、杜家堼村。村民住宅于 20 世纪 80 年代实现砖木结构排房化。村中十字形万余米长街道全部为柏油路面，与津同公路相通并有简易公路通往各自然村；建有中

大柳滩村党群服务中心（2020 年）

天然林地——柳仙林（2018 年）

心小学 1 所，卫生所 1 处，果树研究所、春柳文学社、中老年活动中心和党团员活动室等各 1 处。

大柳滩村土地广阔，面积 10 余平方千米，是天津市西北方向重要绿化带。多年来，村里逢春必种树，有 2000 亩绿化林带、上万亩果树经济林带，被天津市授予“绿化百佳单位”称号，并由天津市政府命名为“生态村”。

2014 年，村南原养鱼池填平后栽种杨树 3500 棵。三王轮胎公司迁址后，原处种植杨树 1.2 万余棵。新村东栽种杨树 2 万余棵、柳树 500 棵。

大柳滩村万亩果园采摘节（2019 年）

大柳滩村温室大棚桃园（2016 年）

大柳滩村早酥梨获天津市“金农奖”（2003 年）

大柳滩村万亩无公害果园生产的富士苹果、早酥梨极负盛名。拥有 5000 多亩面积的早酥梨，亩产达 2000 多千克，成为全国有名的早酥梨生产基地。早酥梨比一般鸭梨早熟一个月，个大皮薄，吃起来满口甜汁，肉质雪白脆甜。早酥梨不仅在天津各大市场、超市内销售，北京、山东等地的商贩也前往订购。

大柳滩村自然风光秀丽。春天百花盛开，鸟语花香；夏天满眼翠绿，生机勃勃；秋天果实累累，瓜果飘香；冬天皑皑白雪，银装素裹。大柳滩村有柳仙林景区、庄稼院、水果采摘园，吃农家饭、住农家院、踏春赏花、采摘水果蔬菜、骑马、垂钓、野外露营、露天烧烤等项目一应俱全，是大都市近郊旅游胜地。

东碾砣嘴村 位于镇政府驻地西南约2.3千米处，南运河东南岸。明永乐年间（1403—1424），因村西北角河湾处常年被水冲刷成尖嘴形，淤积处成圆形滩地，形似碾砣状，村又位于南运河东，故名。

清光绪二年（1876）始，在赶大营热潮的数十年间，东碾砣嘴村有超过半数（20余户）的村民陆续进入新疆。他们大部分是御河沿的菜农，掌握种菜技术。尤其任氏家族在乌鲁木齐河畔开辟菜园子，使家乡的种菜技术和数十种优良种子都在那里落地

东碾砣嘴村部分村民住进还迁楼贵福苑（2020年）

宁福苑（2020年）

东碾砣嘴村村民新房家具（2020年）

东碾砣嘴村村民家居装修（2020年）

生根，极大丰富了当地的蔬菜品种。1951年，成村于明永乐末期的胡羊庄村并入东碾砣嘴村。

村民住宅于20世纪80年代实现砖木结构排房化，至1996年建有住宅楼3幢。该村书画爱好者颇多，练习书画蔚然成风。村内建有中心小学1所，卫生所1处。

2019年，东碾砣嘴村经济总产值952.59万元，人均收入2.56万元。

六街（村） 位于镇中部，京杭大运河北岸，大寺胡同南段两侧。1948年12月，中国人民解放军进驻后取名革新街，亦称六街。1956年，以序数定名为杨柳青六街（村）。清嘉庆年间（1796—1820），石家在大寺胡同两侧盖有17个大四合院，大院相连，气势宏伟。在现今的城市化进程中，多数大院已不复存在，而作为六街村委会的承德堂尚存。

2017年，六街所在的杨柳青中心大寺胡同两侧和运河畔改造提升。2019年，六街（村）实现总产值1404.24万元，人均收入2.66万元。

十三街（村） 位于镇西部，津浦铁路南，胜利路和平安路两侧。村委会坐落于天津市衡器厂对面，青沙路南侧。1948年12月，中国人民解放军进驻后取名兴华街。1956年，以序数定名为杨柳青十三街。

坐落在六街（村）的古建筑木雕垂花门（2021年）

石家大院东门（2019 年）

雕塑《赶大营路上》（2020 年）

十三街原为杨柳青西头的周家庄，由周缙所建。在杨柳青赶大营热潮中，周乾义等四兄弟进入新疆，并分头打拼。周乾义经营京货店生意红火，在迪化（今乌鲁木齐）建立“同盛和”字号，并逐渐成为迪化津帮首富。后又在伊犁、古城子以及天津、上海、武汉开办分号，成为赶大营津帮的一面旗帜。

村民住宅多为砖木结构平房，新村住宅实现砖木结构排房化，部分农民购置了商品房。街（村）内有卫生所、老年活动中心、党团员活动室各 1 处。2019 年，村集体总收入 280.15 万元。

十六街（村） 位于镇东南部，光明路东，运河杨柳青段南，一经路南段两侧。1948 年 12 月，中国人民解放军进驻后取名和平街。1956 年，以序数定名为杨柳青十六街。

十六街（村）东寓法鼓出会（2018 年）

古镇杨柳青历史文化积淀深厚，重点是在十六街。建于明代、至今尚存的文昌阁在十六街；享有盛名，为古镇培养出多名翰林、举人的崇文书院在十六街；远近闻名的普亮宝塔仍矗立在京杭大运河畔。在平津战役期间，解放军第四野战军的战地医院就设在十六街，村内男女青壮年成立担架队，从战火中抢救伤员，快速送到野战医院救治。解放初期，杨柳青年画艺人自发组织成立年画互助组，恢复生产这一没落的民间艺术，年画互助组也设在十六街。1960 年春节期间，国务院总理周恩来十分牵挂民间艺术瑰宝杨柳青年画的生存与发展，到十六街杨柳青年画社视察，从此杨柳青年画走上快速复兴的发展道路。

十六街的花会是“东寓法鼓”，每年元宵节期间，东寓法鼓都要出会。

2019 年，十六街（村）行政区域面积 0.97 平方千米，经济总产值 338.77 万元，人均收入 2.58 万元。

2019 年杨柳青镇所辖行政村一览表

表 1

村名	户数（户）	人口（人）	劳动力资源数（人）	耕地面积（亩）	工业企业		三产企业	
					企业个数（个）	利税总额（万元）	企业个数（个）	利税总额（万元）
一街村	943	1898	1384	378	29	12741	280	3799
二街村	639	1169	980	534	45	1147	184	889
三街村	309	542	243	1179	17	317	417	1659
四街村	376	627	321	297	24	273	337	1765
五街村	400	811	528	648	26	1005	310	1695

续表 1

村名	户数（户）	人口（人）	劳动力资源数（人）	耕地面积（亩）	工业企业		三产企业	
					企业个数（个）	利税总额（万元）	企业个数（个）	利税总额（万元）
六街村	286	529	340	1633	35	88986	362	4396
七街村	264	676	256	0	8	110	212	502
八街村	152	307	146	372	26	132	176	499
九街村	190	327	192	500	12	232	182	825
十街村	370	670	413	0	4	36	126	288
十一街村	248	441	273	1028	0	0	552	10552
十二街村	398	768	510	737	0	0	102	465
十三街村	568	1088	700	864	18	1709	152	226
十四街村	998	2019	1026	845	15	4672	322	10086
十五街村	788	1512	829	0	16	218	352	10152
十六街村	1023	2043	1422	374	115	2751	964	11023
白滩寺村	449	1174	753	1324	20	509	202	998
大柳滩村	2268	5882	3436	9089	62	1596	1084	13258
隐贤村	197	511	434	369	14	316	142	562
东桑园村	653	1853	1608	717	26	513	239	1234
前桑园村	302	694	402	8	40	−6028	482	26521
后桑园村	359	930	616	2293	6	149	302	10251
东碾砣嘴村	1157	2700	2200	761	182	7959	170	758
西碾砣嘴村	248	569	328	489	4	111	120	1120
娄家院村	290	713	495	928	5	26	130	1356

社区

广汇园社区 成立于 2002 年，2015 年 5 月与火车站居委会合并，管辖范围为广汇园、聚盛里、和平楼、平和公寓、佳苑里、光裕楼、金属楼等小区和丰收里平房。2019 年 4 月，社区与时代居委会合并，管辖范围为广汇园、时代华庭、时代豪庭、商贸街、和平楼、平和公寓等小区及丰收里、青沙路、后河、十三街等平房区。

2019 年，社区居住 2632 户、6230 人，下辖 6 个楼房区、4 个平房区。楼房区有 39 栋楼，180 个楼门。社区党委下属 7 个党支部。

西河闸社区 成立于 1983 年，管辖区域西起良种场，东至津同公路，北起天津农学院，南至京沪铁路杨柳青段北侧，占地面积 16 平方千米。社区下辖西苑楼、航道处、船厂西河北里、南大实业公司、农校、林果良种场等宿舍，鹭岭景园及金属楼、建塑里、延安道北、后河畔、十七街和十八街内居住的非农业居民，13 个居民区。2019 年，社区居住 957 户，有常住人口 1906 人。

碧泉花园社区 成立于 2003 年，有碧泉花园、成发馨苑、成发花苑、水岸华庭 4 个自然小区，占地面积 22.15 万平方米。2019 年，社区居住 2464 户、5503 人，有 64 栋楼、210 个楼门。

锦绣花园社区 成立于 2003 年，有自然小区 3 个，包括锦绣花园、青馨园小区和锦绣欣居高层。2019 年，社区居住 2195 户、5446 人。

莱茵小镇社区 成立于 2009 年，位于柳口路以东，柳霞路以西，崇文道以南，泽杨道以北，下辖美泉苑、美林苑、美轩苑 3 个小区，有 77 栋楼、152 个楼门。2019 年，社区居住 2498 户、6245 人。

柳溪苑社区 成立于 2004 年，管辖柳溪苑、新华西里、同兴里、广悦里、长青里、友谊楼、聚盛里和聚盛里平房。2019 年，社区居住 2403 户、6556 人。

柳苑里社区 成立于 1995 年，管辖范围东至柳云路，西至和平路，南至西青道，北至京沪线铁路。原管理柳苑里、青云里、新华里和宏兴园，后调整为柳苑里、青云里、青朗园、佳苑里和光裕楼。2019 年，社区居住 3211 户、6035 人。

美庭苑社区 成立于 2013 年，管理范围东至柳霞路，南至柳霞路菜市场路，西至柳口路，北至泽杨道，面积 0.27 平方千米。辖区内有禾和湾、美庭苑、柳馨园、乐美花园等小区，代管西青监狱家属院，有 91 栋楼。2019 年，社区居住 2936 户、8249 人。

柳溪苑社区花园（2018 年）

御河墅社区（2015 年）

轻机厂社区 成立于 1972 年，管辖范围东至三经路，西至柳霞路，南到新华道，北到西青道。2019 年，居住 2330 户、5200 人，是农非混居的老旧小区。

青水家园社区 成立于 2003 年，管理青水家园、星河湾花苑、凌云里小区。2019 年，龙华里、新华东里小区和新华道 69 号院、粮食局小二楼从世纪新苑社区转入。社区居住 2770 户、6350 人。

三经路社区 成立于 1979 年，管辖自然小区 14 个，包括柳兰花苑、金华里、同盛里、泰安楼、柳青东里、水利楼、部队家属院、红旗里、八大局、汽发平房、军休里、耀华里小二楼、耀华里 27 条、三经路平房，有 49 栋楼、167 个楼门、93 排平房。2019 年，社区居住 3522 户、7052 人。

世纪新苑社区 成立于 2003 年，管辖范围东至柳云路，西至柳口路，南至御河道，北至西青道。管理小区由原世纪新苑、永福里、龙华里、新华东里，调整为世纪新苑、永福里、新华里、宏兴园。2019 年，社区居住 2016 户、4253 人。

英伦名苑社区 成立于 2008 年，管辖范围东至柳口路，西至青静路，南到待建路，北到欣杨道，管理英伦名苑和荷悦家园 2 个小区，有 107 栋楼、353 个楼门。2019 年，社区居住 4704 户、7539 人。

御河墅社区 成立于 2013 年，管理范围东起青静路，西至青宁路，北起文昌道，南至润阳道。2019 年，社区居住 1426 户、2300 人。

明月花苑社区 位于杨柳青镇南部，紧邻柳口路，于 2019 年 4 月成立。社区有居民 967 户、1910 人，其中包括 12 个自然小区，4 个网格。

柳轩苑社区 2011 年 4 月建立，占地面积 0.32 平方千米，东至柳兰花苑，西至锦绣花园，北至新华道，南至马庄菜地。辖区包括柳轩苑楼房区和耀华里、昌华里、荣华里、荣华里西 4 个平房区。2019 年，社区有住户 2306 户、5385 人。

自然环境

地理位置 杨柳青镇位于天津市西部。地理坐标为北纬 39° 08′，东经 111° 11′。东至西青区中北镇和杨柳青农场，南接西青区张家窝镇，西南临西青区辛口镇，西北靠武清区王庆坨镇，北倚天津市北辰区，辖区面积 64 平方千米。镇区面积由解放初期的 10 平方千米扩展到 2019 年的 23 平方千米，常住人口 12.74 万余人。

杨柳青镇地理位置优越，交通便捷，距天津市中心 16 千米，离天津机场 30 千米，到天津港 50 千米。镇域紧邻天津市区外环线，西青道、芥园西道、津杨公路等由镇直通市区，间有京沪铁路、津同公路、津静公路、津保高速、京福高速穿境而过，又有南运河、子牙河、大清河三河交汇，环镇而过，进津入海。处于天津市公路、铁路、海运、航空运输立体交通网络之中。

地质地貌

杨柳青地处新华夏构造体系华北平原沉降带的沧县隆起构造单元的北部。基岩地层由中上元古界和下古生界的石灰岩、白云岩构成。地质勘查资料表明，岩石基底比较完整，没有较大断裂经过，地质基础稳固，没有发生过原发性地震活动。根据《京、津、唐地区地震烈度区划图》确定，镇内一般建筑可按 7 度地震设防，重要建筑可略高。

地貌系海退成陆河流淤积时间较短的海积冲积平原，地势低平，除古河道、河堤、村台外，海拔高度一般为 3.5 米以下。地面坡度很小，一般坡降小于 1/5000，排水不畅，历史上洪涝灾害较多。

子牙河上西河闸（2019 年）

子牙河 系海河水系五大支流之一。上游由滹沱河与滏阳河组成，前者发源于山西省五台山东北麓，后者发源于太行山中段东坡。两支流于河北省献县臧家桥相汇后称子牙河。东北流于静海区第十一堡接纳南运河，于西青区第六埠接纳大清河流经西青区境，在红桥区新红桥汇入北运河。

西青区段，南起上辛口乡第六埠村，北流经上辛口乡水高庄、当城，进杨柳青镇西河闸折向东流，经杨柳青农场、西营门乡怡合村出区进入红桥区。区境河段长 23.4 千米，上口宽 80 ～100 米，底宽 30 ～40 米，河底高程 −2 ～ −3 米（大沽水准），流量 800 米^3/ 秒。沿河建有当城大桥、西河闸、津同公路桥、李楼京福公路桥、外环线桥等。子牙河常年有水，是西青区工农业生产和人民生活用水的供水河，因河床较深，仍有引洪和航运效益。

中亭河 原系大清河北支，因流经河北省文安县芒各庄对岸中皇亭而得名。因淤积严重，明、清两代多次疏浚。清末至 1968 年，河道淤塞。今中亭河为 1969 年根治海河洪涝时开挖而成，系季节性河流。该河始于河北省雄县陈家柳扬水站，流经霸州市至清北排灌站，入西青区，于杨柳青镇西河闸以西 553 米处汇入子牙河，全长 66.84 千米，界内长 8.48 千米。为排除大清河以北地区的水患，对中亭河进行挖深、拓宽，河宽 45 ～ 55 米，大堤宽 8 米，堤顶高程 10 米（大沽水准），设计流量 100 米^3 / 秒。

南运河杨柳青段（2010 年）

南运河 京杭大运河组成部分，海河五大支流之一，因位于海河干流以南故名南运河。

南运河西青区段，南起上辛口乡大杜庄附近独流减河左岸，向东北流经镇域前桑园、后桑园、娄家院、东桑园、东碾砣嘴、西碾砣嘴等村，至赵庄子流出区界进入红桥区。上口宽 38 米，底宽 12 米，河底高程 −0.24 米（大沽水准），流量 20 米^3/ 秒。河上建有大沙窝桥、前桑园南运河铁路桥、李楼桥、外环线南运河桥。南运河在历史上曾一度辉煌，历代漕运对中国统一、社会经济发展、南北文化交流起到了重要作用。

东淀 位于天津市西青区、静海区与河北省霸州市交界地带。介于大清河以北，中亭河以南，子牙河以西的狭长低洼地带。清乾隆二十八年（1763），以赵北口为界，分东、西二淀，因地处白洋淀（西淀）以东，故称东淀。总面积 345 平方千米，杨柳青境内面积 13.4 平方千米，地面高程 3.94 ～ 5.64 米，周边堤防高程均在 9 米以上。东淀耕地由过去的一水一麦种植变成保夏粮、争秋收的耕作制度。东淀已发展成为天津市蔬菜生产基地。

莲花淀 为子牙河与南运河两河堤之间的河间洼地。清嘉庆六年（1801）洪水后，子牙河、南运河堤岸加高，水源断绝，成半封闭浅碟形洼淀，因淀内长满莲花而得名。莲花淀西部与北部邻子牙河，东依南运河，南至静海县独流镇东北，总面积 21.25 平方千米。镇人俗称西小洼。该镇淀中土地面积 7000 余亩，新中国成立后改造成良田。

气候

季风显著 境内盛行风向随季节变化而发生明显转变。冬季盛行西北风，夏季盛行东南风。春秋季为过渡季节，风向多变。

四季分明 春季（3—5 月），随着太阳直射点北移，区域内的太阳高度角逐渐增大，日照时间逐渐变长，气温回升，天气转暖，蒸发旺盛，空气干燥，多风少雨，易出现春旱。当北方冷空气势力较强时，常会造成“倒春寒”现象，对越冬作物返青和春播作物不利。夏季（6—8 月），为区内一年四季中太阳高度角最大、白昼时间最长、气温最高的季节。源于热带太平洋的东南季风送去高温、高湿的气流，形成明显的雨季，降水集中，时有冰雹、连阴雨等灾害天气发生。秋季（9—11 月），大气稳定，晴朗少云，冷暖适中，为秋高气爽天气，利于大秋作物和水果的成熟与收获；有时有秋旱和冰雹、霜冻天气出现。冬季（12 月至次年 2 月），在干冷的极地大陆气团控制下，以晴为主，雨雪稀少，加之太阳高度角小、白昼时间短，气温为全年各季的最低值，河水结冰，大地封冻。

温差较大 气温最高月为 7 月，多年平均气温为 26℃；气温最低月为 1 月，多年平均气温为 −4.9℃。多年平均气温年较差，即最热月 7 月平均气温与最冷月 1 月平均气温之差为 30.9℃。多年平均气温日较差为 11.6℃，一日最大日较差达 24.5℃。日较差以春季最大，以 4 月为代表，平均日较差为 13.3℃；秋季次之，夏季最小，以 7 月为代表，平均日较差为 8.9℃。气温日较差大，有利于作物养分的积累和储存。

雨热同季 夏季（6—8 月）是全年的高温期，也正值夏季风盛行期，由东南季风从热带海洋带去丰富的水汽，降水集中，形成高温期（6 月、7 月、8 月各月平均气温在 24℃以上）与多雨期（6—8 月降雨占年降水量的 73%）相一致，即雨热同季。夏季既高温又多雨，正值作物和果林的旺盛生长期，光、热、水的有机配合对农业、林业、渔业的发展有利。

光能丰富 所在地理纬度决定区域天文日照时数从冬至的 9 小时 25 分增加到夏至的 14 小时 56 分，全年可照时数应为 4446.8 小时。由于受阴雨、云雾等天气变化的影响，区气象站观测的实际日照时数为 2810.4 小时。

自然灾害

水灾 镇域地势低洼，历代水灾频繁。金明昌五年（1194）前，黄河经御河（南运河）过杨柳青镇域，至小直沽入海，常泛滥成灾。自黄河改道山东入海后，此地因受大清河、子牙河、永定河诸河冲击，水灾仍不断发生。从元代至20世纪50年代，镇域有记载的大小水灾达300余次，平均两年一次。1954年6—8月，大雨连绵，总降水量800～900毫米，镇域各主要河道堤防多处漫溢，东淀粮田被淹泡，民房倒塌数百间。1963年、1996年，镇域遭遇历史上罕见的水灾险情，在中共中央和天津市委、市政府的领导下，军民共同抗洪抢险，抵御数次洪峰的侵袭，将灾情控制在最低限度，确保了镇域内大部分粮田的安全。

旱灾 据有关史料记载，从明成化八年（1472）至1948年，域内共发生较严重旱灾70次，平均6.8年一次。1949—1990年，域内遭遇干旱26次，平均1.6年一次。由于镇里采取调水、开源取水、当地蓄水及修建水利工程等措施，大部分旱年未成灾。

雹灾 1990年6月21日下午，镇域突降几十年未见的冰雹，历时20分钟，镇南各村塑料棚膜被冰雹破坏，无一完好，棚中蔬菜折腰伏地，枝叶残留无几，成灾面积6000余亩。1991年5月13日，镇北大柳滩村一带降雨加冰雹，果木园受害700余亩，幼果绝大部分被冰雹砸掉。灾后，杨柳青镇得到有关部门物质援助。

风灾 1968年7月9日傍晚，镇域骤起龙卷风，风力达12级，并伴有中雨，从镇西南向镇东擦过，部分大树被连根拔起或被折断，农作物受损十之八九。1994年2月8日，刮起大风，阵风9级，镇域许多温室、大棚的塑料膜被掀翻或撕裂，蔬菜作物损失严重。

人口民族

人口总量 据1953年第一次全国人口普查，全镇总户数7011户，总人口32287人，其中男性17738人，女性14549人。1964年第二次全国人口普查时，全镇总户数9566户，总人口46836人。

1982年第三次全国人口普查时，全镇总户数18186户，其中家庭户18082户，集体户 104 户；总人口为 70331 人。1990 年第四次全国人口普查时，全镇总户数 23599 户，其中家庭户 23417 户，集体户 182 户；总人口 77167 人，其中家庭户 72472 人，集体户 4695 人。与 1982 年相比，总户数增加 5413 户，总人口增加 6836 人。至 1996 年，全镇总户数 25831 户，总人口 78153 人。

2010 年第六次全国人口普查时，全镇总户数 31878 户，总人口 81314 人。2019 年，全镇户籍总户数 46393 户，总人口 110003 人。2020 年第七次全国人口普查时，全镇常住总人口 132899 人，总户数 48360 户，其中家庭户 41846 户，集体户 6514 户。常住人口中，男性 70294 人，女性 62605 人，性别比 112.28。平均家庭户规模 2.45 人。

源流迁徙 金代，境域称柳口，并设巡检，管辖直沽海河两岸广大区域。元代初年，巡检撤销，附近村落居民见此地水上资源丰富，乃迁去定居。燕王朱棣起兵南征，争夺皇位，帝业虽成，人户大减，故于明永乐二年（1404）下令，由山西选迁居民 3 万户，充实到北平附近诸地。其中，梁近礼、梁近义兄弟二人被分配到三角淀地区居住。据《梁氏族谱》载，兄弟二人到三角淀地区后，即被指派分居两地，梁近义在王庆坨北小樊儿口落户，梁近礼到杨柳青运河北岸一块高地安顿下来。明永乐十八年（1420），明朝政府决定迁都北京，并在沧州的南运河下游到北运河两岸，设立 64 屯，以安置随迁而至的军民及其眷属，屯田垦荒。第一批迁至杨柳青的有宋、董二姓氏，随北迁军民在杨柳青定居。第二批迁至杨柳青的有乔、尚二姓氏，在永乐帝迁都后，调查登记时取得官籍，纳入正式户口。后由于水上转运之利，杨柳青市面逐渐繁荣，迁入者日众。至明嘉靖元年（1522），杨柳青已是仕宦踵游、商贾众聚的熙攘巨镇。清雍正年间（1723—1735），山东莱州大瓮口船户石蓬率家人到当地运营，其子孙在杨柳青落户。

鸦片战争以后，外国轮船霸占中国内河航运，南北物资聚散亦逐步东移。河道堵塞，无力维修，大批船工失业，加之自然灾害增多，清同治至光绪年间（1862—1908），域内大批人口流亡，少数去雄县、霸县、白沟及东北三省。

清光绪二十六年（1900）以后，八国联军侵犯北京，不少官僚到杨柳青避难。战后，天津很快恢复生产，杨柳青大多乡绅借此机会去市内经商，以谋求发展。清末民国初，因社会动乱、自然灾害频繁，其间多有人从鲁西北逃荒到镇北一带定居（清嘉庆年间就有山东人移居至此，至今大柳滩、白滩寺两村人原籍多数是山东）。至此，杨柳青地区人口呈上升趋势。

新中国成立后，杨柳青为天津专署驻地，有较多的干部家属随进城干部迁入。20 世纪 50 年代末开始，工厂陆续建成和大专院校相继兴办，大批干部职工和眷属在此落户，使杨柳青镇人口大增。荣复转退军人安置及离退休老干部落户也是杨柳青镇人口增长的一个因素。1979 年后，随着改革开放的深入，外来流动人口逐渐增加，多为务工人员、经商人员。镇域外来人口大多来自东北三省以及山东、安徽等地。外来流动人口多集中在镇工业园区。2019 年年末，全镇常住人口 12.74 万余人。

民族结构 杨柳青镇居民多为汉族，少数民族主要分布在镇区各街。1990 年第四次全国人口普查，全镇有 10 个民族，77167 人。少数民族比 1959 年增加 5 个，计 285 人；比 1964 年增加 3 个，计 191 人；比 1982 年增加 3 个，计 39 人。在总人口中，汉族人口 76838 人，占 99.57%；少数民族 329 人，占 0.43%。在少数民族人口中，人口最多的回族有 230 人，占少数民族人口的 69.9%。

2019 年，全镇有 24 个民族，少数民族中满族 1396 人、蒙古族 517 人、回族 358 人、维吾尔族 79 人、壮族 63 人、苗族 50 人、朝鲜族 33 人、土家族 22 人，其他有藏族、彝族、土族、水族、东乡族、仡佬族、白族、达斡尔族、侗族、哈尼族、珞巴族、鄂伦春族、瑶族、撒拉族、黎族，均不足 10 人。

姓氏组成 2017 年，在全镇街村人口中，1500 人以上的姓氏有 4 个，其中王姓 2745 人、李姓 2417 人、刘姓 1879 人、张姓 1715 人。人口有 200 ~ 400 人的姓氏 6 个，其中任姓 380 人、杜姓 300 人、胡姓 285 人、高姓 280 人、赵姓 256 人、姚姓 213 人。人口有 100 ~ 200 人的姓氏 12 个，分别为郭、韩、徐、陈、马、庞、傅、顾、于、董、孟、纪姓。其他姓氏均不足 100 人。

镇域经济

经济总量 新中国成立前，镇域商业和手工业发展较早。新中国成立后，社办工业兴起。20 世纪 80 年代后，乡镇工业迅速发展，有塑料、钢珠、染纱、橡胶、印刷等较大企业20余家。90年代，杨柳青镇调整产业布局，企业上规模、上水平，逐步形成以医药、橡胶、食品饮料、塑料制品、汽车配件等五大门类为主的企业发展格局。1998年，杨柳青镇实现规模生产总值6.19亿元，第一、第二、第三产业增加值分别占总产值的7.63%、58.17%、34.09%。2000年后，充分发挥地域优势，把第三产业作为强镇富民新的经济增长点，加快房地产、餐饮、旅游、娱乐等服务业的发展。进入21世纪，突出农业产业园区引领作用，大力发展高标准设施农业和现代化休闲观光农业。2017年，全镇完成地区生产总值85亿元，实现税收收入15.3亿元。实现农业增加值3.0239亿元，农民人均可支配收入29256元，同比增长11%。实现工业总产值125.7亿元。

2019年，全镇财政收入11.8亿元，其中镇级财政收入9.18亿元，固定资产投入23.3亿元。

第一产业 早在宋、元时期，南运河两岸的农业即初具规模。此后，由于种植业的扩展，在土地使用方面逐渐向东淀、莲花淀垦殖。20世纪50年代初，全镇可耕地达到14.39万余亩。60年代中后期，因区划变更及企业、民宅建设占用土地，耕地面积减少。至70年代末，全镇有耕地4.74万余亩。80—90年代，利用科技引导，加强基础设施建设，以发展南菜、北果、东粮、西效（高效农业）为目标，促进全镇农业持续发展。至2000年，加快由传统种植业向优质高效农业调整，形成以棚栽作物和节能温室为主的蔬菜种植区，建立以东碾砣嘴村为核心，辐射东桑园、后桑园、西碾砣嘴、十三街等村街的无公害蔬菜生产基地，连片生产2000余亩；建立大柳滩万亩生态果园和无公害鲜食玉米生产基地。2007年，在鑫三农田庄推出周末近郊游和亲子游等一系列文化旅游活动。2008年，杨柳青镇投资8000万元，建成蔬菜博览园2万平方米联栋温室，展示现代果蔬种植模式、科技成果。

进入21世纪，突出农业产业园区引领作用和农田基础设施建设。2010年开始，高标准设施农业和现代化休闲观光农业加速发展，对杨柳青菜博园进行内部完善和提升改造，使园区农业种植、农产品加工储存、旅游休闲等功能得到大幅提升。发展现代设施农业，相继开发建设二街、五街、三街、四街、德仁等5个设施农业种植园区，新增设施农业面积1950亩。发展现代化休闲观光农业，形成镇北子牙河、中亭河生态休闲农业经济带。在观光农业上，显示出良好的发展势头。加大农田基础设施建设，2011—2017年，先后实施5个高标准农田建设项目，通过修建水利设施、硬化农田道路、架设输变电线路等措施，对镇北大柳滩、东淀、莲花淀区域的农田基础设施进行完善和提升

大柳滩万亩果园（2017 年）

大柳滩梨园（2017 年）

设施农业园区（2017 年）

园区芹菜大棚（2017 年）

改造，累计治理面积 3.53 万亩。

2019 年，全镇完成年产 1300 吨蔬菜种植基地项目、年产 175 吨果蔬种植基地项目和年产 470 吨蔬菜基地项目，新增农业设施 27.33 公顷；落实惠农政策，全镇粮食补贴面积 903.27 公顷，涉及 21 个村街 1393 户，补贴金额 128.72 万元；开展植树造林，全年完成植树绿化面积 64.67 公顷，植树 5.24 万余株。推进农村全域清洁化工程，累计整治疏浚河道、沟渠 160 千米，清理农田垃圾及水面漂浮物 1.9 万余吨，拆除违章建筑 174 处；完成白滩寺村、隐贤村和大柳滩村污水处理设施建设工程。

杨柳青果蔬博览园　建于 2008 年，占地 500 亩，园区建设智能温室 2.5 万余平方米、新型节能日光温室 72 栋、景观湖 20 亩、会议中心 2000 平方米、育苗中心 120 亩和蔬菜保鲜库及蔬菜加工车间 7500 平方米。

东洼设施农业园区　建于 2010 年，以设施蔬菜的种植生产为主，包括二街设施农业园区和五街设施农业园区，占地 1000 亩，建设二代节能温室 388 栋，园区以种植茄子、黄瓜、辣椒、西红柿等蔬菜为主营品种。借助放心菜基地工程对整个东洼设施农业园区进行提升改造，按照放心菜基地标准推行蔬菜优良品种，并应用集约化育苗、防虫网、粘虫板、遮阳网、杀虫灯等病虫害防治物化技术，使蔬菜质量安全得到保障，生产条件明显改善。2019 年，园区生产蔬菜 25.5 万千克。

德仁设施农业种植园区 由天津市德仁农业发展有限公司于 2012 年年末完成建设，占地 150 亩，投资 1200 万元，建设二代节能温室 80 栋，引进种植黄瓜、生菜、西红柿等蔬菜品种。2019 年，蔬菜产量为 165 万千克。

三街村设施农业园区 始建于 2013 年，同年年末投入生产。园区占地 600 亩，总投资 6000 万元，由村集体领办合作社——天津市宏宇蔬菜种植专业合作社经营管理。建有二代节能温室 102 栋（7.3 万平方米）、冷棚 49 栋（6.7 万平方米）、炼苗车间 1500 平方米。2014 年，园区被认定为天津市无公害农产品产地，2015 年被评为天津市休闲农业示范点。2019 年，生产蔬菜 135.2 万千克。

四街村设施农业园区 于 2013 年开工建设，占地 200 亩，建设二代节能温室 89 栋。2019 年，生产蔬菜 1.4 万千克。

益利来养殖基地 占地 1200 亩，已建设完成种猪场 72 亩，高标准香猪养殖基地 42 亩，水产养殖面积 660 亩，现代高效成鱼养殖设施 2 个。2019 年，出栏商品猪 2996 头，水产产量 142 吨。

德仁农业发展有限公司水产养殖基地 占地 300 亩，建设鱼池 200 亩，其中鲇鱼池 0.48 万平方米，甲鱼池 1.04 万平方米，娃娃鱼车间 0.2 万平方米，观赏鱼养殖池 0.18 万平方米，冷库 930 平方米。植树 6 万株，占地 1500 亩。基地年产鲇鱼、白鱼、甲鱼等水产品 4300 吨。

精武种猪生态养殖示范园区 建于 2011 年，占地 430 亩，建筑面积 10 万平方米。引进英系祖代种猪 1000 头，美系曾祖代种猪 300 头。年出栏仔猪、种猪及商品猪 6 万头。2019 年，出栏商品猪 2.38 万余头。

第二产业 明、清时期，镇内工业主要是私营小型工厂和手工业作坊，多为粮、棉、油加工业。1949 年，全镇有碾米、扎花、榨油、织染、铁木业、捞纸、烤烟、制衣、制帽、做鞋等工业和手工业作坊 381 家。1956 年，手工业公私合营后，镇内建手工业联营社 17 个，国营、合作社营、公私合营工厂 10 家。

1978 年以后，镇村（街）企业崛起。至 1985 年，全镇兴办企业 122 家，且规模较大，工业总产值由1980年的2319万元增至4383万元。1988年，全镇工业总产值突破亿元大关。1992年，实现工业总产值6.17亿元，产品形成13类120多个品种。1997年，投入1.4亿元用于企业产业结构调整，其中新建项目7项，技术改造11项，扩大项目4项。1998年，镇实施ISO9000系列质量认证工作，有5家企业通过认证。至2001年，20家企业通过认证，企业管理水平明显提高。2002年，杨柳青镇成立招商引资领导小组和工业园区管理委员会，制定招商引资有关政策，编制招商投资指南，成立投资有限公司。2006年，全镇有6家外资企业注册。是年，又有30家企业通过ISO9000系列质量认证。2008年，投资8000万元，用于津信塑料、天成制药等企业技改技措、扩大规模等。2009年，杨柳青工业园被天津市认定为区县示范工业园区。2010年，投资1.1亿元、建筑面积25万平方米的新能源、新材料产业生产基地项目竣工投产。2011年，镇投资2亿元加强示范工业园区建设，引进企业30家。2016年，全镇完成转型升级企业31家，新认定区级技术中心2家，新培育规模以上企业2家，新纳入500万元至2000万元名录库企业7家。2017年全镇完成地区生产总值98.2亿元，实现税收收入14.1亿元。规模以上工业企业实现产值125.7亿元，同比增长10%，其中亿元以上企业13家。

2019年，全镇规模工业企业实现产值115.70亿元。天津市福玛减速机有限公司被认定为区级企业技术中心，天津牧丰饲料有限公司、天津市华衡伟业称重系统股份有限公司、天津泰正机械有限公司、天津盛达新材料有限公司、天津富松汽车零部件有限公司5家公司通过区级企业技术中心考核；天津市泰正机械、天津市鸿捷达模具开发有限公司2家企业获得区技术改造扶持资金；戈尔电梯（天津）有限公司、天津市华衡伟业称重系统股份有限公司申报2019年天津市智能升级项目；天津市中泰电气成套有限公司、天津盛达新材料有限公司、天津市领邑机电设备有限公司申报2019年天津市“专

天津一汽丰田发动机生产车间（2016年）

天津市佳利电梯电机公司生产车间（2015年）

天津鑫宝龙电梯集团生产车间（2015 年）

精特新”中小企业培育项目，天津市泰正机械有限公司、天津市金汇药业集团有限公司申报 2019 年第三批天津市智能制造专项资金项目。天津市国至源生物科技有限公司、天津市陞鑫源塑料包装制品有限公司等 10 家企业获得“小长大”扶持资金。

园区建设 自 2002 年以来，杨柳青镇按照“环境立镇、文化兴镇、经济强镇、开放活镇”的总体发展思路，实施工业向镇南集中、村民向镇区集中的战略，以镇南 0.67 平方千米的盐碱荒地为基础实施工业园区开发计划，于 2003 年开始建设。起始建设以单层标准厂房为主，其中柳口投资有限公司出资建设各类厂房 3 万余平方米。2006 年，园区被天津市政府规划为汽车零部件配套产业密集区。2009 年，与毗邻的中北镇、张家窝镇工业园联合被天津市政府认定为天津市 31 个区县示范工业区之一，被命名为西青汽车工业区。天津西青汽车工业区杨柳青示范工业园规划面积 5 平方千米，起步区面积 3.4 平方千米，起步区东起柳口路、新津杨路，南至津静公路、自来水河，西至青静路，北至傲杨道。

2017 年，全镇新增科技型中小企业 90 家，累计 650 家；新增“小巨人”企业 2 家，累计 30 家；申请专利 900 件，企业科技创新能力持续增强。

经过多年的发展，至 2019 年园区基本形成以汽车零部件、新能源新材料、机电设备制造等产业为主的制造业生产体系，其中汽车零部件、机电设备制造两大产业以高度产业集聚规模，成为引领全镇经济发展的龙头。

天津一汽丰田发动机厂生产线（2016 年）

第三产业 杨柳青早期商业多为饮食行业，明代中叶，已较繁华。清嘉庆年间（1796—1820），经营行业有 68 种，商号 960 余户。1923 年，在工商联登记有门面字号的商户 171 户。1955—1956 年，工商业实行改造，私营商业及商贩全部纳入集体或国营所有制。

中共十一届三中全会后，杨柳青镇恢复早市交易，并开放杨柳青市场。1980 年，全镇社会服务业营业总金额 68.41 万元。1996 年，个体户及联体商业为 1300 户，从业人员 2000 余人，年营业收入 4000 余万元。个体户及联体商业经营的商品主要有小百货、土产、五金、电料、汽车配件、建材、水暖、农机配件、服装、鞋帽、农用物资、生肉、水产、干鲜水果、糖果、各种蔬菜等。是年，投资 3500 万元，完成二经路市场改造，以及新华路商品楼开发项目。1998 年，位于镇中心的杨柳青商城开业，商城内设摊位 600 个，经营品种有服装、鞋帽、皮货、灯具、箱包、食品、文具、礼品、家用电器、钟表、眼镜等。是年，商品成交额 1.08 亿元。1999 年，投资 4500 万元，开发杨柳青森林公园高尔夫球场，当年对游人开放。2001 年，加快镇第三产业发展规划，建筑面积 65 万平方米的广汇园商贸街和新华购物中心主体工程完工，吸纳资金 13 亿元。2005 年，杨柳青镇着力发展第三产业，其中批发零售企业 210 家，交通运输、仓储物流企业 50

家，房地产开发企业 40 家，餐饮、商务、社会服务企业 390 家，各类个体经营户 4420 家。2007 年，杨柳青镇在商贸街、宝华街及柳口、广汇园菜市场推行规范管理和升级改造。

2009 年，杨柳青镇引进物美超市、百顺大卖场、国美电器、苏宁电器等商贸知名企业。2010 年，镇投资 1.9 亿元，完成占地 4 公顷的杨柳青民俗文化旅游区项目建设。2012 年，名众假日商业广场竣工开业，成为集休闲、娱乐、购物、餐饮等功能为一体的现代化综合商业中心，日销售额 20 万元。2013 年，全镇有工商注册服务业单位 4055 家。2016 年，加快第三产业发展，明确由传统制造业向现代化服务业转型的发展定位，新增规模以上服务业单位 800 家。深入发掘年画文化、御河文化和大院文化的内涵，促进旅游业做大做强。2017 年，坚持旅游业带动服务业发展，积极开展文化旅游特色小镇创建，组织实施国家 AAAAA 级旅游景区建设工程，提升“古镇旅游”的文化魅力和区域影响力。全年接待国内外游客 305 万人次，旅游总收入 19.25 亿元，均较 2016 年增长 10% 以上。

2019 年，杨柳青镇建成柳苑里菜市场主体工程、宝华街早餐示范点，新增自行车租赁站点 7 处，古镇核心区和特色商业街区夜间经济示范区已打造完成。全年古镇接待旅游 370 万人次，旅游综合收入 23.29 亿元，均较同期增长 10% 左右。

商贸街外景（2020 年）

社会发展

社会事业

教育 明、清两代，杨柳青设有私塾 20 余处。

清光绪四年（1878），为培育人才，绅士刘光先、石元俊、石作祯、周爱莲、王文彬、戴冠庆、朱宝光、王大为等 8 人在文昌阁内创建崇文书院。文昌阁内有楼阁三层，一层供孔子，二层奉文昌帝君，三层祀魁星。中有红墙，古木参天，外有荷塘、苇塘环绕，仅有一座小木桥与外界相通，小桥流水、树木葱郁、荷花飘香、芦絮轻扬，确为读书养性的好去处。

光绪三十三年（1907），杨柳青开始创办新学堂。石元士创办"第三艺徒学堂"，聘请姚浚源（字芹洲）任堂长。1918 年，安文忠投资，在艺徒学堂原址创办两等学校及工艺学校，继续聘姚浚源管理学校。1920 年，安文忠又捐资万元，在药王庙创办小学。为

20 世纪 50 年代的崇文书院原址（1953 年）

逸夫小学（2019年）

使办学经费无后顾之忧，安文忠捐出一顷余土地，用每年地租补贴教育开销。此后，小学定名为天津县私立安氏小学，其长子安桂藩任校长。安氏小学每年学生去天津考试，成绩均优于其他小学。在其他小学无法维持、生源缩减时，安氏小学却生源充足，最多时学生达400余名。

1949年，全镇有学校9所，其中小学8所、中学1所。1951年3月，私立育青中学改为杨柳青公立初级中学，1956年增设高中班。1972年，杨柳青中学改名为杨柳青一中。1984年，全镇建普通中学5所，有教职工99人。

1987年，东碾砣嘴中心小学迁址到新建校舍。1990年，区实验小学教学楼投入使用。

1991年，西青区启智学校筹建，地址设在杨柳青估衣街2号（原安氏家祠）。1992年，杨柳青第一小学扩建教学楼。1993年，杨柳青三中拆除平房建新教学楼。1994年，香港爱国人士邵逸夫捐资50万元，连同国家投资在杨柳青镇兴建小学校1所，定名为逸夫小学。

2001年，镇投资310万余元，完成杨柳青二中、三中迁址工作，以及启智学校校舍改造项目。2006年，杨柳青镇投资600万元，新建东碾砣嘴中心小学教学楼。2008年，投资200万余元，完善杨柳青二小配套设施。是年，再投资60万余元，对大柳滩小学、逸夫小学和东碾砣嘴中心小学基础设施进行改造。2010 年，镇投资 1373.2 万元，对杨柳青三中和大柳滩中心小学教学楼予以加固；为 5 所小学铺设塑胶场地。至 2019 年年末，镇属中小学有 10 所，其中 5 所小学全部通过市教委进行的《天津市义务教育学校现代化建设》达标验收。

文化

清末，石万程后裔建天赐堂、尊美堂均建有戏楼，请戏班演唱堂会。民国时期，镇区有盛友等书馆，以说评书为主。

20 世纪 50 年代，各街、村建立俱乐部，除排演戏剧外，还排练相声、快板、山东快书、天津时调、单弦、太平歌词等。1964 年，杨柳青镇组建一支 18 人的文艺宣传队，到部队、农村、工厂巡回演出。1980 年，建杨柳青镇文化站，占地面积 500 平方米，内设图书室、说书场、录像厅、青年活动室、老年活动室、台球室、卡拉 OK 室等场所；组织篮球队、秧歌队、业余京剧队等。开展图书阅览、评书、游艺、棋类、曲艺、花会、体育、展览、讲座、戏剧等文化活动。1996 年，杨柳青镇健身舞、大秧歌队由原 100 余人发展到 7 支队伍 700 余人，并成立杨柳青镇中老年健身舞协会。1999 年，杨柳青镇在春节期间组织开展民间花会、民间秧歌展演，以及元宵节灯展活动。2002 年，群众自发形成的业余文化活动队伍发展到 50 支。位于镇中心的区文化中心于 2008 年交付使用，其中包括文化馆、图书馆、少儿图书馆、少年宫、老年活动中心、工会俱乐部、影剧院等，是一综合性、开放性、现代化的大型文化娱乐场所。2011—2017 年，以传承年画艺术、弘扬民族文化、繁荣文化产业为主题，以交流展示的形式感知年画文化的魅力，“画乡”先后举办三届中国·杨柳青木版年画节。

文艺大舞台　1999 年，镇开展“颂祖国·赞西青”文化活动月系列活动。在杨柳青公园青年园东侧搭建简易舞台，举办大型消夏纳凉晚会，文艺演出 12 场次，区业余京剧团、杨柳青镇评剧团、杨柳青镇业余艺术团等参与。

2000—2004 年，每年 7—8 月举办文艺大舞台演出活动。演出内容有京剧、评剧、河北梆子、曲艺杂技、歌舞等专场，共演出 138 场，观众达数十万人次。每届演出活动集思想性、艺术性、观赏性、参与性和娱乐性为一体，成为镇文化品牌。

2005 年，文艺大舞台演出节目更为丰富多彩。除安排京剧、评剧、河北梆子、八一军民联欢、纪念抗日战争胜利 60 周年电影专场外，还安排残疾演员演出。天津曲艺团、

西青区文化中心（2017 年）

2007 年西青区第九届“颂祖国、赞西青”文艺大舞台演出

2009 年元宵节灯展

评剧团、京剧团等 6 个专业文艺团体参加大舞台演出。参加演出的文艺工作者和各界群众、部队官兵 3000 余人，其中有 500 名中小学生。

2006—2017 年，文艺大舞台在每年仲夏如期举办。其间，民众每天聚集在杨柳青镇光明大殿广场上，一边欣赏节目，一边交流、纳凉。此项活动已成为古镇民众喜爱的休闲文化品牌。

元宵节灯展　1979 年，杨柳青镇民间自发举办元宵节灯展。至 1995 年，灯盏开始摆设彩灯。2018 年，大型彩灯有 120 余盏，红纱灯、氛围灯有近 3000 盏。每年正月十四至正月十六，杨柳青镇游人如织、车水马龙，热闹非常。

文化惠民活动　2019 年，全镇 82 支文化队伍活跃在文体事业一线，创作了一批群众喜闻乐见的文艺作品，全年开展文化惠民活动 16 场次。元宵节秧歌花会展演成为影响京津冀的民俗文化品牌，融入杨柳青文化元素的“礼赞新中国、幸福杨柳青”文艺演出，表达了全镇人民对新中国成立 70 周年的美好祝福。

民间花会　群众自娱自乐性质的广场艺术活动，一般在节日庆典、庙会时走街串巷进行演出。1980 年以后，境域内花会表演日益盛行。从 1993 年始，部分民间花会队伍开始参加政府举办的春节秧歌花会展演活动。至 2019 年，比较活跃的队伍有社区腰鼓队、永乐高跷、八街狮子会、女子舞龙会、胜舞老会、风云老会、金钹飞镲会、大柳滩秧歌、夕阳红秧歌队、祥和花会、香塔老会等30余支花会队伍。

遗存保护 西青区人民政府重视对历史遗存、名胜古迹的保护，在旧城改造过程中，按照修旧如旧原则，修复石家大院、安家大院，规划出14万平方米，修复杨柳青旧民居，建成具有民俗特色的大院群。按照明清时期古镇的历史风貌，修复明清街，并规划建设50万平方米的古建筑群，复原古镇传统民居，展现明清时期古镇商埠林立、商贸繁荣的景象。西青区投资恢复4.2千米南运河（京杭大运河杨柳青段），建成南运河景观带和御河人家民俗文化旅游区，形成“南有秦淮人家、北有御河人家”的人文景观。运河文化、年画文化、赶大营文化、大院文化、民俗文化等在古镇聚集，显示古镇的古典风格和文化气息。

在保护有形历史文化的同时，杨柳青镇通过挖掘、整理、弘扬、发展历史文化，使众多的非物质文化遗产得到复兴发展。每年春节期间，举办民俗文化旅游节，演出花会、鼓舞、戏曲、民间音乐、堂会等节目，举办夏季文化大舞台，节目多表现传统文化，以增加古镇历史文化内涵。通过举办杨柳青年画节，并多次去外埠乃至出国展出，使杨柳青年画的影响力越来越大。杨柳青剪纸、风筝、砖雕、石刻作为民间艺术瑰宝，经常进行宣传、展出。

2003年杨柳青八街狮子会参加春节秧歌花会展演活动

京杭大运河上的游船（2018 年）

杨柳青民俗文化馆　2017 年开始筹建，2018 年 10 月正式对外开放。该馆以“历史·民艺·传承”为主题，以杨柳青木版年画内容为主线，呈现“运河通航——年画起源柳口”“乡淀富足——年画祈福民生”“商业发达——年画描绘繁荣”“赶大营商帮——丝路百艺进疆”“戏曲乡音——古镇民情百态”“非遗传承——魅力无穷”六大展区。馆内陈列杨柳青年画、民俗老物件、老照片等 1000 余件，步入式复原场景再现旧时杨柳青古镇的繁荣景象、市井生活，内设 VR 体验项目、全息投影成像、自助语音导览系统，运用多媒体数字影像打造技术超前的展馆互动体验项目。位于二层的“DIY 空间手工艺体验”区，设有年画、风筝、软陶等体验制作。项目参与性、互动性强，不仅活化了杨柳青特色文化产业，还在寓教于乐中加强了杨柳青历史文化的传承与保护。

杨柳青民俗文化馆史料丰富，创意新颖，是古镇历史面貌的完美呈现，也是北方民俗文化的缩影。文化馆投入使用，进一步提升了古镇杨柳青文化魅力和影响力。

医疗卫生　清道光年间（1821—1850），杨柳青镇即建有鉴心堂、东西宝生堂及白家药铺等药店。民国时期，镇内又建有仁德堂、利仁堂、东西成春堂、生生堂、广济生等 10 余家药店。

民俗文化馆年画制作展厅（2019 年）

雕塑《儿时游戏》（2019 年）

西青医院（2015 年）

1949 年，镇内行医者甚多，有药铺 40 余家。1956 年公私合营，镇内各药铺坐堂医生和个体行医者合并成 2 个联合诊所、2 个接生站、1 个镶牙所。1958 年，联合诊所、接生站、镶牙所合并，成立杨柳青公社卫生院。1970 年，建天津市西郊区第二防治院。

中共十一届三中全会以后，杨柳青镇卫生医疗工作有较大发展。各村街相继建立农村新型卫生所，办医形式出现多样化。1985 年，杨柳青镇卫生院升格为西郊区中医医院。1992 年，杨柳青第二防治院更名西青医院。2006 年，杨柳青镇有村级合作医疗 25 处，村级卫生所 19 处，乡村医生 48 人。2008 年，区财政投资 5.7 亿元，建成面积为 7.3 万平方米的区诊疗中心，编制床位 800 张，裙房四层为门诊区域，主楼 16 层为住院病区。西青医院有科室 61 个，其中临床科室 29 个、技术科室 11 个、职能科室 21 个。至 2019 年，全镇有西青医院、中医医院、妇幼保健医院、结核病防治医院等区、镇、村三级医疗机构近百家，构成“三级”医疗网络，方便居民就近就医。

居民生活

居民收入　在人民公社化时期，杨柳青镇人民收入比较微薄，改革开放后逐年提高。2004 年，全镇人均可支配收入 7302 元。到 2010 年，全镇人均可支配收入 1.3 万元。2014 年，全镇人均可支配收入为 2.11 万元，比上年增加 9%。2017 年，全镇人均可支配收入 2.93 万元。此后，镇不再统计人均可支配收入数据。

社会保障　1978 年后，全镇各村（街）普遍实行合作医疗制度。2006 年，全镇落实新型农村合作医疗制度，有效改善了农民因病致贫、因病返贫问题。

20世纪80年代中期，农村开始实行农民退休制度。至1991年，全镇有23个村（街）实行农民退休制度，占全镇总村数的92%，1884名老人享受退休待遇。1996年，全镇有3085名老人享受退休待遇，全年发退休金204.44万元。

2009年，全镇农村有5057名老人领取每月150元以上养老补贴。

2019年，全镇举办公益招聘会11场，为企业解决用工550余人，初审稳岗补贴60家。开展技能培训，培训1055人。新增就业2087人，其中转移农村富余劳动力1087人，为396名下岗失业人员办理困难群体认定，为其中305名困难群众办理养老保险补贴，为9884人次发放失业金1223.25万元。推进全民参保计划，参保企业237家，为2282人办理城职保险参保业务等相关业务。接待城乡医疗全额垫付申报842人次，住院费用总金额900万元。全年为5522人次申请补贴（包含门诊特殊病种），补贴金额836万余元。新增城乡养老保险903人，为60岁以上老年人办理退休手续234人。劳动监察与仲裁接待解决各种投诉事件30起。

镇村建设

卫生镇创建 2007年，在国家卫生区、卫生镇创建活动中，镇政府投入2000多万元，加大镇区基础设施改造和环境治理力度。镇先后对18个居民小区进行治理，拆除违章建筑438处，对宝华街、金三角市场、汽车站、火车站等地的乱摆乱卖、露天烧烤、乱堆乱放进行治理；对宝华街、青沙路、青致路、昌华里、延安北里进行修整和绿化。是年，杨柳青镇获得“国家卫生镇”称号。

街村建设 2000年，镇内进行古镇老区改造，一街至八街和元宝岛上的十五街、十六街先后拆迁，原住居民分别搬入新建的楼房小区。2003年，宏兴园小区配套设施完成，居民陆续入住，清水家园、锦绣花园全面竣工，御河人家完成主体工程9540平方米，世纪新苑小区完成主体工程48万平方米。对街村环境进行全面治理，先后开展

6 次集中治理行动，出动 2 万人次、机动车 40 余部、非机动车 100 余部，清理垃圾死角 30 余处、垃圾 1000 余吨、工程渣土 2000 余吨，投资 54 万元完成各街村 841 处公共厕所改造。2005 年，镇内开展绿色小区创建工作，购买臂吊垃圾转运车 2 部、生活垃圾集装箱 38 个、垃圾箱果皮桶 1600 个。组织街村保洁队对东碾砣嘴、西碾砣嘴、东桑园、前桑园、娄家院等街村进行全面治理，累计出动车辆 300 余部，出动 5000 余人次。对世纪新苑、清水家园、锦绣花园、碧泉花园、柳溪苑、广汇园和新华里等小区进行联合执法，拆除违章棚亭 40 个，清除乱堆乱放 80 处。

2007 年，为满足街村居民居住需求，镇内继续开发房地产项目，时代豪庭二期、莱茵小镇二期、柳兰花苑、御河新花园、英伦名苑等居民小区相继竣工，总面积达 60 万平方米。是年，东桑园、前桑园、十三街、十四街、十五街等 15 个街村获得“市级卫生村”称号。

2017 年，镇政府设置网格单位 16 个社区，网格 90 个。全镇汇集社情信息 1180 条，为各街村百姓解决问题，调解矛盾纠纷 1000 多件。对全镇 16 个社区、70 个小区进行拉网式清整，清运垃圾和堆物 630 余车次、1312 吨，清除卫生死角 1454 处。投入 1.6 亿元对旧楼区进行提升改造，对 15 个小区内的道路进行翻修，新增 2631 个停车位，全区 4 万名民众直接受益。是年，白滩寺村被评为“全国文明村镇”，柳溪苑、柳苑里 2 个社区被评为“天津市美丽社区”。

白滩寺村新貌（2020 年）

大柳滩村一隅（2020 年）

2019 年，青水社区被评为“天津市美丽社区”。2020 年，杨柳青镇被评为“全国文明村镇”，石家大院、广汇园社区被评为“全国文明单位”。

基础设施

道路建设　20 世纪 60 年代末，河道断流，内河航运中断。此后，随着交通运输业的迅猛发展，镇域内京福公路、津同公路、津静公路、青沙路、营建公路、营建支路、赛达大道等相继通车。1996 年后，先后修建镇村公路 42 千米。各条镇村公路分别与干线及区级公路衔接，形成纵横交织的公路网络。2001—2005 年，建成、改造西青道、新华道、柳云路、柳霞路、柳口路、一中南路、和平路、文化路、营建支路、尊美街、宝华街等道路工程，完成杨柳青镇的骨架路网工程改造建设，累计道路建设面积 57.92 万平方米。

水路航道

南运河航道　南运河自前桑园村入境，穿越杨柳青镇区南部，过境长 8.45 千米，河面宽 50 米，汛期水深 3.5 ~ 5 米。沿途流经 22 个村、街，即前桑园、后桑园、娄家院、东桑园、胡羊庄、西碾砣嘴、东碾砣嘴、杨柳青镇区十六街（左岸一街至十四街，右岸十五街至十六街）。民国时期，“津泊航线”开辟，是天津至河北省的重要内河干线。由天津经杨柳青、独流、静海、陈官屯、马厂、青县、沧州至泊镇，航程为 187 千米。20 世纪 60 年代末，南运河航运中断。

子牙河杨柳青段（2019 年）

子牙河航道　子牙河（当地称“后河”）位于杨柳青镇北 1 千米处。源于山西太行山区，流经河北省西部。子牙河自杨柳青镇西北入境，贯穿杨柳青镇区北部，过境长约 12 千米，河面宽约 65 米，水深约 6 米。

子牙河沿途流经大柳滩、白滩寺、杨柳青镇区，至隐贤村出境。子牙河航道，于 1913 年曾辟“津磁航线”，由天津经杨柳青、当城、王口、子牙等村镇，至河间县的沙河桥，航程为 165 千米。至 60 年代末，子牙河航道中断。

大清河航道　大清河旧称会同河，又名清河。其上游有磁、沙二河，源出河北省西太行山中，经东淀、西淀地区，由于流沙沉淀，东出水流变清，故名大清河。于西青区第六埠村处并入子牙河，经杨柳青西河闸至天津。1934 年，河北航运局成立后，置备小轮船 10 余艘及汽船拖船，分线航行，载运客货。曾辟“津保航线”，由天津经杨柳青、水高庄、台头、新镇、新安，航程为 162 千米。至 60 年代末，大清河航道中断。

公路

京福公路（原称国防公路）为北京至福州 104 国道，国家二级公路，柏油路面，全长 2334 千米。过境里程为 17.75 千米，境内公路宽 12 米。始建于 1966 年，北起隐贤村子牙河桥，经杨柳青镇区、李楼、董庄子、张家窝、康庄子、房庄子等村，至西流城独流减河大桥，往南进入静海县界。跨越子牙河桥、京沪铁路立交桥、南运河、自来水河、丰产河、西流城桥。此路为发展工农业生产及交通运输起到重要作用，通长途公共汽车。

西青道进入杨柳青地界（2019 年）

津同公路　天津至大同，全长 840 千米。1958 年始建，1987 年改建拓宽。起自天津市南开区东北角，至山西大同市。天津西站至杨柳青火车站段称“西青道”。西青区境内自西横堤至杨柳青镇一经路向北经大柳滩进入武清区，路段长 17.66 千米，路面宽 18 ～ 26 米。结构为石灰土路基，沥青路面。沿线与外环线立交桥、京沪铁路相交。建津同公路子牙河大桥 1 座，是天津通往西北地区的主要干线之一，也是西青区通往市中心区的主要道路。沿途通行市公交 153 路及长途公共汽车并设站。

西青道　西青道在天津市西北部，跨红桥区、西青区两区，是天津西北部连接中、外环线东西向的干道，东起红桥区西站前街，西至西青区杨柳青镇。该路原是一条由西站通往杨柳青的无名土路。1963 年，拓修后以西青道命名。1983 年，西青道再次拓宽成现貌。界内沿街有十家房、沧德庄、国福庄等居民区，多楼房和少量高层居民楼房。

津静公路　天津至静海，过境里程 3.4 千米。始建于 1962 年，全长 38.25 千米，公路宽 6 ～ 18 米，为国家二级公路。由天津市区 1 号桥入西青区界，经工农联盟农场、东桑园、娄家院，至辛口镇第六埠村，过独流减河进洪闸进入静海区界。此路为柏油路面，是天津通往郊区（县）的主要交通运输线。

青沙路　杨柳青至大沙窝村，始建于 1958 年，全长 11.89 千米，宽 7 ～ 12 米，过境里程 5 千米。起自杨柳青新华路西端，经西碾砣嘴、后桑园、前桑园、辛口镇所属郑庄子、下辛口、中辛口、上辛口至大沙窝村。1963 年为防汛运送物资铺设渣石，1980 年改铺沥青路面。

津杨公路　天津至杨柳青，东起南开区与西青区交界处的李家园村，沿线经姜井、中北斜、李楼、马庄等村，西至杨柳青，全长 9.71 千米。始建于 1971 年，原为碎石路面，1978 年改为沥青路面。此路沿途村庄以种植蔬菜为主，对市区运送蔬菜等物资起到重要作用。

营建公路　由杨柳青光明路桥至张家窝镇古佛寺村，全长 5.92 千米。1956 年，由今杨柳青公园处起至杨柳青镇南驻军营房处，修筑土路，培高路基 1 米，宽 8.5 米。1963 年 4—7 月，始修建杨柳青至南赵庄村段（北段）。路长 3.4 千米，路基宽 8.5 米，路面宽 6 米，结构为 30 厘米石灰土基层，双层式沥青路面。70 年代，又修筑南赵庄至古佛寺村的沥青路面。1988 年 5 月，拓宽改造杨柳青运河光明桥至津静公路段，是年 10 月竣工。路长 3 千米，路基宽 14 米，路面宽 12 米，结构为三步石灰土基层，双层沥青混凝土面层。

营建支路　在杨柳青东南部，由杨柳青镇南营建路口至天津微型汽车厂。全长 3.45 千米，路基宽 11 米，路面宽 6 米。结构为石灰土基层，双层式沥青混凝土路面。1966 年修筑京福公路时建设此路。1985 年，京福公路改线，此路称营建支路。

赛达大道　修筑于 2010 年，双向 8 车道，中央有隔离绿化带，从杨柳青镇柳口路至大寺镇开发区，全长 23.5 千米，镇域 9.7 千米。西青道、津涞公路、津静公路、津淄公路、津港公路 5 条路在西青区域内横向连接起来，把全区各条道路编织成为南北相通、东西相连的公路交通网络。

赛达大道杨柳青段（2019 年）

南运河上步云桥（2008 年）

桥梁

白滩寺桥　为一座木桥，建于子牙河之上，始建于民国初年，长 200 米，宽 5 米。新中国成立初期，桥面破损，有空洞数处，1958 年西河闸大桥建成通车后拆除。

春杨桥　为一座木桥，建于南运河故道上，始建于 1944 年。日军推行第五次“强化治安”时，日伪县长王德春秉承日军意思，强行摊派住户商号筹款，在中渡口处建此木桥，命名春杨桥。后春杨桥更名胜利桥。新中国成立后，居民习惯称“老桥”。20 世纪 60 年代初，先后于西渡口处和光明路处各修建一座钢筋水泥桥后，将老木桥拆除。1971 年因运河改道，将镇区内一段长约 2 千米的河道裁弯取直迁往镇区南部（20 世纪 80 年代运河故道填平，建成杨柳青公园）后，这两座钢筋水泥桥被拆除。

二中桥　始建于 20 世纪 70 年代，由国家资助，十五街村委会修建。架于建设路南段东侧运河之上，为一座钢筋水泥桥。桥宽 3 米，可通行马车。过桥后东与津杨公路相接，西南经东碾砣嘴村与青沙公路交会。

一经路桥　始建于 70 年代，为钢筋水泥桥，运河南移时修建，位于改道南运河一经路南口处。因桥面狭窄，于 1989 年年初加宽 1 倍，并加固了桥基。现桥宽 10.4 米，长 41 米。桥面分上、下行道。

光明路桥　为钢筋水泥桥，运河南移时与一经路桥同时修建，90 年代加宽。桥面宽 25 米。过桥后南行的营建路亦同时拓宽 1 倍，成为上、下分行的交通干道，南直至南赵庄、张家窝等村镇，东可入津至八里台，西行可去静海及河北各市县。

步云桥夜景（2019 年）

振兴桥　始建于 1985 年，为钢筋水泥桥，位于二经路运河故道与新道衔接处。桥宽 25 米，桥长 60 米。

西环路桥　始建于 1990 年，坐落于镇区运河西部，为钢筋水泥桥，圆形灌注桥墩，水泥预制板梁铺设而成，全长 39.6 米，宽 13 米。由此桥经胜利路、西环路达于运河南岸的津杨公路，形成杨柳青镇的一条外环公路。

南运河大桥　位于镇属东桑园村西部南运河之上，以河得名。始建于 1969 年，系钢筋混凝土公路桥，全长 45 米，桥宽 8.5 米，其中车行道 7 米，两侧人行道各宽 0.75 米，1 孔，标准跨径 45 米。

一经路铁路立交桥　于 80 年代中期在西青道拓宽后修建，是一座较现代化公路、铁路立交桥。桥中间为汽车道，宽 12 米，两侧为上、下行慢车道，各宽 4 米，并各有宽约 2 米的人行道。在津浦铁路下以顶箱式推进法开掘了“一大二小”3 个涵洞，过涵洞后为蝶翅形双层车道，两侧通子牙河沿堤公路，中间道路直通子牙河大桥。

子牙河大桥　始建于 1989 年，是一经路、铁路立交桥配套工程，为二级国道标准。原津同公路从天津西站起，经西青道去往保定、霸县、王庆坨、安次等市县，西河闸桥为唯一通道。自一经路、铁路立交桥和子牙河大桥建成通车后，大大减轻了西河闸桥的负担，保障了公路运输的畅通。

隐贤村桥　位于隐贤村北侧子牙河之上，因地处隐贤村得名。始建于 1969 年，全长 129 米，宽 8.5 米，其中车行道 7 米，两侧人行道各宽 0.75 米。T 型梁，灌注桥墩，共7孔，中孔跨径为33米，两侧各孔均为16米，是连接京福公路干线的桥梁。

东碾砣嘴运河桥　原为一座木桥，始建于20世纪60年代中期。1979年，东青公路（东碾砣嘴至杨柳青）修成后，修建水泥桥1座，将木桥拆除。水泥桥于1980年竣工。此桥为拱形架桥（共3排拱架），桥面为板梁，拱形。全长36米，宽5米，两侧人行道各0.80米，最高处为6米。

渡口　新中国成立前，镇域南运河与子牙河段因漕运无桥，先后设渡口8处。其中，在南运河上设渡口6处，即西渡口、中渡口、东渡口、小渡口、碾砣嘴渡口、东桑园渡口；在子牙河上设有白滩寺渡口、乔三渡口。西渡口在镇西娘娘庙大街前河沿，东渡口

杨柳青西渡口遗址（2021年）

运河“中渡口”原址新貌（2019年）

在天齐庙南头。清咸丰三年（1853），东渡口船在兵乱中被毁，原从东渡口过河的人需绕行东、西渡口之间小渡口（亦称中渡口，在原带状公园的长寿园与青年园的通道处）。至清光绪二十年（1894），成兴平韩家制造一艘大船，东渡口得以恢复运营。碾砣嘴渡口由尔氏设立，时西碾砣嘴为私盐道必经之地，故此渡较为兴盛。至1964年，东碾砣嘴简易木桥建成，此渡口废弃。东桑园渡口于1964年东桑园木桥建成后废弃。子牙河上乔三、白滩寺两渡口主要载运货物，亦可载客。

公用事业

供水　杨柳青镇居民一向饮用南运河水。1929年，由居民自行集资开凿水井16眼，每小时出水百担（5000千克）。1953年，在大寺胡同中段东侧钻打第一眼机井，建供水站，居民需挑水用。1956年，在九街奶奶庙钻打第二眼机井，建立第二供水站。至1958年，镇内先后打4眼机井。是时，驻镇各企事业单位自筹资金钻井建水塔，用水自给有余。每条胡同均设供水点，以方便百姓。由于地下水含氟量高，长期饮用对人健康不利，镇政府于1975年在子牙河南岸修建自来水厂1座，饮用水改为自来水。1980年，杨柳青镇供水问题移交天津市自来水公司管理，开始“三入户”（自来水入户、下水道入户、收垃圾入户）工作。至1988年，全镇共铺设自来水管道57千米，彻底改变了昔日“家家有水缸，户户挑水吃”的历史。自“引滦入津”工程竣工后，沿西青道北侧路肩铺设直径80厘米、长9千米的输水管道，并在自来水厂内建立清水库1座，滦河水流入镇区的千家万户。至2010年，镇域实现城乡居民均饮用洁净、安全的自来水。

排水　新中国成立前，镇域没有排水、排污设施，在大寺胡同南口建有1条排水明沟。每户居民备有脏水桶，贮满后挑到数百米以外的镇北，倾倒在坑洼道沟之内，沿河居民直接倒入南运河。50年代，在新华路（时为土路）路基下，铺设镇区第一条排污管道。至70年代初期，在新华路、西青道等几条主要街道铺设近万米的大型排污管道。1984年，全镇区排放的污水量为340万立方米，工业废水量216万立方米。至1989年，全镇实现下水道入户。2010年，镇域实施明清街排水改造工程，新建污水管道近600米，全镇排水设施更为完善。

供电　1923年以前，杨柳青镇居民均以油灯照明。青镇华商电气公司于1923年开办电灯房后，镇上开始用电灯照明，但贫困户依然使用油灯。1945年2月，天津发电厂开始向杨柳青供电。杨柳青镇解放前夕，全镇区用电居民1200余户，时有高压线路10千米，低压线路5千米。新中国成立初期，全镇用电户增至3000余户。1960年，镇电业所移交给南开区水利电力局管理，镇上电灯照明用户发展到4000余户。1990年，镇域建立供电所，电力覆盖所有企事业单位和全镇居民。至1996年，杨柳青供电所辖高压线路35千伏8条，53.15千米；10千伏22条，313.05千米。其中，工业用电432户，照明用电7140户，农业用电381户，商业用电69户。

民用能源 旧时，柴草是各街村农户烧煮取暖的主要能源，主要有秸秆、藤蔓、杂草、灌木、芦苇、枯枝落叶及木材加工的废弃料等，故农家房前舍后皆堆有大垛柴薪以备用，只有少数殷实农户以炭火取暖。至20世纪50年代，供销合作社供应人工煤球后，镇区农户逐步使用炉火。80年代初，全镇开始推行太阳能热水器和液化石油气。1982年，全镇液化气供应4300户，年供气量38.45万余瓶。1992年，镇域实施煤气化工程，历经三期工程建设，全镇实现集中管道供气。1997年，镇域实施“陕气进津”工程，至1998年新管道设施陆续通气点火使用。

取暖方面，70年代中期以前，机关、团体、学校、工厂冬季利用煤炭火炉取暖。70年代中期后，多由本单位投资，安装燃气锅炉和管道，以解决取暖问题。镇域居民向以柴薪、炭火、炉火取暖。自80年代中期以后，一些居民投资安装“土暖气”，以供冬季取暖兼做饭。1999年，镇域集中供热工程开始实施，是年完成10千米供暖管网建设，供热面积8万平方米。2000年，杨柳青电厂供热主干管铺设工程完成。镇域部分居民区和办公区实现集中供暖。2001—2005年，镇域集中供热进入快速发展阶段。集中供热面积达到95万平方米，其中住宅67万平方米。2017年，镇域推进散煤“清零”，实施冬季清洁取暖工程，2200余户居民实现气代煤改造，3400余户居民实现电代煤改造，2200余户居民实现集中供暖，能源结构更为优化、环保。

杨柳青年画

杨柳青木版彩绘年画，因产于风景秀丽的天津杨柳青而得名，创于明代，盛于清代。清康熙、乾隆年间，年画业达到鼎盛，名噪一时，年画作坊有100余家，有“家家会点染，户户善丹青”的美传。清代中期，杨柳青年画进入北京城，从民俗走向高雅，并被一些国家的博物馆、艺术馆作为珍品收藏。新中国成立后，杨柳青年画重获生机，从内容到形式都有了革新和发展，使这一宝贵的民间艺术发扬光大。作为国际文化交流的内容，杨柳青年画远播五洲四海，深受各国人民喜爱。2006年5月20日，经国务院批准，杨柳青木版年画被列入第一批国家级非物质文化遗产名录。

年画之乡

年画初兴　元末明初，杨柳青民间艺人就地取材，选用质地细腻的杜梨木刻印门神、灶王、神祃之类的应时画作，逢年过节出售，以为生计。兴起之初，一般选用黄色纸，印制黑色或朱色画线，即告成功，画风单调、素朴。

明永乐十三年（1415），京杭大运河再度开通，杨柳青地方日渐繁荣，南方运至的纸张、颜料精细，习此艺者渐增，且不断创新。画幅品种增加了消寒图、升官图、寿星图、三祝图、和合二圣图等多种年画。至明万历年间（1573—1620），套色木刻出现，

《天官赐福》

《门神秦琼》

改用白纸，用朱、绿、黄、黑等颜色套印，成为年画一大进步。这一时期的艺匠仍以家庭为主，尚无店铺和作坊名称。经过艺人不断改进，渐有套印加简单涂色的画幅，形成杨柳青年画雏形。

清代，社会稳定，百姓得以休养生息，年画销路渐开。因有大清河、子牙河、南运河水运之便，年画开始销向远方。清乾隆年间（1736—1795），戴氏第九代传人首创以名姓立字号为戴廉增画店，并在年画左下角加印“戴廉增”字样。画店开始雇徒工、请画师，进行出样、雕版、印刷，有了明确分工和工序。戴廉增发明手工彩绘，在年画人物面部增添敷粉、描眉、点唇，按墨线重勾耳、目、口鼻（术语叫“开相”，也叫“染脸”），用铅粉或描金加绘衣饰花纹图案，使画面鲜明典雅、丰满匀称，且题材、品种不断增加。戴廉增获得巨大成功，各家作坊纷纷效仿，年画艺术逐渐完美，提高到新水平。由于销量大增，年画作坊把耗时费工的手绘工序分发到镇南古佛寺、炒米店等地，逐渐拓展36个村庄，形成“家家会点染，户户善丹青”的画乡之势。

年画盛期 年画声誉提高，销路更加扩大，每年秋季向“五河”（大清、子牙、南运、北运、蓟运）水运货船批发，销往河北省广大农村，并向北京、内蒙古及关东地区扩散，成为人民群众喜闻乐见的民间艺术。清乾隆至嘉庆年间（1736—1820），是杨柳青年画全盛时期。继戴廉增画店之后，齐健隆画店是第二家规模较大的画店。这一时期相继出现年画作坊近百家，有10余家较大作坊，每家都有50多个画案、200多名工人，每年每家至少能印2000多件成活（每件合年画500张），全镇年画从业人员达3000余人。乾隆中期，杨柳青年画开始独占北京年画市场。戴廉增、齐健隆、忠兴号、杨正记、增华斋、福成号、三义斋、义和东、双义厚、振记、德记等10多家画店竞相在崇文门外至正阳门一带开设门市。秋冬批售年画，春夏加工纱灯、扇画。

杨柳青年画作为贡品进入皇宫大内。戴廉增为清宫特制门神，每平方尺价银1两，每对门神价银30～50两，称为“金贡笺”。门神的顶盔掼甲和佩剑悬壶，全用“堆金沥粉”，用料为真金金箔。王府、大内的贵人们，各衙门的王公大臣，则贴用“二细子”年画。以《红楼梦》《西厢记》《游园惊梦》等才子佳人为主题的上百种年画深受达官显贵喜爱，盛极一时。

清嘉庆年间（1796—1820），戴廉增画店在丰润县东丰台开设作坊，画版从杨柳青运去，聘请画师，招募徒工就地生产，继有10多家画店在此设立作坊，形成杨柳青年画另外一个生产基地。从雕版、印刷到加工手绘应有尽有，产品就近销往唐山、滦阳、玉

《红楼梦》故事

田、乐亭、兴隆、卢龙等县。10 余家画店又在沈阳建立画庄、开办画市，开展批发业务，产品仍以杨柳青年画名义出售，覆盖了东三省。过年贴画成为东北人民的习俗。

文化流动

创新流动 杨柳青木版年画最初的作品只是门神、灶王之类的年俗画，后来逐渐增加新品种，如《金仙菩萨》《孝行图》《万事如意》《四季平安》等。

清乾隆年间（1736—1795），戴廉增画店借助大运河水运之便，将年画作坊开办到北京城。面对宫廷王府、富贵豪门、文人雅士聚居的北京市场，戴廉增大胆创新，在木版套印的基础上增加手工彩绘。通过人工手绘，把年画提高到一个崭新的高度，不仅色彩鲜艳、画面漂亮，画上人物亦变得精神饱满、栩栩如生，立体感极强，深受京城不同档次客户的喜爱。

北京松竹斋南纸局经营书画用纸，以及笔、墨、砚台文房用具和各种颜料。松竹斋掌柜在杨柳青运河边开了一家南纸店分号。从此，南方的纸张和颜料通过大运河水运，源源不断地运到杨柳青。杨柳青年画使用质量好、价格又便宜的南方纸张颜料，使年画锦上添花、光彩夺目。

人才流动 各家画店聘请著名画家做画师，为年画作坊出画稿。高桐轩是皇家如意馆的画师，在绘画艺术上有较高造诣。他沿大运河往来于北京至杨柳青之间，将皇家如意馆界画画艺移植到年画中，创作《庆赏元宵》《四美钓鱼》等诸多具有界画特色的年画。后来，年画作坊又从上海请海派画家钱慧安、吴小如等大画家。这些海派画家沿大

运河北上，为杨柳青年画融入一股南方画风，使杨柳青年画锦上添花，雅俗共赏。海派画家张熊为戴廉增画店画的《博古花卉》较有名，流传至今。朱梦庐为戴廉增画店留下《富贵大吉》《榴开百子》《秋葵图》等作品。吴友如的画稿有《丰年吉庆》《群争富贵》《子孙拜相》《欢天喜地》等。

故事流动 故事流动即为年画题材创新。中华民族的漫漫历史长河中，积淀了无数伦理故事、人文故事、爱情故事。这些故事随大运河的流动而扩散，南北融合、东西交流，丰富着人们的文化生活。年画画师们从历史故事中吸取营养，创作出大量年画画稿，如《白蛇传》《谢庭咏絮》《天河配》等，有3000多幅。还有众多戏曲年画，北京如意馆画师张祝三因迷恋戏曲，逢看戏必写生，日积月累，为年画准备了大量素材，创作《罗成叫关》《辕门射戟》《三英战吕布》等众多戏曲年画。这些年画都颇受民众欢迎，年画销售量剧增。

市场流动 杨柳青年画声誉日增，销售市场也随之越扩越远。杨柳青水陆码头上，很多南来北往的杂货船都增加了批发年画的业务，经南运河、大清河、子牙河、北运河等多条河流水运向外输送。年画销售市场不断向远方辐射，西北最远到新疆，东北到沈阳。这些地方都是批发点，然后辐射到三北地区。贩售年画的商人越来越多，促进了杨柳青年画业的发展。

北方的大运河到冬季结冰，船运就会停止。智慧的运河人仍能让大运河流动——运河人发明了冰床，杨柳青叫拖床。拖床实际是一个木架子，两道主要的横梁下安装铁冰刀，在冰上滑行十分省力。拖床的木板上铺着草帘子，上面可坐人或装货。撑床者手握挽子枪，双脚叉开，立于拖床后，弯腰用挽子枪刺冰，靠反力推床前行，速度如飞。每逢冬季，杨柳青的很多船工和纤夫都因船运歇业而改为撑拖床。进入腊月后，拖床工就开始忙碌了，为趸画客商运送年画是主要生意之一。撑拖床从杨柳青运到天津卫的三岔口，往返60余里路程，一个拖床一天能跑三个来回，行程近200里。

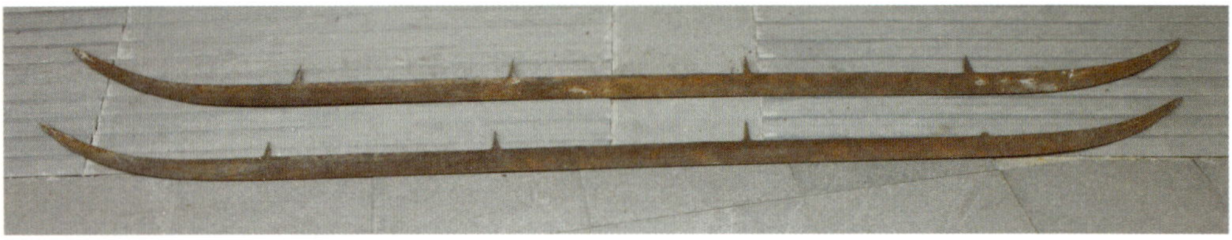

冰床下部的冰刀（2007年）

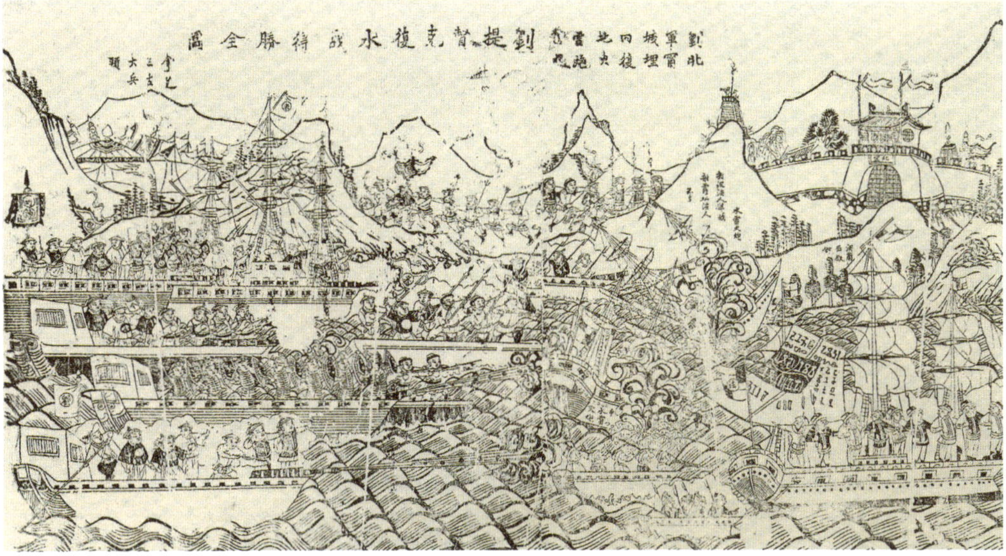

刘提督克复水战得胜全图（墨线）（2011 年翻拍）

年画衰落　清道光至民国时期，杨柳青年画业逐渐走向衰落。道光年间（1821—1850），为扩大竞争能力，戴廉增和齐健隆两家画店先后析产，分立门户。戴氏分出“美利”“廉增利”，齐氏分出“惠隆”“健惠隆”。镇上富户羡慕年画业有利可图，纷纷建立年画作坊，竞争日趋激烈。但好景不长，随着清廷势衰，内外兵事频生，年画销路日下，年画行业渐入困境。

清咸丰三年（1853），太平天国兵驻静海、杨柳青，军势强盛。受其影响，年画作品有了改革，增添了歌颂和适应太平天国的画幅，但销路不畅，利润大减。

清同治年间（1862—1874），兵连祸结，年画业步入艰难时期，不得不开发新品种占领市场。爱竹斋、戴廉增画店推出“洋林”“格锦”新画种（今不多存），远销新疆、内蒙古等地，艰难地向少数民族、边远地区发展。这两种年画没有人物、动物，皆园林、古建、宝瓶之类，虽受少数民族喜爱，但其他地区不适销。画业缺乏生机，画业作坊锐减，尚存戴廉增、美利、廉增利、齐健隆、惠隆、忠兴、增华斋、杨正记、福成、三益斋、义和东、双义厚、振记、德记、和贸怡、玉盛、庆德厚、张义源、忠义厚、李盛兴、义盛和、义盛永等 34 家，依靠传统销路，仍可销往河北、东北等地区。

清光绪年间（1875—1908），针对腐败官僚的讽刺画和抗击外国侵略题材的年画出现。鸦片战争以后，苛捐杂税沉重，河流失修，灾害频发，农民购买力显著下降，年画失去市场。部分画店为降低成本，压低人工描绘工价，改用日本进口的“洋粉连”，但

女学堂演武图（2011 年翻拍）

远不如国产的“绵连”柔软耐用，且易泛黄；颜料改用进口的“普鲁士蓝”“禅绿”，易褪色。压低工费导致画面粗糙，使年画失去淳朴富丽的特色。部分画店仍用国产纸张、颜料，但因成本偏高，无利可图。这两种情况最终导致失去市场，年画行业被迫纷纷倒闭，所剩无几。

民国初年，石印出版，后改作胶印，物美价廉，夺走传统年画的市场，杨柳青木版年画失去竞争力。画店由大改小，有的沦为家庭副业，每年只印灶王、门神图以维持生计，迫使最后一批画店陆续关张。只有新记、德盛恒、永增利 3 家因东北尚有一些传统关系，断断续续接受订货，苟延数年。至 1931 年“九一八”事变，东北沦陷，交通中断，销售无路，也无奈停产。至此，杨柳青再无一家画店，年画艺人全部失业。

抗日战争时期，年画画版被劈毁无计，更有的被日军用作盖碉堡、垫道路、堵决口，到处可见散乱画版；人们甚至把杨柳青年画的珍贵古版当作烧柴，卖给饮食摊点，焚于炉火，数百年的艺术精华濒临灭绝。

画艺复兴

重获新生　天津解放后，杨柳青年画重获生机。1952 年，中央人民政府派员到镇专门调查年画问题，并向中央做了报告。1953 年，年画老艺人韩春荣、霍玉堂、张兴泽成立杨柳青木版年画生产互助组，恢复年画生产。1956 年，互助组发展到 10 余人，受到各级政府的重视，随即杨柳青和平画业生产合作社成立。社址在霍玉堂的私人住宅里，因陋就简，生产普及品，但声誉较高。中央领导人及全国各地的专业画家不断到画社视察、参观和调研，国际友人也陆续前往造访，影响逐渐扩大。

1958 年，随着画社声誉和影响的扩大，天津荣宝斋、德裕公画店归并画社，更名杨柳青画店。画店增聘马云清、潘忠义等民间年画彩绘艺人，招收徒工 10 余人。在镇人民政府支持下，厂址迁到杨柳青十六街和平大街 1 号。厂房规模扩大，生产条件显著改善。

1960 年春节期间，国务院总理周恩来到杨柳青画店视察，对年画发展做出重要指示。1960 年 3 月，画店招收学员 60 人，成立杨柳青木版年画训练班，聘请年画老艺人和专业美术工作者授课，培养一批年画专业技术人才。同年始，进行大规模年画资料征集工作，历时 3 年，征得古旧画版 4328 块、各类资料 1528 件，增强了传统年画的研究、生产实力。1960 年 5 月，杨柳青画店迁往市内，原址改作杨柳青年画工厂。是年,《杨柳青年画资料集》出版，此为中国出版史上第一次用彩色印制年画，获国际书展银牌。

1963 年，郭沫若为天津杨柳青画店题写店名。是年，多名国家领导人先后视察画店，同时接待苏联、保加利亚、马来西亚等国外贵宾。

画艺创新 中共十一届三中全会后，在“双百”文艺方针指引下，杨柳青年画传统技艺恢复，推陈出新，创作大批表现社会主义新生活的优秀作品，丰富年画艺术宝库。

《淀上渔歌》(2011 年) 张锡武 作

《山集春早》（2011 年） 张克森作

年画街一侧（2019 年）

年画一条街（2018 年）

全镇先后完成整理传统年画资料 3000 余种，出版近 500 种。在继承传统的基础上，550 多幅新作问世，其中 30 多幅赴法国、意大利等国展出，25 幅被国外博物馆收藏。在国内 10 多个省市及香港地区举办展览，扩大了影响，使传统艺术进一步得到发扬。

新型店铺 1990 年，创建于 1926 年的玉成号画庄恢复年画生产。1994 年，中国科学技术馆选派玉成号画庄赴瑞士参加欧洲文化交流展。杨柳青年画作为一项传统技艺进行表演，各国观众为之倾倒。

至 2021 年，杨柳青镇汇聚了霍玉堂画师的传人霍庆有创办的玉成号画店、霍庆顺创办的鼓一张画店，画师张克强创办的年画张画店，年画世家戴氏 20 代传人戴昌贤创办的戴廉增贤记老画店，天津市杨柳青年画社开办的杨柳青画店，杨柳青老画师邢富贵创办的富贵画庄，以及规模最大、从业人员最多、业务面最广的古柳祥画店。另外，荣福画庄、古柳村、汇文斋、随缘、华云斋、古柳画廊、雅俗斋、怡鉴斋、文盛阁、古柳等字号画店也在年画街。全镇年画从业人员达 600 余人，开发年画品种 500 多种，每年年画销售额近 800 万元。这些画店大部分集中在杨柳青镇明清街上，初步形成年画一条街的规模。

杨柳青年画馆 2008 年 9 月，镇政府投资 50 万余元建成集收藏、展览及现场绘制表演为一体的年画馆。年画馆以年画起源、兴盛、衰落到复兴的历史沿革为展线，分别展示不同时期的代表作品。馆内设有讲解员，重点介绍杨柳青年画的历史沿革，各时期年画的代表作品，还有年画的勾描、刻版、套印、彩绘、装裱五大工序的制作流程。有画师在现场演示作画过程，游人也可体验在木版上刷印年画，感受这一民间艺术的魅力。游客中心设有多媒体触摸屏，供游人查阅相关信息，并出售年画作品、书籍和多种纪念品。

杨柳青年画业协会 2004 年 9 月，杨柳青木版年画业协会成立，吸收会员 100 余人。协会通过举办画展、组织会议和联谊活动，研究、完善杨柳青木版年画理论，丰富年画体裁、题材，探讨年画绘制技艺，交流营销经验。协会成立以来，为加强会员间联系和交流，组织各类会议和活动 20 余次，成为杨柳青木版年画艺术沙龙和会员之家。同时，杨柳青木版年画协会与区文化局为年画骨干人员举办短训班和专题知识讲座，把一批崭露头角的技术苗子按照自由结合和分配介绍等方式认师收徒，形成传帮带，使杨柳青木版年画创作、刻版彩绘、装裱等专业人员新增近 100 人。

2006 年，杨柳青木版年画被列入国家级非物质文化遗产

国家级非物质文化遗产传承人霍庆顺展示刷印年画墨线（2015 年）

风格技法

年画风格 受宋、元、明画院影响，杨柳青年画继承其传统技法，尤其是继承了清代画院派的“透视画法”。杨柳青临近京城，不少画师与京城画院人士时有交往，多有临摹和借鉴。从画法到着色技艺以画院为范，是明末清初杨柳青年画的一大特征。

清乾隆以后，杨柳青年画从历史故事题材改进到反映现实生活，画面干净洗练，木刻年画的风格和特点逐渐成熟，使沉滞的调子变为明朗轻快。当时社会经济趋好，人民生活相对稳定，民众在精神、文化生活上的要求得到反映。这一时期年画品种大为增多，在技术上发展到最高阶段，是杨柳青年画的“黄金时代”。

清嘉庆至道光年间（1796—1850），杨柳青年画有所改进，除继续以刻画人物为主的技法外，还加强了背景的氛围和运用，使画面主题突出而又丰满匀称。

“缴蓝”品种是各地年画中独一无二的，清嘉庆四年（1799），太上皇乾隆驾崩，

清嘉庆初年的缴蓝年画《大登殿》（2020 年翻拍）

“圣谕”凡民间年画，不准使用红、紫诸色，称为“断国孝”。因国孝期3年，年画作坊不能断了生意，因此发明繳蓝画法，即用蓝、黑等素色作画。后演变为民间丧期也可使用。

清同治至光绪年间（1862—1908），杨柳青年画别出新意，出现了风景画，年画品种益增，《天津图》是那个时期的代表作。清光绪中期，年画流派渐多。上海画家钱慧安北游，到杨柳青为画店出画稿，多以人文故事和前人诗句为题材创作，色调改为淡雅，高古俊逸，使年画别出一格，受到文人墨客、士大夫阶层钟爱。钱慧安对于丰富年画题材、提升年画品位做出较大贡献。

清末，年画风格更趋于向民间普及，题材贴近农民，更加适合大众口味。画师深受戏曲影响，将戏剧题材搬进年画，大量历史英雄人物、传奇故事和帝王将相被画入年画。人们喜欢精忠报国、主持正义、除暴安良一类的年画，贴在墙上能欣赏一年。清末民国初，也出现针砭时弊的“讽刺画”，使年画更加深入人心。

杨柳青年画受儒、道、佛三教影响，兼容并蓄，从神仙妖怪到世俗万象，无一不含，取材广泛，形成又一大特征。除天仙海怪之外，举凡世俗所见，皆可入画。渔樵耕读、士商兵学、医卜星象、僧道尼姑、三教九流，历史故事中的功臣良将、清官廉吏、英雄义士、游侠剑客、孝妇贤母、顺子烈女、诗人才子、儒林隐士，以及名山胜迹、珍禽异兽、奇花异草、飞虫游鱼，乃至马路街景、矿山机器、学校洋房等，大千世界，皆可纳取。

墨线《鱼龙变化》（2017年翻拍）

画工技法

年画艺人被世俗视之为“工匠”“匠人”，其工艺技法，是以前辈“口授”，世代相袭。画工技法可概分为勾、刻、印、绘、裱五大工序。

勾（勾描） 勾指画出墨线。完成后，犹如一幅木刻画，人物、背景、陈设等一目了然。构思是关键，画面要凝练，“画中有戏，百看才不腻”，这是创作年画必须遵循的法则。

刻（刻板） 刻指拓印与雕刻。拓印是为雕刻做准备，用绵连线画好墨线后，反贴在事先准备的平整的木板上。木板以杜梨木为佳，厚度为寸许，用不同的刻刀、不同的手法精细雕刻，雕刻留下的墨线，就是将来手绘加工的依据，叫“雕版”或“刻版”，也就是“制版”。

印（套印） 印指单印墨线或套色印刷。印墨线时，纸和版都需固定在画案上，画纸和画版中间留有一定空隙。先在画版上刷墨，把纸卡在适当的位置，再翻纸，将印好的画纸漏进空隙。每翻一张，再用净刷在纸上匀称地敷平，如此往复运作，称“刷坯子”；印了墨线的画纸，叫“画坯子”。如此套色，则按此法，印完一色，再印一色。

绘（彩绘） 绘是指人工手绘。这是年画最复杂、最细致的一道工序。绘画方式：首先是“上门子”，即把“画坯子”裱在“门子”上，只裱四周的“画边”。“画门子”须直立在固定的墙上，墙上镶有木轴，画门子在轴上可左右翻动，数个“门子”为一组，固定在同一轴上翻动。

木刻的画版（2011 年）

木版刷出的年画墨线（2011 年）

雕塑《套印》（2021 年）

非物质文化遗产传承人玉成号画店画师霍庆友在雕刻画版（2010年）

画师张克强在手工彩绘（2011年）

画幅一般为“横卧”式样，如同画面上的人物都“躺”着，画时顺手易画。画师右手持数支画笔，颜色不同、大小不一，或再加一支“水笔”（只蘸水以润色），左手端一个水碗，手指夹一只色盘，小指上戴一盏小油灯。

裱（装裱） 与一般裱画的手法相同，形式分为托裱、画轴、镜心册页等。通常的普及品年画不需要装裱。

加工模式

分工制作 年画作坊的勾、刻、印、绘、裱各道工序都有明确分工，每道工序都有领班师傅掌握生产。唯有“绘”的一道工序需要大量人力和工夫，凡遇大批订货，需分散到众多的“画户”去进行外加工；有的裱画也可分散到各家，采取专业与业余相结合的生产方式。

以师带徒 年画从业人员均有师承，通常都有固定的师徒关系，使生产稳定，师傅兼有验收成品的责任。一位师傅通常可带几名或十几名徒工，每道工序可由一至数名师傅分管。

婆领媳作 南乡36个村为镇内上百个年画作坊承担加工手绘年画的工序。农户妇女利用农闲在家从事绘画工作，以婆为师，传授绘画技法。这些无名画家世代相传不息，她们腰围花蓝布，席地对墙染画。

外订加工 因年画手绘工序任务过重，年画作坊就把印好的“画坯子”向外征求加工。每家画店都有传统加工户若干，发给“画样”，按此操作。每年每户可加工数千、数万张不等，经验收合格，计件付酬。

季节销售 年画生产季节性强，每年秋冬是销售旺季，一年的产量全靠下半年特别是腊月销售。外地远途商客逢秋季即去趸货，持续到年底；近途客商入冬方肯进货，零售在腊月才有“画市”，春节一过则无人问津。因此，画坊春夏忙于生产，以便秋冬应市。

着色

染色 杨柳青年画的着色，即手绘加工，是年画生产的重要工序，所需时间约占年画制作过程的90%，是与各地年画的不同之处。每张年画都如原作、胜似原作，色彩艳丽而不俗躁，层次细腻，浓淡有别，达到完美和谐的效果。仅“染脸”（“开相”）一项，即需20多道工序。如画娃娃脸，面容红里透白、粉润玉洁，青发如生，眼睛传神，可谓鬼斧神工，使杨柳青年画别具一格，成为上品。

颜料 传统年画多采用植物与矿物颜料，俗称“真色”，虽年久也不褪色，鲜艳如初。作坊戴廉增、齐健隆等用色考究，均自行泡制，多达百缸，各色分类齐全，互不混淆。今杨柳青年画颜料多采用国画色和广告色，兼得其效。

工具 除雕版、印刷各有专用工具外，绘画工具主要是画笔，但需大中小号10多

杨柳青年画《五子夺莲》(2012年)

支，各有不同用处。常用画笔有单兰描：半寸羊毫，画小幅作品勾线用；双兰描：寸长羊毫，画大幅人物勾衣纹飘带用；小画笔：开眉眼、画细部花纹、衣褶用；须眉：画发丝、须髯等最细部分用；大虎爪：晕水、染天涂地用；小虎爪：染脸、烘衣纹用。

技法 描画有六法。蚕丝描法，用狼毫笔尖勾画衣纹，描法要圆匀劲细，如春蚕吐丝，不可断笔，画仕女常用此法。莼叶条描法，用小画笔匿锋成藏笔，笔势婉转，秀润圆浑，出衣纹如风动，忌首尾怒降、笔道肥壮。紧衣描法，用尖笔（勿湿润）匿锋而出，落笔要匀停，笔纹多作重叠，以示衣褶紧窄；此法作金甲袍带人物最妙。兰叶描法，用羊毫尖笔正锋描画，行笔转折有顿挫，如书写之法，要简洁，务去华藻，方能望之飘逸；画山林隐士、古代先贤最宜。柳叶描法，以羊毫正锋下笔，忌钉头、飞白（干笔）、直下，使笔如柳样柔，出线如柳方能秀润而有余妍；画娃娃或大型菩萨、仙道最为合适。钉头鼠尾描法，用狼毫尖锋，起笔下捺，使之成钉头形，随运笔直下便成鼠尾，宜画释道或老人等。

点染笔法（三点、三染、两笔）："三点"，即戮点，以笔头直指画纸上点，常用于点花树、衣花、地毡花纹装饰；擢点，笔法同上，但住笔后往上挑，宜画水草；细点，用法较广，如点人物眼睛、花蕊、木叶等。"三染"，斡染，用淡墨或色，重叠渲染，如晕染衣纹、脸庞等；渲染，以墨水或水色，饱笔渲染，多用于染大片景物或不分深浅的衣袍穿戴上；刷染，以水混墨或色平刷，常在染天宇（天空）时用。雪景是用淡墨，余皆用监色。"两笔"，一为皴笔，笔横卧擦画，用丁画肖像、石纹、枯木椅、树干等；二为描笔，即勾线，处处皆用。

画店作坊

清初至民国画店（作坊） 有戴廉增、齐健隆、戴廉增敬记、戴廉增公记、健隆新记、美利、廉增利、惠隆、健惠隆、积德成、永裕和、万泰、永盛德、存义永、庆德、大兴、隆昌、隆盛、亨通、积玉厚、锦玉成、颜庆和、义成永、万盛恒、艺博林、忠兴、杨正记、增华斋、福成、三益斋、义和东、双义厚、振记、德记、和贸怡、玉盛、庆德厚、张义源、华茂、宪章、爱竹斋、松竹斋、吉玉厚、荣昌、义益、福庆隆、忠义厚、李盛兴、义盛合、义盛永、新记、德胜恒、永增利。

清道光至民国时期杨柳青南乡画店（作坊） 有德盛祥（炒米店）、德义祥（炒米店）、大吉祥（炒米店）、义盛发（炒米店）、义顺发（炒米店）、永和德（炒米店）、增兴（炒米店）、成庆永（炒米店）、万泰长（炒米店）、永和号（炒米店）、恒元盛（炒米店）、新记（炒米店）、盛恒（炒米店）、德盛恒（炒米店）、万顺恒（炒米店）、祥和

玉成号画庄（2017 年）

古柳祥画庄和荣福画店（2019 年）

年画张画店（2019 年）

顺（炒米店）、宝和顺（炒米店）、万兴隆（炒米店）、惠博生（炒米店）、万盛恒（炒米店）、华兴隆（周李庄）、福兴隆（周李庄）、万寿长（炒米店）、和平顺（炒米店）、永兴（设天津）、元和（设天津）、元牙口（设天津）、福兴隆（周李庄）、义成永（南赵庄）。

当代画店　有富贵画店、年画张、古柳祥画庄、荣福画店、玉成号画庄、鼓一张、怡鉴斋、古柳画廊、汇文斋、雅俗轩、戴廉增老画店、石院展销部、古柳村、文盛阁、白俊英年画社、戴廉增贤记老画店、贵雅轩、源发成画店、宝鼎轩、御河轩、华云斋画店、艺品轩、博艺画坊、增靖斋画庄、御盛轩（玉成号）、杨柳青书画院、墨枫画庄、连才杨柳青民间艺术作坊、宝强画店、贵雅轩、祥德年画作坊。

画师名录

清乾隆至嘉庆年间（1736—1820）画师　有戴廉增、齐健隆。

清道光至民国中期画师　有王本意、陈玉舫、张俊庭、周子珍、王敬斋、马子良、赵景贵、张耀林、张祝三、韩竹樵、土保珍、成二谢、王绍田、王润田、王润柏、戴立山、宋竹轩、韩月波、杨续、丁子敬、赵子扬、毕子兰、张贵轩、王少亭、王恩祐、高桐轩、高翰臣、徐荣轩、徐少轩、徐恩汉、闫美人、闫玉桐、闫文华、王金甫、张白府、吕九、李长泰、钱惠安。

民国中期至1950年画师 有张兴泽、潘忠义、房荫枫、霍玉堂、韩春荣、尹清山、陆恩荣 、王顺安等。

1950年以后画师 有霍秀英、韩秀英、邢富贵、郑克祥、周庆柏。

近代雕版艺师 有张长忠、牛盛林、贾全盛、李文义、张聋子（佚名）、王先生（佚名）、于振章、王永清。

年画世家

戴氏 明永乐年间（1403—1424），戴氏先人携画艺从苏州桃花坞随漕船北上经营木刻年画。到民国时期，戴廉增敬记画店停业，传19代，历500年。戴廉增是戴氏第9代传人，乾隆中期，首创以名姓为店名的戴廉增画店，始在年画的左下角加印“戴廉增”字样。时为杨柳青规模最大、年画品种最多的画店。

戴廉增画店于乾隆后期在北京建立分店（绒线胡同），专设作坊（打磨厂），就地生产年画，风靡京城远近。特制“金贡笺”专供皇宫内府，兼营灯画、扇画及文房四宝。

清乾隆至嘉庆年间（1736—1820），为戴氏画店经营盛期，有家传从业者近百人，兼有雇工200余人，聘请名师专事创稿，驻店画师上百人，从事雕版印刷、手绘、装裱等工序。除精品自行绘制外，画店又将大量的手绘工序分流到炒米店、张家窝、老君堂、古佛寺等村加工。

清嘉庆年间（1796—1820），戴氏人丁兴旺，为扩大经营，遂分家析产，分立美利、戴增利画店。戴廉增老店规模最大，御河沿一带共有11所大四合院，其中戴家实胡同7所，对过河边4所，均作画店作坊之用。内设石碾石磨研制色料，自制色料常有100多缸。房舍分做储存纸料、成品库房、店堂门市和加工作坊等用。画店并借船楫往来之

雕塑《戴廉增画店》(2021 年)

便，常到苏州等地采购颜料、纸张，又把年画运销北京及西北、东北等地区，年销量可达 2000 多件（每件有年画 500 张）。在丰润县东丰台设立分店，聘师招徒，扩大经营，将年画运抵奉天（沈阳）设店批发。清光绪年间（1875—1908），在归化（呼和浩特）建立分号。

清末，画业江河日下，戴氏后裔仍锲而不舍，最后分立戴廉增公记、戴廉增敬记画店。清乾隆至光绪年间（1736—1908），戴氏建画店 19 处，成为北方画业巨擘。

戴廉增始创“套印加手绘”技法，形成杨柳青年画独特风格，对年画艺术的升华作出卓越贡献。戴廉增能雕善画，留下许多传世佳作，终成一代名师。因一生操劳过度，他晚年竟致双目失明，仍为画店运筹至终。戴氏画店兴隆日久，但自民国以后，因受战乱影响，每况愈下，逐趋衰落，至 1937 年，最后仅存的敬记画店停业。

新中国成立后，在党和政府大力支持下，由画业老艺人和新建的杨柳青画店重新收集大量年画资料，其中不少戴廉增画店年画被复制成功，弥补了历史留下的遗憾。

齐氏　齐健隆画店位于杨柳青御河沿的健隆胡同，与戴廉增画店毗邻。通条胡同皆为齐氏画业作坊，有画师及雇工 250 多人，各种工序齐全配套，年画品种丰富，是杨柳青年画特大作坊之一。南乡各村多为其加工手绘作品。

清康熙年间（1662—1722），齐氏自山东迁至杨柳青，始以裱画为业。清嘉庆十九年（1814），齐氏后人兴办齐健隆画店，时与戴廉增画店齐名。其规模虽稍逊于戴氏，然画艺之精湛居首位，仅套色可达 20 多版（戴氏可达 10 多版），使画面色彩层次细腻，人物能传神送情，跃然纸上。齐健隆画店多见传世佳品，至今尚有佳作流传。

清嘉庆末年，惠隆、健惠隆画店分立，并在北京前门外、丰润县东丰台建立分店，及至奉天（沈阳）设庄，产品覆盖京、津及东北三省广大农村。

清光绪末年，国内政治风云多变，画业衰势已见端倪，齐氏后裔毅然弃画从文，投入教育科技领域，孜孜以求，试图救国济民。后辈多移居津门，画店遗存大部散失，仅有部分画版经历刀兵水火之劫流传至今。

霍氏 新中国成立后，杨柳青出现的第一家民间画业作坊由霍氏第五代传人霍玉堂创办。霍玉堂，丰润县东丰台人，其父霍福森自光绪末年到杨柳青，为戴少臣画店做工，后由霍玉堂继承父业。1926 年，霍玉堂开办家庭作坊，仅能维持生计，后因销路不畅而倒闭。

1950 年，由霍玉堂联合年画印刷艺人韩春荣、彩绘艺人张兴泽，恢复年画生产。后又吸收年画艺人陆恩荣、尹清山、王顺安等，办起画业生产互助组，从此走向合作发展道路。后成立和平画业生产合作社，并入天津杨柳青画店。

1980 年，耄耋之年的霍玉堂率子庆友、庆顺雕版，搜集整理旧版旧画，念念不忘恢复年画事业。1986 年春节期间，霍家利用自家庭院举办年画展览（二街河沿街 243 号），从此年年举办，年年扩大规模，深受群众欢迎。1992 年，玉成号画店正式挂牌营业。1993 年，霍玉堂在天津杨柳青画店退休的女儿霍秀英、干女儿韩秀英（两人合称“二秀英”），为玉成号增加了技术力量。二人师承张兴泽、潘忠义，继承了年画艺术精华，是新中国培养的第一代年画彩绘艺人。1995 年，“二秀英”代表天津市，参加第四次世界妇女大会。会上举办全国百项技艺表演，“二秀英”表演彩绘杨柳青年画，受到各国与会代表的热烈欢迎。

玉成号画店受到国内各新闻媒体广泛关注，中央电视台、天津电视台等多次到画店采访拍摄专题片，有的制作了国际交流节目，并有日本、韩国、法国、英国、波兰、瑞士、意大利等国际友人到画店参观。

年画张店铺接待外国游客（2008 年）

玉成号画店传承正统民间年画艺术，为人们展示画乡唯一现存、民间画业作坊的风采。现可生产贡尖、三裁、册页等大小精品，年产 8000 多幅，销往东北、西北和南方地区，并远销德国、英国、法国、新加坡、马来西亚等国。

年画活动

年画节

杨柳青国际年画艺术节 以年画为主题的文化节活动。1992 年 1 月 27 日开幕，2 月 18 日闭幕。艺术节所展年画，以当地年画为主，汇集其他年画产地的代表作，内容丰富，涉及历史故事、神话传说、戏曲人物、民俗风情及山水花鸟等。其中，杨柳青年画呈现出浓郁的地域民间风味，如以人民生活为题材的《庄稼忙》《庆赏元宵》《女子求学》《文明娶亲》等，具有较高艺术欣赏性和史料价值，展示独特的杨柳青木版年画绘

年画艺术节石家大院现场（1992 年）

年画艺术节盛况（1992 年）

冯骥才在第一届年画节上（2011 年）

第二届年画节与会专家参加木版年画传承与发展论坛（2013 年）

画风格。其间，举办年画学术研讨会、年画展销订货会以及文艺演出等活动。此次年画艺术节对确立年画在美术史上应有地位，对年画艺术进行历史总结和科学研究起到推动作用。

第一届中国·杨柳青木版年画节　2011 年 1 月 22—28 日，第一届年画节在杨柳青举办，来自全国各地知名年画产地的代表、年画传承人和杨柳青年画作坊代表 200 余人出席。其间，杨柳青年画与河南朱仙镇、山东潍坊杨家埠、四川绵竹、河北武强等地 20 余种不同时期的年画代表作品进行集中展示。其中，天津杨柳青木版年画、河北省武强木版年画、山东省杨家埠木版年画、山东省高密扑灰年画、河南省朱仙镇木版年画、湖南省滩头木版年画、重庆市梁平木版年画、四川省绵竹木版年画、陕西省凤翔木版年画、山东省东昌府木版年画、河南省滑县木版年画 11 个地方年画被列入文化部确定的第一批、第二批国家级非物质文化遗产名录。这些年画艺术特点各异，各有所长。同时展出的还有山东潍县年画、山西运城新绛年画、河南新乡获嘉年画、山东平度宗家庄年画、河北内丘年画、天津宁河县东丰台年画等。虽是寒冬季节，但年画艺人在杨柳青文化大院互相学习、互相借鉴，畅谈年画发展前景。

第二届中国·杨柳青木版年画节　于 2013 年 9 月 28—30 日在杨柳青举办。年画节举办方邀请河南朱仙镇、苏州桃花坞、潍坊杨家埠、四川绵竹等地年画艺人共同进行艺术作品展示，显示出中国各地年画的不同风格与魅力。

第三届中国·杨柳青木版年画节　2015 年 9 月末开幕。此次年画节以传承年画艺术，弘扬民族文化，繁荣文化产业为主题展开。全国木版年画、杨柳青精品木版年画集中展示，并有现场制作和以年画为主题的群众性互动活动。年画节正值十一黄金周期间，吸引众多国内外游客到现场体验年画制作。在年画节现场，精品模板年画展览馆里人头攒动，人们在一幅幅精美的木版年画前驻足观看，并为年画精湛的工艺、栩栩如生的人物形象及饱满的色彩赞叹不已。在现场不少观众在年画师傅的帮助下用木版拓印杨柳青年画，体验制作杨柳青年画的部分过程。10 月 2 日，第三届年画节结束。为保护传承好这一民间瑰宝，其间申请注册杨柳青年画商标，制作杨柳青年画网，使年画技艺得以更好的保护和传承。

年画展

中国·天津杨柳青木版年画展　2004 年 12 月 19 日至 2005 年 2 月 26 日，杨柳青年画在北京中国现代文学馆展出，历时 72 天，是该馆举办各类展览时间最长的一次。展

中国现代文学馆举办中国·天津杨柳青木版年画展（2004 年）

韩国首尔举办杨柳青年画展（2006 年）

澳门举办杨柳青年画展（2007 年）

杨柳青年画进校园（2010 年）

学生们展示绘制的杨柳青年画扇面（2012 年）

览位于中国现代文学馆主楼 B 层，占地面积 300 平方米。展览分年画历史介绍、古版年画沿革、古旧年画木版陈列和新版年画展四个部分。展览展出各个年代作品包括门神、吉祥图样、仕女、娃娃等五大类近百幅，有贡尖、立屏、横竖三裁、册页、手卷等 60 余个年画品种。展览期间，主办方安排现场表演，以展示年画制作过程。

中国魅力名镇杨柳青——年画民俗展 由首尔中国文化中心和天津市杨柳青镇人民政府共同主办，2006 年 1 月 10 日在首尔中国文化中心开幕。民俗展展出多幅年画古版和古版年画，有仕女、娃娃、戏出、神祃、吉祥图样等五大类 50 余幅古版珍品年画，30 多个品种的贡尖、立屏、横竖三裁、册页、手卷等新品年画，以及墨线、套版、半成品、成品，还有缸鱼、灶王等传统年画。民俗展还展出与杨柳青年画相关题材的 30 余个品种的杨柳青剪纸、彩塑、风筝、扑克等民俗工艺品，现场演示木版印刷、彩绘等中国传统民族工艺。年画民俗展开幕当天，近 400 名韩国民众参观展览。

杨柳青年画澳门展 2007 年 1 月 20 日至 3 月 25 日，“迎新接福，一纸万象——杨柳青年画展”在澳门博物馆举办，历时 2 个多月。展品包括年画制作工具陈列、年画古版陈列、年画陈列。其中，陈列古画版 5 块，展出明、清、民国时期和 1960 年前后 4

个不同历史时期的画版，有门神、吉祥图样、仕女、娃娃、戏出、历史故事、世俗风情等题材的古版年画珍品64幅。展览期间，主办方安排了年画制作表演，现场展示年画制作过程，杨柳青年画艺人为博物馆讲解员及澳门部分中小学教师讲授年画知识。展览设置教育专区，让澳门中小学生体验绘制杨柳青年画过程。为让更多澳门同胞了解杨柳青年画，展览以中文、英文、葡萄牙文三种文字说明介绍。

年画进校园 2000年开始，西青区将杨柳青年画艺术纳入九年制义务教育美术教材，进入课堂。杨柳青实验小学编印的《杨柳青年画校本材料》包含3部分内容，分别为学生年画彩绘技法、杨柳青年画画稿、杨柳青年画知识读本。同时制作《杨柳青年画漫谈》光盘，为学生展现杨柳青年画的发展史、绘画工艺，并进行代表作赏析。这“三书一盘”构成完整的年画教学教材体系。学校对教材进行科学安排，低中高三个学段目标统一，但侧重点不同，使其自然达成低年级向高年级绘画的过渡。通过课堂教学，全体学生自觉地参与杨柳青年画的绘制和推广活动中。

人才培养 2015年以后，文化部、教育部启动中国非物质文化遗产传承人群研修研习培训计划，为非遗传承提供高校力量支持。2017年，南开大学、天津工业大学、天津美术学院3所高校加入研培计划，举办6期非物质文化遗产传承人群培训班，培训专业包括杨柳青木版年画、剪纸、泥面塑、传统纺织等，培养学员262人，取得良好的培训效果。

2017年，天津市文广局与南开大学签署非物质文化遗产保护教育传承战略合作框架协议，共同开展《天津市非物质文化遗产条例》立法调研、非遗讲座纳入通识课等工作。此后，南开大学举办木版年画等多期非物质文化遗产传承人群培训班。

南开大学2017年首届木版年画研修班结业仪式合影（2018年）

杨柳青年画衍生品文化创意设计大赛 为鼓励开发年画衍生品，2013 年 12 月，由西青区政府、天津市文广局、天津市旅游局、天津美术学院和今晚报社共同举办杨柳青年画衍生品文化创意设计大赛。经过对 1057 件作品进行评选，5 件作品夺得金奖。5 件金奖作品分别为高大鹏的《杨柳青木版年画册》，闻福良的蛋雕《连年有余》，马捷如的《不对称型风筝》，申慧广、石刚的工艺葫芦烙画《如鱼得水》和韩丽茹的《杨柳青年画的形象包装设计》。此外，10 件作品获得银奖，15 件作品获得铜奖，20 件作品获优秀奖。

在此次参评的作品中，既有传统工艺的瓷板画、手绘风筝、团扇，也有将杨柳青年画元素与当下人们生活用品结合在一起的作品。大赛实现了传统文化与时尚消费的成功对接，比如带有年画元素的手机壳、USB 分线器等。通过大赛可以看到，更多年轻人对传统文化产生浓厚兴趣，当传统文化成为一种时尚的时候，就会有更好的传承。

至 2019 年，年画衍生品有系列年画瓷器、系列年画扑克、年画晴雨伞、三维立体年画、年画熏香挂件等 10 余个类别，近 300 个品种。

杨柳青年画衍生品烙画《如鱼得水》(2013 年)

杨柳青年画衍生品金奖作品《不对称型风筝》(2013 年)

名胜古迹

千年沉积，杨柳青古镇形成宝贵的历史文化遗迹。在这些遗迹中，南运河杨柳青段在承载运河文化方面最具代表性。诸多古建筑、古遗址、古墓葬构成了杨柳青厚重的历史文化积淀。2020 年 3—6 月，天津市文化遗产保护中心组织对杨柳青大运河国家文化公园和文化小镇两个项目进行考古勘探，发现宋代至明清时期墓葬 724 座。

南运河

运河区段 由北京到杭州的京杭大运河全长1794千米，其中天津段190千米。南运河北端从天津的三岔河口起，南端至山东临清市。杨柳青镇位于南运河畔，境内长8.45千米，顺流而下到天津三岔河口15千米。

运河今昔 2014年6月22日，中国京杭大运河申报世界非物质文化遗产成功，南运河上的杨柳青段作为文化遗产的一部分也跟着获得这份殊荣。

1992年，在古镇药王庙大街运河畔出土码头遗址，发现陶器、瓷器残片和墓砖、度量衡用具，其中有大量明代青花瓷器残片。

1971年，区政府花大力气对南运河杨柳青段进行清淤。但是，清淤后上游没有水源，河中有死水，夏天蚊蝇滋生，散发臭味，河水浑浊，看不到河底。

1972年，区政府决定另开2000余米的新直线河道，将弯曲的老河道裁弯取直，新河道南迁300米。1985年前后，老河道被填平，建成杨柳青公园。因公园蜿蜒如带，居民称其为“带状公园”。公园分长寿园、青年园、儿童园三部分，园内曲径通幽，遍植草坪，植桐、杨、槐、柳等乔木678株，灌木900余株，常绿树木675株，沿墙爬山虎660余株，成为镇上人休闲娱乐的胜地。

2002年，在杨柳青镇区改造中，西青区将建设恢复古运河景观作为重点工程，投资2.5亿元，包括拆迁、河道清淤和开挖、排水、引清水、建景观、绿化照明等多项工程。河道开口35～40米，河道两侧各有20米绿化带，绿化带中穿插建有独具古镇特色的雕塑、小品、广场、植物花廊和杨柳青年画画廊，河中建有景观桥、浸水台，游人可乘船观光。此次运河景观的建设，为后来的大运河申遗杨柳青段入选打下基础。

2012—2013年，西青区新闻中心组织记者团“寻根大运河”，走完大运河全程，走访34个城市与古镇，深入挖掘探访西青区和杨柳青的历史文化与各地的关联。

此次异地寻根大运河采访活动，发掘出杨柳青年画为中国四大木版年画之首的许多佐证资料，寻访到清末海派画家钱慧安的后裔，找到乾隆所作有关杨柳青的诗篇，查到杨柳青曾经有皇帝行宫，建“运河娃”博客，发表相关文章500余篇。在寻根采访过程中，记者团专门拜访过在扬州的中国大运河申遗办公室成员，并与相关领导、专家座谈交流。寻根采访活动得到大运河申遗发起人罗哲文和众多专家支持，并获得好评，都认为寻根采访活动意义深远，也是在为大运河申遗助力造势。2014年，大运河申遗成功。

2017年后，杨柳青镇再次提高运河景观带的升级改造，坚持高标准修复古镇风貌、丰富文化元素。综合文化服务中心建成，精心打造运河游船和夜景灯光秀，使古运河焕发出新时代生机，增加了特色小镇的独特魅力。

大运河西青段是天津市运河沿线历史文化名镇集聚的代表区域。杨柳青镇是漕运历史上商贾云集、货来八方的重要漕运码头和经济重镇。根据2019年12月中共中央办公厅、国务院办公厅印发的《长城、大运河、长征国家文化公园建设方案》要求，天津市提出建设杨柳青大运河国家文化公园为重点项目，规划设计历史名镇、元宝岛、文化学镇三大板块，打造中华魂、明清风、天津味、年画神、运河韵的建筑。公园建成后，将成为天津市旅游主要目的地和文化网红打卡地。

西青区新闻中心组织“寻根大运河”天津·西青记者采访团（2012年）

世界文化遗产　中国大运河石碑（2017 年）

京杭大运河杨柳青段碑（2017 年）

古建筑

文昌阁 建于明万历四年（1576），已有440余年历史，由杨柳青高家集资修建。文昌阁地基高3米余，建成后阁楼高15米余，是当时古镇的制高点。文昌阁共三层，呈六角形亭式阁楼，造型优美别致，结构精巧，飞檐高翘，螭卧架头，角坠铜铃，风吹作响。是时，文昌阁周围多水塘，水中莲花极盛。阁门朝北，有一座桥通向运河南岸。登上阁顶远眺，古镇风光尽收眼底，运河上帆樯穿梭不断，岸边青砖瓦房四合院鳞次栉比，很多高大的庙宇点缀其间。远处，坑塘洼淀星罗棋布，渔帆钓影比比皆是；近处，堤岸杨柳成荫，桃园荷池花开艳丽。

文昌阁第一层供奉孔子，第二层供奉文昌帝君，第三层供奉的是青面獠牙、虎目圆睁、单腿站立、手握朱笔的魁星。据说魁星是一位能主宰文笔兴衰的神灵，过去凡是参加科考的人路过这里都要下船去拜一拜这位神灵，乞求保佑文场得意，然后才上省进京。文昌帝君是文昌阁的主神，传说二月初三是他的生日。每到这一天，文昌阁院内、

20世纪30年代的文昌阁

文昌阁（2010年）

古镇牌坊（2021 年）

建于 1910 年的德式杨柳青老火车站（2006 年）

阁内披红挂绿，张灯结彩，锣鼓喧天，当地的社会名流和文人墨客都到这里给文昌帝君祝寿。

杨柳青有三件宝：牌坊、戏楼、铃铛阁，铃铛阁即文昌阁。

牌坊 建于明万历二十二年（1594）的牌坊坐落于药王庙大街南端，距古运河 50 米，占地 70 平方米，高 10 米有余。牌坊为四柱八撑，条石迎路，方砖墁地，砖砌平台基础高 1 米，抱柱石顶端螭吻垂兽，狮形头，口衔角铃。正中脊挑檐高翘，斗拱托角，下两侧檐对称陪衬，雕刻彩绘。中匾南为“保元寿世”，北为“寿国寿民”。两侧匾额题“调元”“赞化”“医宗”“丹圣”。檐角衔铃，铃锤为十字形，音风送律，别具一格。因建筑宏伟，亦被尊为杨柳青“三宝”之一。解放战争时期，牌坊毁于国民党溃军。

德式火车站 建于清宣统二年（1910）的杨柳青火车站，建筑风格为德式，使用至 20 世纪 80 年代。1980 年，杨柳青火车站开始新建候车室和票房。新站启用后，老火车站“退役”，成为天津市不可移动文物。

董家大院精美砖雕（2019 年）

董家大院 位于杨柳青镇猪市大街，清光绪三年（1877）由董兆荣修建，占地 800 平方米，建筑面积 500 平方米。高台阶门楼，左右有抱鼓石狮。院落由南北轴线分成东西两院（东院保存较好）。四合院式，二进院落，建筑皆磨砖对缝，砖雕精美，门楼、门窗木雕精细。

普亮宝塔 建于清嘉庆八年（1803）。塔根北面圆形坟墓埋葬的是于成功，他排行第五，因此人称于五爷。于成功自幼务农，30 岁出家学道，到河北省宛平县（今北京南部）拜师求法，赐法号“普亮”，受到真传，学会上乘功法，医道、武术、修炼等方面造诣很深。于五爷还俗后边务农边行医，做了许多善事，常为贫苦乡亲解决疑难病症，不贪名利，德高望重。他创建“东寓法鼓”，后任会头，民间流传着他许多助人行善的故事。于五爷去世后，人们为他修建普亮宝塔，供怀念祭祀。

改革开放后，区文化局及群众筹资，于 1985 年对宝塔进行保护性维修，之后一直香火旺盛。

普亮宝塔（2010年）

古遗址

苇市大街明代遗址 为明代漕运遗址，坐落于杨柳青镇十一街。1992 年在基建工程中发现遗址，面积 1000 平方米。按地层分层次地发现，有金、元、明三个不同历史阶段的陶器、瓷器残片和墓砖、度量衡用具，以及一枚日本的“宽永通宝”钱币。在距地表 3 米的地层中，发现炉灶灶膛、灰坑，以及灶膛中残留的草木灰余烬，显示当时燃料主要是芦苇。在出土的文物中，有一大批纹式繁复、款式多种的明代青花瓷器残片。据国家文物局主编的《中国文物地图集》（天津分册）载，天津市考古专家推断，遗址应是当时漕运的一个中转站。

古运河遗址 西起镇内十四街西环路，东至杨柳青东头为古运河故道。古运河历史上名称较多，隋炀帝开凿永济渠曾利用这一河道。宋代初年，因由河南省卫水北调到此，又称卫河。北宋大观二年（1108），乾宁（今青县）黄河水清，宋徽宗认为祥瑞，即赐乾宁为清州，此河亦随之改为清河。北宋庆历至元丰年间（1041—1085），黄河多次决口往东北流，且原河道窄浅，已不能承运南粮北调之任。至明永乐九年（1411），成祖朱棣令工部重开河道，筑为平坝，引汶水入运河。至永乐十三年（1415），南起杭州北至北京的京杭大运河正式全线开通。运河经天津段，往南称南运河，往北称北运河。明、清两代，运河畅通，漕运繁盛，促进了杨柳青“镇”的形成及经济、文化的发展。20 世纪 60 年代，运河由独流下圈重开河道，至第六埠村并入子牙河，故流经杨柳青的此段南运河成为无源之渠。1972 年，流经杨柳青镇区的一段南运河南移约 1 千米，故道于 1984 年被改建为杨柳青公园。

古墓葬

宋代墓葬 坐落于十六街古运河南岸，面积6000平方米。地面散布很多素面青砖，曾在地表1.7米深度层暴露砖室墓1座，长方形，单室，长3.5米、宽2.5米，南北向，券顶，出土器物有泥质灰陶罐和宋代钱币数十枚，年号有至道、天禧、熙宁、元丰、政和等，还有唐代开元通宝等。1979年，市文物考古工作者对墓葬进行全面清理。

张愚墓 坐落于十六街运河南岸。张愚（1500—1552），字若斋，明代戍边名将，累官至太师。墓地面积2000平方米，原有高大封土堆、牌坊、享堂、石五供燎炉、石羊、翁仲等，现仅存石马。墓修于明嘉靖三十一年（1552），明崇祯四年（1631）重修。原有墓碑佚失，民国《天津县新志》收录“重修张愚墓碑”全文。碑文由大学士徐光启撰写，大学士钱象坤篆额，礼部尚书李康先书丹，记载张愚生平。

高仁斋墓 坐落于杨柳青卫河南（南运河）之源。高君（1508—1553），讳选，字子举，别号仁斋，其祖籍小兴州，始祖高居宝，为避元乱赴武清杨柳青里居住。高仁斋初授锦衣卫校尉，因前后获功累升小旗、总旗之级，恩例冠带。其墓现存墓志1块，碑文由陕西平凉府知府、前刑部郎中王绂撰文，南京刑部郎中、致仕金陵朱福书丹，锦衣卫南镇抚司管司事指挥佥事新城郑承宗篆额。

安瑞章墓 坐落于杨柳青东马家庄。安公，讳瑞章，字玉德，清代国学生，原籍浙江绍兴。先世游幕燕赵，侨居保定，后迁至天津杨柳青定居。安公，秉性慷爽，与人交久而益信，乡里知名人士，以及殷实商贾，无不乐与交游。生于清道光九年（1829）七月二十三日，殁于清光绪二十年（1894）十二月初二，葬时为清光绪二十年十二月十八日。1934年4月立碑，碑文由川滇边务大臣王人文撰写，津门古柳口戴文熙（戴绩臣）书。

杨柳青大运河国家文化公园

考古勘探 2020年3—6月，天津市文化遗产保护中心对杨柳青大运河国家文化公园、文化小镇项目用地区域进行考古勘探。通过考古勘探，在项目建设用地范围内发现古代墓葬724座。根据墓葬形制、包含物信息等，专家初步推测墓葬的年代为宋、金、元至明清时期。此次考古勘探发现的古代墓葬数量规模之大、内涵之丰富，在近70年的天津考古史上绝无仅有。墓葬既有砖室墓，又有土坑墓；既有圆形墓葬，又有方形墓葬，且埋藏深度不一，显示了该区域墓地由早至晚在不同时期埋入而形成。该批墓葬的发掘对于研究宋、金、元至明清时期杨柳青聚落、天津早期城市形成发展具有重要意义。

杨柳青镇从宋金时期军事据点逐渐形成、发展成为明清时期的运河商业重镇，到现今的中国历史文化名镇，该批墓葬的集中发现是杨柳青形成发展的重要实物见证，也成为杨柳青中国历史文化名镇可持续发展的重要文化资源。

考古发掘 2020年9—11月，杨柳青大运河国家文化公园工程项目地块在前期考古勘探的基础上组织专业队伍对发现的古代遗存进行考古发掘工作，清理墓葬119座，实际发掘面积1000平方米。发掘的墓葬有单棺墓62座、双棺墓48座、三棺墓9座，均为长方形竖穴土圹墓，出土瓷罐、头饰、陶钵、镇墓砖瓦、钱币等文物360余件。通过对墓葬形制及出土文物初步分析，可以推断该批墓葬为明清时期的平民墓葬。此次发掘为研究明清时期杨柳青地区丧葬习俗、墓葬形制等提供了重要实证资料，对提升天津大运河世界文化遗产的价值和内涵具有重要意义。在发掘过程中，天津市文化遗产保护中心对墓葬出土人骨标本全部进行科学采集，为丰富天津明清人骨标本库，进行体质人类学相关研究提供重要样本。

天津市文化遗产保护中心专家在杨柳青大运河国家文化公园项目用地考古发掘现场工作（2020 年）

考古发掘区域（2020 年）

出土文物（一）（2020 年）

出土文物（二）（2020 年）

平津战役天津前线指挥部陈列馆

建馆陈列 1980 年，天津市西郊区文化局对平津战役天津前线指挥部原址进行全面维修，建陈列馆。将全院房舍按当年原貌进行复原，对部分倾斜严重的房屋进行翻建，重新粉刷、油漆。修复阶段历时 1 年余，随后转入搜集展品阶段。文化局派干部调查走访当年参加天津战役的老首长、老干部及有关人士，特别是京津的老同志，掌握了翔实的历史资料。在天津市历史博物馆相关人员等的协助下，复制大批历史照片、资料及各种实物展品；搜集到平津战役天津前线指挥部的部分遗物，使陈列内容得以充实，可较好地反映天津前线指挥部的原貌。工作人员将平津战役的作战过程、英雄事迹及辉煌战果逐步理清展出，邀请大将肖劲光题写平津战役天津前线指挥部旧址陈列馆横幅匾额，高悬门楼，完成全部复原和陈列展出工作。

1982 年，陈列馆建成，设陈列室、复原室、英烈室 3 部分。陈列室有毛泽东为中央军委起草的《关于平津战役的作战方针》手稿，有《解放军反攻形势图》及“天津敌我兵力对照表”；有东北野战军进关和东北、华北两大野战军在北平八达岭会师及在平绥一线兵力部署的雄伟场面，有东北野战军以 5 个军 22 个师的《合围天津守敌形势图》，还有炮兵部队向天津前线运送大炮的场景。天津人民热烈欢迎解放军开赴前线的照片，

陈列馆正门（2009 年）

陈列馆院落（2009 年）

场面壮阔激动人心。馆内有驻杨柳青的攻城部队在南运河上进行攻城战术演习照片，有“造桥英雄”刘瑞林向连队党支部递交“请战书”的照片及手稿，还有攻城部队用过的刺刀、子弹、地雷、炸药包等实物。

陈列馆展出中共平津战役总前委林彪、罗荣桓敦促国民党天津警备司令官陈长捷的劝降书，有陈长捷的战时手令和敌军强迫民工修筑防守工事等历史照片。展现了解放区各阶层人民全力支前的场景，有冀中区人民组织数万辆大车、小车、船只、冰床等运输工具，长途跋涉，将大批粮草、弹药送至天津前线的壮阔场面。天津工人、学生在中共地下党领导下，开展护厂护校的“反南迁”斗争和地下党搜集军事情报的有关资料和图片等再现人民战争的历史景观和解放军总攻天津的激烈战斗场面。还有天津人民热烈庆祝解放的照片，解放军插在天津城垣的第一面红旗，攻城部队奖给基层连队的“巷战模范”“天津英雄”等锦旗，战斗英雄勋章等珍贵文物等也有展出。

复原室复原当年天津前线指挥部指挥作战的现场，有司令员刘亚楼和参谋在作战室里指挥作战的大幅照片及平津战役地形图、天津现行区域图。馆中还有刘亚楼用过的牛皮文件箱、文件夹、黑色牛皮壳步兵电话机，警卫人员的通信背包及行军床、马褡子、毛毯等生活用具，都依当时情景进行陈列。

英烈室记载着登城英雄刘瑞林、孤胆英雄邢春福、战斗英雄张志文、人民功臣马占海及英雄指挥员王兴仁等英雄事迹。

平津战役天津前线指挥部旧址于 1962 年被河北省人民委员会定为省级文物保护单位，于 1982 年被天津市人民政府列为市级文物保护单位，1994 年被列为天津市爱国主义教育基地。1996 年，旧址被天津市国防委员会列为国防教育基地。

陈列馆免收门票。讲解人员工作到位，声情并茂地再现历史风云和英模形象，充分发挥了教育基地的作用。

题词捐物 解放以后，刘亚楼与妻子翟云英曾多次到杨柳青天津前线指挥部。刘亚楼将军去世后，其妻翟云英又到过多次，并赠送给陈列馆四个单人沙发和刘亚楼使用过的皮箱。海军司令员肖劲光也到过这里，并为指挥部陈列馆题词。

刘亚楼用过的皮箱（2009 年）

英烈室（2009 年）

刘亚楼用过的地图与电话机（2009年）

1949 年 1 月，解放军在杨柳青南运河的战前训练

杨柳青人赶大营

赶大营是杨柳青人的创举。它萌发于清同治七年（1868），兴起于清光绪元年（1875）。光绪四年（1878），清军收复伊犁之外的全疆国土，货郎因支援军供有功，被军方允许建房改为坐商。被称作大营客的杨柳青货郎对家乡影响很大，随之“三千货郎满天山”。当年迪化（今乌鲁木齐）的大十字街成为中亚地区的商贸中心，而这个商贸中心的买卖字号多是杨柳青人，因此，大十字商贸街被称作是“小杨柳青”。

光绪十年（1884），伊犁收回后新疆建省。杨柳青人继续追赶大营西进伊犁，继续支援军供。光绪二十年（1894）赶大营进入全盛时期。1937 年由盛转衰，陈迹遗存延续到中华人民共和国成立。赶大营是在左宗棠率清军进入新疆、征伐阿古柏入侵的背景下兴起的，历经百年风云，创造了中国近代商贸史的奇迹。

赶大营是一幅壮阔的历史画卷。当年西出阳关的杨柳青人，在 8000 多里的征程上，要冒枪林弹雨，过沙漠戈壁和 800 里瀚海，在往返经商的遥远路途上，还要经常遭遇绿林响马的刀光剑影。赶大营之路险象环生，杨柳青人勇于开拓，最终取得成功，创造出近代史上辉煌的商贸奇迹。

赶大营历史事件，其年代之久、艰苦之极、规模之大、从者之众、影响之深，均为古今中外之最。如今，赶大营者的后裔遍布新疆，尤以乌鲁木齐为最，多以传代六、七。杨柳青人重教育，世代多出人才，成为开发建设新疆的一支劲旅，为第二故乡的和谐稳定和繁荣昌盛，继续奉献着才智和力量。

缘起兴衰

缘由　赶大营是在左宗棠率清军进入新疆，征讨阿古柏入侵的背景下兴起的，历经百年风云，创造了中国近代商贸史上的奇迹。“大营”是指左宗棠收复伊犁之外的新疆的西征军军队大营，“赶”是指杨柳青货郎追赶流动的西征军大营做生意。

清光绪元年（1875），朝廷授左宗棠钦差大臣衔，全权督办新疆军务。为保证军队的后勤供应，西征军广召货郎随军贩售，安文忠等大批货郎随军进入新疆。经过两年激战，除沙俄占领的伊犁外，新疆160万平方千米的土地全部收复，阿古柏畏罪自杀。追随军队赶大营的杨柳青商贩们成为西征军后勤供应的重要组成部分。因为对西征军有功，军方允许杨柳青大营客在迪化大十字路口处建房。大营客们从此由货郎成为坐商，发展壮大后，又成为有字号的大商家。

兴盛　战争结束后，官府为奖赏货郎功绩，允许货郎在迪化建房设店，新疆商业由此再兴。很快，杨柳青人的商铺占满东大街、南大街。后来者在西大街、北大街建店，

清光绪十三年（1887）建成的伊宁文丰泰京货总店（2012年）

新疆伊犁惠远城钟鼓楼（2012 年）

其中掺杂着各地的生意。大十字路成为大十字商业街，后来发展成中亚商贸中心。东大街和南大街后面，住的也是杨柳青人，被称作“小杨柳青”。杨柳青方言逐渐成为当地重要语言。

清光绪七年（1881），沙俄归还伊犁，大批大营客随军进入伊犁，在那里或设店或摆摊或当货郎，开始创业。在惠远，官府专为赶大营商贩建商店 40 家，广招商贾，采用暂免官税、官费补贴的办法招徕商人进城经商，又分别在城东关、北关的城厢部建民族商店，广招南疆喀什噶尔、和阗、阿克苏、库车等地的维吾尔族人到惠远经商。一时间，惠远城内旗幌招展，商铺林立，故有“小天津”之称。

古城子（奇台）是新疆旱码头，出入新疆的货物都要在这里验关上税。赶大营的杨柳青货郎纷纷在此落脚。天长日久，大营客们资本积累日益增加，有的开设商店，有的开酱园，从杨柳青过去的菜农就在北关开荒种菜。有些人生意越做越大，便学安文忠那些赶大营先导们，开始雇用骆驼队去京津等地行商运货，往来传递西域信息。此时，天津的一些富户巨商见新疆有利可图，有的出钱给古城商号作东家，有的出货合伙。

早期到古城子的杨柳青人已发家致富，后来者也各有营生。这样的信息反馈到家乡杨柳青后，对家乡人产生极大吸引力。于是，新大营客兴起，成帮结伙，纷纷西行。那一时期，以古城子西大街经营京货批发业务的南、北二店为龙头，围绕犁铧尖一圈，然后向北门一条街直到北菜园子，多是杨柳青人的生意店铺和聚居区。最兴旺时，杨柳青人的庄铺字号多达 470 家。

赶大营兴盛期是在清光绪年间（1875—1908），主要集中在迪化、伊犁、古城子、哈密、塔城等地。其他地方也有很多天津商帮商人或货郎经营，比如吐鲁番地区、阿勒泰地区、阿克苏地区、喀什地区、和阗地区等。

奇台水磨河畔骆驼队雕塑（2017 年）

大营客商贸交易雕塑（2017 年）

衰落 辛亥革命以后，新疆省第一任主席杨增新视新疆为世外桃源，一贯锁关自守，对天津商帮风云人物严加控制，将迪化商会会长杨绍周软困于迪化，不准回天津，给津帮带去很大压力。1928 年，因上层官员争权夺势，杨增新被杀。金树仁继任省主席后，地方治安恶化。是年，为津帮赶大营由盛转衰的拐点。

1931 年，天津帮商人屡遭打劫，载有津帮祥记、裕昌源、复昌隆、福泰成、德聚公等商号回津物品的曹万子骆驼队在星星峡附近被劫持，损失货物 300 多驮、黄金 2 万余两，从此驼队运输开始败落。津帮也因此不敢冒险夹带黄金，导致货物进出新疆困难。1932 年，吐鲁番发生战事，800 多名商民（主要是津帮商人及其眷属）随省军撤离，至迪化只剩 200 多人，余者多死于战乱。不久，战火扩大到鄯善、托克逊、库车等城。省城附近西路各县先后发生暴动，南疆道阻，全疆大乱。是年，自封为西北联军司令的马仲英流窜伊犁，引起西北疆民族仇杀事件。伊犁的天津商帮有大批商户和汉民横遭焚杀，十室九空，许多商户被迫关门，致使伊犁商户一蹶不振。

1933 年，马仲英的军队包围迪化。商会组织“商团”轮流上城防守，各商户关门停业，收拾细软、藏匿金银以防万一。此后 3 年又连续有喀什噶尔、和阗、阿克苏等城发生事变，新疆局势动荡不安，天津商帮生命财产难保，无法经营，往日的繁荣景象骤然失去。是年，新疆省主席金树仁下台。盛世才继任后，以恐怖镇压手段统治新疆。1938

年，津帮石寅甫、董耀三、董树棠、王子卿、戴敬泉、尚聘卿、韩君璧、任明吾、蔡金铎、周海东等一批有资望的商人，先后被借故逮捕入狱。除董树棠被保释外，余者多被害死、病死，或到盛世才下台才得释。其中，石寅甫因致力抗战活动被杀。此间，惨遭杀害的津帮商人达 100 余人，受到封门、抄家产等非法遭遇，株连者不计其数。

1937 年“七七”事变后，津帮在京、津一带的主要货源落入日本侵略者手中，大宗商品被控制、禁运、查封、没收。津庄的业务往来停顿，南货中断。北宁铁路、南满铁路被日军控制。俄台运输逐渐停顿，骆驼队因无货运输而停运。绥新汽车公司的运输、车辆、班次减少；百灵庙附近屡被日军劫持，后交通被迫停运。

赶大营自清同治七年（1868）安文忠跑西北开始，到 1937 年抗日战争全面爆发停顿，历时近 70 年。赶大营是杨柳青人的伟大壮举，是天津近代史的重大事件，也是中国商贸史上的一个奇迹。

经营活动

随军销售 杨柳青大营客最初都是随军货郎，一副货郎担如同一个杂货铺，整天追赶西征军大营做生意。西征军入疆时，将货郎纳入后勤供应的重要部分发给龙纹执照。领取龙纹执照者可享受军中优惠待遇，如可免费搭军车、住官店、在军队大营的买卖圈里（商业街）做生意。

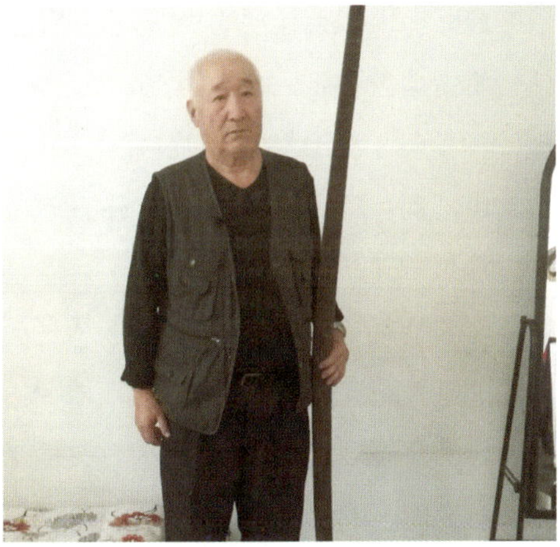

大营客第四代任连华继承的货郎扁担（2017 年）

入城摆摊 清光绪四年（1878）一月，左宗棠鉴于边疆已靖，策划稳定民生。新疆本来商品稀少，战后更加紧缺。为尽快恢复人民生活，使社会走上正轨，军方号召货郎发展商贸，尽快把市场发展起来。军方允许杨柳青人在迪化大十字路口处建房，大营客们建起房屋，从此由货郎变成坐商。他们就近趸货，多是当地土产，也有从伊犁流入的俄货洋蜡、煤油、纱布、方糖、小五金等货物，还有少量湖南、四川行商带去的茶叶、绸布等商品。

安文忠首先在大十字路以东盖起简易住房，相继有杨柳青人杨润棠、李汉臣效仿。之后，郑永乾（子澄）、周乾义、肖连第、王锦堂等人在大十字路口或摆摊设点，或建房开店。售货摊点以大十字路口为中心，向东、南、西、北沿路扩展。清光绪十年（1884）新疆建省时，进入迪化的杨柳青人有500多户，天山南北的杨柳青人更多，当时号称“三千货郎遍天山”。

光绪八年（1882），沙俄撤走在伊犁的最后一批军队。清廷收复伊犁，重建惠远城，恢复原建置，在伊犁设将军府，管辖新疆军务与边防。一批赶大营的商贩紧随接收伊犁的清军首先进入绥定城，竞相占地搭盖土房，摆摊设点，并逐步向各城扩散。首批进入伊犁的商贩，多系由迪化分流而至，有安文忠、周乾玉、王一冠、李锡三、郭德奎、乔如山、曹瑞三等。随军到南疆各城的商贩，在长达3000多里的荒漠地带，除少数人落脚于喀什噶尔、和阗、喀喇沙尔（焉耆）、阿克苏（温宿）等城市定点经营外，多数人寻迹回归迪化、古城子、哈密一线略近关内地带，靠近大路沿线定点落户。

开办商店 清光绪十年（1884），新疆建省，满汉官员增多。一些宿老政客为谋官升迁，或官府调派胥吏，冠盖往来不绝，新疆战后经几年承平，远近牧民进城贸易渐多，商业开始活跃起来。官府把“大十字路”改扩为“大十字街”，倡兴商业，为赶大营的商贩提供扩大经营的机遇，创造良好的经商条件。大营客们抓住机遇，有积蓄的货郎纷纷占地盘开店，钱少的货郎便合伙建房开店。一时间，大十字的东大街和西大街尽被杨柳青人占领，大小店铺林立。

伊犁拥有广阔的耕地、丰盛的草原，历年屯垦粮食自给有余，素为北疆富庶繁华之地。沙俄归还伊犁后，清政府开始整顿城池，大兴土木，逐渐恢复生机。清廷每年为伊犁专拨协助饷银40万两，各族人民生活富裕，需要生活用品。清康熙年间（1644—1722）迁入的大批满洲锡伯人和索伦人多是“八旗子弟”随迁的家属，享有“禄米”待遇，生活富足。这些人18年未见其他地区商品，对传统的京货要求特别迫切。伊犁消费市场之大，不亚于迪化。

安文忠舍弃迪化的店铺进入伊犁后，率先在绥定城建房开店，之后在宁远城（伊

伊犁汉人街美食大巴扎（2015 年）

宁）的汉人街建京货总店。后来者纷纷效仿，迪化的大商户也到伊犁开分店。

在新疆南路，各城都有大营客经商的足迹。南疆地旷人稀、路途遥远，商品周转不畅，经营起来困难较大。大营客们仅在喀什噶尔、喀喇沙尔、和阗、阿克苏等地设有铺面。因很难筹措货源，他们只好就地贩售英、俄商人的洋货和当地少数民族的土特产品。

新疆杨柳青商帮积蓄厚实后，纷纷拆掉寒酸的泥草房屋，开始兴建砖木结构、京津风格的店堂，起脊挑檐、前廊后厦、明柱屏风、宽门低窗，可通后院的上房、下房及仓库，俨然如京津地区讲究的商户。有的商户资金雄厚、生意火爆，盖成两层楼房。各店铺效仿京津大买卖，为自家的生意起个响亮、吉祥的字号，最多时杨柳青人的买卖字号有 182 家。

设庄经营 设庄是津帮商户设在天津及外省市的经营机构，主要是采购商品，组织货源，向新疆发送货物，接收和推销来自新疆的回货，有货栈、经销、采购的多重作用；还有沟通外界工商企业、金融界，掌握商品行情及动向，为新疆商业提供情报等作用。常年设立的机构称为“常庄”，常住的经营人员叫“驻常庄”。

新疆津帮在外地设立常庄的商户有 20 多家，以迪化同盛和京货店、伊犁文丰泰京货店设庄最多。民国时期，同盛和京货店在武汉、广州、香港等地设有常庄，连同天津、北京、古城子、伊犁、阿克苏、喀什噶尔等地的分支机构近 20 处，从业人员 200 多人，经营规模名冠全疆。

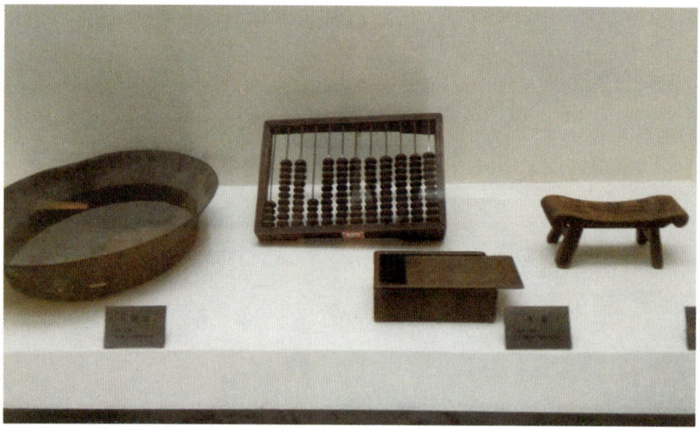

大营客用过的物件（2017 年）

天津是津帮设庄最多的城市，主要分布在北门外针市街的隆顺里、耀远里、永德里及公议栈、集祥公司，曲店街的同茂栈、官银号、望海楼及北门里一带。津庄与津城名商大厂往来密切，联系的商家有棉布业的敦庆隆、元隆、华竹、华林、天祥，海货业的隆昌、源丰永、复丰成、义成裕，鞋帽业的广聚和、同升新、同升和、长兴、泉记、金九霞、盛锡福，染料业的长圣裕、玉兴泰、万义、万聚恒，药材业的隆顺榕、义和祥、惠通祥、忠义成、同兴公、达仁堂，茶叶业的正兴德、元兴、公裕、元泰，金店业的义勇、正阳、三阳、天兴德、鸿祥，银钱业的天瑞、裕源、中裕、中兴、和生等。津庄联系的人员有工商企业的经理，有推销员（时称"走街的"或"上客房的"），还有经纪人（时称"跑合的"）。

员工　津商店堂人员多是天津人。京货店设员最多，一般为 20 ～ 30 人。京货店分内柜、外柜、批发、零售等组织结构。东董俗称"东家""资东"，是开办人与合资人的通称。大店或分店多由东家聘用经理，小店东家自兼经理。店伙计是指学徒工，边干活边跟师傅学做生意。杂佣是最低等从业人员，专干杂活。同仁指店堂从事人员，不包括学徒和佣人。

津商进疆，与少数民族时有交易往来，边民多用维吾尔语，久之略通。商店都有熟悉维吾尔语的人员专司接待少数民族顾客，大店、名店均有精通维吾尔语兼懂俄语的职员，有些商店要求店员学习维吾尔语、俄语。

清代，店铺普遍实行"年薪制"。店员每月可在柜上支取零用钱或领小额津贴，特殊需要可酌情支钱，但预支额不得超年薪半数。极限金额不得超过年薪，农历年底结算。花红，也叫"红利"，根据经营效益好坏，岗位、资历不同，分等给予一次性奖励。

津帮店铺对店员提供免费食宿，自设伙房、厨师，分大灶、小灶。大同仁以上享受小灶待遇，平日无酒。进疆初期，店员均不带家眷，常年不休假日，仅在农历腊月三十至第二年正月初五放 6 天春节假。每隔 7 年休假 1 年，称“长假”，也叫“探亲假”，店主给予盘费，各店有假同仁相约结伴回故里。故乡家属因病、丧等事，需回乡料理，或回乡完婚等，可请事假，假期灵活，但最长不超过 1 年。之后的长假顺延 7 年不减。长假、事假均照发薪酬及红利，逾期则减。非正规店铺，不设固定假期，因事返乡谓“休假”。

营销方式

进货 赶大营的杨柳青货郎追赶军队做生意时，主要进货针头线脑、布袜、辣椒、烟、茶、中药等消费品。进入新疆后，因其他地区京货没有货源，大营客们主要进货集中在沙俄商人的洋货上，如花布、煤油、砂糖、洋蜡、洋火、罐头、肥皂、铜铁炊具等，另有少数民族的土特产品。大营客们形成天津商帮，使用“沙漠之舟”骆驼队回乡进货后，货品丰富起来。其他地区货都叫“京货”，北京货、天津货、南方货统称京货。大宗商品有布匹、绸缎、针织品、日用百货、服装鞋帽、五金杂品、油漆颜料、文具纸张、书画用品、海味佐料、烟酒茶糖、简装饼干、传统药品、冬夏时令商品等。杨柳青镇有杨柳青年画、吊钱、窗花、刺绣花样子、各种菜籽。北京有丸散膏丹、旗袍清装、满族妇女饰品、喇嘛用的衣帽、文房四宝、古玩字画、股扇、熏香、鼻烟、水旱烟具、马具，山东产的春绸、华丝葛、明华葛、夏布等都是天津商帮必须采购的商品。

清末民国初，仅同盛和一家每年运销新疆的海参、海虾、鲍鱼、鱼翅、干贝、唇肚等干鲜海货就有 300 驮。第一次世界大战开始后，英、俄商品短缺，津商在其他地区进货增多，仅京津两地年进疆货物均在 2 万驮（每驮 300 斤）以上。

回货 天津商帮雇用骆驼队去天津进货，不能空着骆驼回天津，须将新疆土特产货物运销其他地区，叫回货，驼队称“回标”。这样，天津商人往返途程都有利润可赚。

天津商帮商贸骆驼队

回货的另一个作用是，天津商人赚的银子无法发回家，有驼队回货后就能把银子兑换成黄金，夹在回货如羊毛包中即可带回天津。商人使用回货方式将资金运回其他地区也是无奈之举，在回货中夹藏黄金达 30 年之久。1931 年，发生曹万子骆驼队被劫事件，津商损失夹藏黄金 2 万余两，从此不敢夹带。

清光绪十年（1884）开始，津帮商人将鹿茸、羚羊角、麝香等名贵药材运回北京与同仁堂成交，后增加犀牛角、红花、枸杞、贝母、雪莲、熊胆、黄芪等。许多商户以羊毛为回货运往天津，80%的羊毛交售洋行出口。棉花也是各商号的大宗回货。

光绪十一年（1885），津帮商人开始将新疆产的沙金、麸金、块金、金条、金饰、金器等打入棉花包中夹运。黄金成为津商在回货中经常夹带的东西。兽皮始终为津商的主要回货之一，有羊皮、牛皮、猞猁皮、旱獭皮、貂鼠皮、银鼠皮、灰鼠皮、红狐皮等。

1920 年，安辅臣开办的直新公司大量收购羊肠，加工肠衣回货天津卖给洋行出口。1930 年，宋杰生等在伊犁开办复忠玉肠衣加工厂，产品除在伊犁出口外，回货天津出口。回货的其他杂品有吐鲁番的葡萄干、阿克苏的胡桃和杏干及生蘑、马尾等。

自购自销 自购自销分三个阶段。第一是追赶军队大营阶段，主要是围绕西征军大营做生意，沿途就近趸货到军营驻地销售。商家随时了解军兵将士的需求，按照需求尽量去组织货源，设法满足西征军官兵。第二是进入新疆阶段，大营客面对的客户不光是军队官兵，还有新疆各城的多民族居民，也有民屯、兵屯和犯屯。这一阶段大营客分为两支队伍，先入新疆的都有积蓄，大多建房盖屋成为坐商；后来者少数被商店招聘，大多数当货郎，去乡间走街串巷叫卖。这一时期因为无法采购其他地区货品，无论是店铺还是货郎担，只好去沙俄商人那里趸货，搭配新疆土特产去卖。第三个阶段是大营客成为天津商帮后，生意越做越大，雇用被称作“沙漠之舟”的骆驼队去北京、天津上货。这一阶段的自购货分两头，在新疆自购各种土特产、名贵中药、皮货等，到北京、天津自销，再由北京、天津自购京货——丝绸、布匹、茶叶、香烟等产品，运到新疆销售，有的货西行中亚和欧洲销售。

合伙经营 大营客的经营方式灵活，最初开店时因资金不足，一些人先是合伙经营，待规模逐步扩大，积累足够丰富时，再分开单干。一般店铺都有站柜台的、管账的、主事的、办事的、进货送货等人员，而资东（投资人）只有一两个，其余要招聘或雇佣。这也算是另一种合伙经营，资东为被聘者发薪酬，被聘者、被雇佣者帮资东赚更多的钱。资金有余的店铺另设分号，自为东主，招聘经理去管理分号业务。有的做大宗生意，资金不足，采取“招股集资、按股分利”和“人资双入，共担风险”的办法筹集资金。一些能力不足、不能改营坐商仍做肩挑或摆摊生意的同乡商贩，把积蓄的资金投入信任的店铺入股，使许多游资向店铺集中。这样既能充分发挥资金运转获得更多效益，又能使经营者与投资人达到共赢目的。

此外，有靠才能技艺进行合伙的，如复泉涌的掌东杨润棠得知周乾吉在点心铺出师，便特聘他到自家的酱园，增加京津糕点项目。此类实例很多，有的是自带手艺与店铺合伙，有的是与作坊合伙干熟练掌握技能后另行发展，如做熟皮子的、做药糖的、经营烧酒坊的、经营金楼等。

批发 安文忠首先在古城子和天津分别设立文丰泰货栈，逐渐成为批发点。许多刚到新疆的大营客只能做货郎生意，都到津商的货栈去取货。津商大户有规矩，新来的老乡无本钱，可在货栈赊货，赚到钱后再还本金。

津帮批发商逐渐发展到 100 多户，其中巨商 20 余户。批发商集中的城市有迪化、古城子和伊犁。最大的自设货栈是伊犁文丰泰和迪化同盛和，还有张玉山和乔如山开办的德泰成，其他货栈还有 10 多家。

迪化是津帮商户最集中的城市。清宣统三年（1911），迪化总商会统计，城内有工商户 1134 家，其中商店 764 家、手工业作坊 370 家，津帮工商户约占 9 成。批货量约占进京货物的 2/3。

伊犁农牧产品丰富，人口密集，经济活跃，是仅次于迪化的津帮商人集中地，批发生意覆盖北疆广大地区。

零售 津帮在新疆境内的零售商前后约有3000户，从业者1万余人，一直保持“津商卖津货”的特点，形成批发与零售互相依存的格局。零售店多数有正规的铺面，容纳后续进新疆的亲友参与经营，年轻人可入店学徒。批发商都开办零售业务，设有豪华店堂，专司零售。规模较小的是“兄弟店”“合营店”“老少店”，1912年后开始有“夫妻店”。

零售商机制灵活，可跨行经营，也可“洋货”土特产补缺。由于天津商帮的崛起，商品源源不断地进入新疆，使零售商品供应充足，形成购销两旺的局面，给货郎和摆地摊的新来者提供机遇。

行业分类

商业店铺 天津商帮店铺在新疆各地均有分布，且种类繁多，有京货店、杂货店、绸布店、鞋帽店、金店、银楼、中药店、五金杂品店、干货店、酱园、糕点铺、袜子铺等。

大营客金店产品（2017年）

伊犁大营客大夫的制药工具（2015年）

高家味道餐厅经营的天津菜（2015 年）

饮食服务　津帮饭店遍及新疆各城，迪化有 100 余家。各种风味小吃有的保留杨柳青原汁原味，有的则是与新疆融合有所创新。在服务业方面，还办有轿车房、扎彩铺、医疗所、浴池、理发店、棉花店等。赶大营后裔高伟高家味道餐厅经营天津风味小吃。

加工制造　有建筑作、水磨楼、烧酒坊、捞纸坊、毛巾厂、羊毛加工厂、肠衣加工厂、铝品制造厂、制鞋厂、发电厂、毡筒厂等。

运输行业　津帮进新疆的货物，开始时靠骆驼运输，驮运大户有 1000 余峰骆驼。1932 年后，骆驼队渐被汽车运输替代。是时，出现许多货栈，为客户分路中转、仓储、办理托运、招待客商等综合性服务。家眷车是为运送津帮家眷和为到新疆投奔父兄亲友谋业的人员，此类客运车自清光绪二十年（1894）出现，至民国初年比较盛行。

文化行业　清宣统二年（1910），津帮商户赵振声在迪化开办首家杨柳青年画店，每年春节前在迪化大十字街出现多个卖杨柳青年画的摊点。此外，津帮商户在新疆开办吊钱店、风筝铺、书店、民间音乐班、工艺美术社等。

作家王向阳（右一）、王洪海（右二）在新疆奇台采访赶大营后裔菜农陶作义（左一）（2017 年）

民国初期赶大营路上的青江驿客栈

新疆奇台博物馆展示的赶大营家眷轿子车（2017 年）

贸易金额

挑担货郎阶段 清光绪二年（1876），挑担货郎随军西征至光绪四年（1878）新疆（除伊犁地区外）收复，沿途肩挑贩售。这是早期大营客财富积累的初级阶段，贸易金额不大，够上一货郎担货物的流动资金即可，剩余是闲置资金。

坐商阶段 清光绪十年（1884）新疆建省后的数年间，早期进疆商贩已有不同程度的可观财富积累，贸易金额的流动加快加大。津帮商人有开拓意识，以安文忠为先导的大户开始用骆驼队去北京、天津大量采购京货入新疆，生意发生飞跃发展。

大宗商品贸易阶段 津帮商人接办朝廷协助饷银，迪化巡抚府是280万两白银，伊犁将军府是40万两白银，包括塔城的16万余两白银，共336万两白银。这使天津商帮如虎添翼，流动资本数倍猛增，借助被称作“沙漠之舟”的骆驼队进行长途贩运，把大量的京货（其他地区货总称）运进新疆，再把大量的新疆土特产运进北京、天津。由铺户商业经济进入大宗贸易，使天津商帮一跃成为新疆各省商帮的“八帮之首”。迪化大十字商贸街成为中亚国际贸易中心。

是时，天津商帮货物进新疆数量约每年600万两白银。骆驼队运输量大，津商每年约用2万峰骆驼。骆驼队进城，头驼到京货店门口，后面的驼队一直排到城外。多时，一次用2000头骆驼。现存有一份民国时期的还款公函，裕新土产公司总经理周海东与天元成字号有一笔皮货交易，一次偿还165.65万两银，且是个尾数。由此可见，津商在新疆的生意做到何等规模。

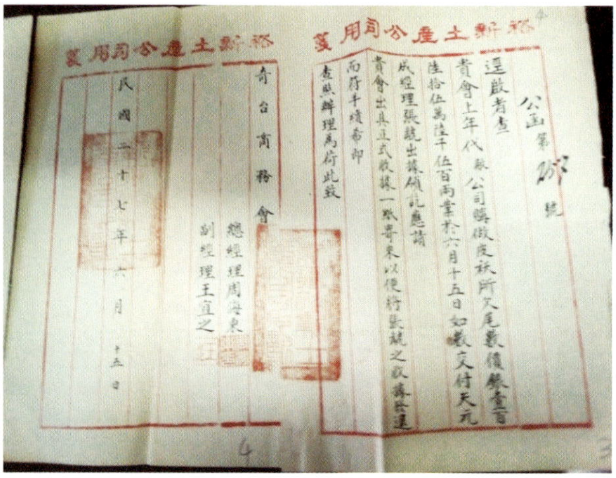
裕新土產公司用箋
公函第　號
逕啟者查
查照辦理爲荷此致
奇台商務會
總經理周海東
副經理王宣之
民國二十七年六月十五日

民国时期裕新土产公司的还款公函

商旅路线

南线　赶大营南线是一条既可步行也可骑驴、骡、骆驼或乘马车的路线。从杨柳青出发，途经静海、沧州、德州、临清、馆陶、濮阳，过黄河到河南省开封，经郑州、洛阳、潼关、西安、宝鸡、天水到兰州，过乌鞘岭、古浪，沿长城西抵凉州、甘州、肃州，出嘉峪关过玉门、安西至星星峡，再经新疆戈壁滩的“苦八站”（因该 8 个站最艰苦而得名），到达哈密、古城子和迪化。此路是左宗棠进军新疆时修整连接的驿路，亦是古丝绸之路。津帮家眷车车夫范玉春于 1923 年记录的赶大营路单，共 153 站、8231 华里，即为此条路线。此线从清光绪二年（1876）西征军入新疆开始，大营客们一直使用。

中线　中线是从杨柳青经北京、张家口、归化、百灵庙进入今蒙古国的乌里雅苏台大草原（大草地），后分成两路，一路往西北经科布多转入新疆，抵达阿勒泰，折向西南至塔城、伊犁，其间经蒙古国大草原约 1750 千米；一路向西进入新疆的巴里坤、古城子至迪化，约经蒙古国大草原 1000 千米。中线为 18 世纪初清乾隆年间平定准噶尔时，由兆惠将军所辟，以经过大草原为特征，货物不宜肩挑，适合大宗货物驮运。此线从清光绪十年（1884）大营客开辟骆驼队商贸路线后，一直使用。辛亥革命后蒙古国独立，仍有大营客择机使用这条线路。

北线 北线为火车线路，绕行沙皇俄国，1916 年全线通车。从天津坐火车经长春、哈尔滨、扎兰屯、海拉尔到满洲里，住悦来店。店家代办出国手续及购买火车票，约需 7 天。派人送出国境至沙俄西伯利亚大铁路“十八里小站”（今外贝加尔斯克火车站），乘“俄台”（沙俄的火车）西行 7 昼夜，到达阿勒泰支线的阿亚古斯（斜米）车站。下车后，渡过阿亚古斯河，距塔城还有 250 千米，雇用“六根棍”马车，6 天到达伊犁。全程约需 25 天。

小草地 小草地是与中线的蒙古国大草地相对而言，从内蒙古的乌兰察布草原起，经乌拉特旗草原、阿拉善沙漠戈壁、甘肃黑戈壁、明水进入新疆。蒙古国独立后，禁止中国商人使用乌里雅苏台大草地，商人被迫开辟新路。但此路没有大草地无人区安全，因此，在俄国进入“十月革命”后，无暇协助蒙古国防务，大营客又悄悄使用起大草地。但时间不长，形势稳定，又被迫终止。

绥新长途汽车公司 1928 年，首任新疆省主席杨增新委托手下得力人才朱炳在新疆开发创办汽车运输公司。1933 年，绥远至新疆长途客货运输开始运营，始发站为归化（呼和浩特），终点站为迪化（乌鲁木齐），全程 2990 千米。首发车于 8 月 30 日出发，行程 42 天，10 月 10 日到迪化。这一行程时间比骆驼队缩短许多，成为大营客首选。

团体组织

各城商会 清光绪九年（1883）始，随着商业快速兴起，新疆各城倡建商会。首建商会的城市是迪化，而后是古城了、伊犁。商会宗旨是广泛团结商界，为繁荣经济服务，维护商民利益，纳税守法，倡办公益。迪化总商会成立于清宣统三年（1911）三

1913 年建造的古城子直隶会馆

会馆房梁上有建造者文字记载

月，迪化总商会是集迪化所有商家之总称，有津帮、晋帮、陕帮、湘帮等 8 个省的商帮，有工商业户 1134 家，其中商店 764 家，手工业作坊 370 家。八帮中津帮在商会中占绝对优势，商会绅董多是津帮商人，会长被津帮包揽。

直隶会馆 清末民国初，天津和杨柳青隶属直隶（河北省），天津商帮在绥定和古城子各建有直隶会馆。

绥定杨柳青同乡会，作用与会馆相同，由安文忠、王一冠等倡导，李锡三等联络惠远、霍城、伊宁、额敏、塔城等地商号募捐，在清光绪十四年（1888）建立，有房 10 多间。作为各地商号集合和联络的处所，为初到伊犁谋生者提供食宿方便，过世商客也可在此停灵追悼。

古城子直隶会馆建于 1913 年，由津帮各商号捐助，建有北房厅堂 5 间、东西厢房 10 间，外大院厨房可供 100 人聚餐。北厅中有南绣桌椅扶靠，2 米高江西五彩瓶 1 对，摆有苏钟等，富丽堂皇。大门口高悬蓝底金字大匾一块，由冯国璋书写“直隶会馆”四个大字。会馆旁同时修建“理门公所”。直隶会馆第一任会首是“品隆当”经理张兰坡。直隶会馆处处维护家乡人的利益，凡到古城子谋生的乡亲，首先投奔会馆，会馆负责为新来者安排谋生办法。

水龙局 韩乐常曾为杨柳青水局的“伍善”（救火员），熟悉会务，参照家乡办法，划地建房，厅堂宽敞，桌椅齐备，另购置杠杆式压力机 1 台，配水桶、水柜、挠钩、板斧、会旗、灯笼、锣、鼓等用具。津商各商号选派精壮青年为救火员，每年集中训练 2

次，人员齐聚后拈香行礼，然后学习训练。水龙局常年戒备，只要发生火情，“伍善”们会召之即来，迅速灭火。

同乡会　伊犁同乡会成立较早，发起人为安文忠。安文忠组织伊犁的天津商人，经常向家乡捐助做善事。1928 年，在新疆迪化总商会会长周海东倡导下，迪化和天津两地同时成立天津旅新同乡公会。会址分设两地，新疆公会在迪化东大街复泉涌酱园，会长为周海东；天津公会在日租界寿街（今兴安路）同盛和京货店津庄院内，会长为李春华。同乡公会的宗旨为团结乡亲，增进友谊，沟通商品经营信息，促进商贸活动发展，办理家乡公益事业。南疆阿克苏也有同乡会，设有庙堂和议事厅，还有供人休息的客舍。

赶大营后裔刘体洪（左二）与家人在新疆喀什（2013 年）

协饷 货税

协饷 新疆建省后，地方收入不足以支撑地方开销，清政府每年补助新疆库银 336 万两，其中迪化巡抚府协饷 280 万两，伊犁将军府协饷数额为 40 万两，塔城参赞大臣协饷 16 万两白银。

清光绪十一年（1885），同盛和周乾义、复泉涌杨润棠、永裕德郑子澄、德恒泰李汉臣、公聚成王锦棠、忠利祥王兴芝、升聚永周质臣、聚兴永肖连第，迪化津帮 8 家巨商联合首次进京代办协饷。事先向省府交纳保险金，要求办协饷的八大商户“联保”。省府选派库员同行，进京后，先赴户部办理手续，后取银两。津商遂将库银充作资本，连同自备资金分别在京、津两地购进大宗货物，按户分运新疆。省派库员监控购货实情，以杜挪支荒用。后同津商押运回省，应酬开支均由津商承担，货到新疆限期结算，由津商如数交纳饷银入库。

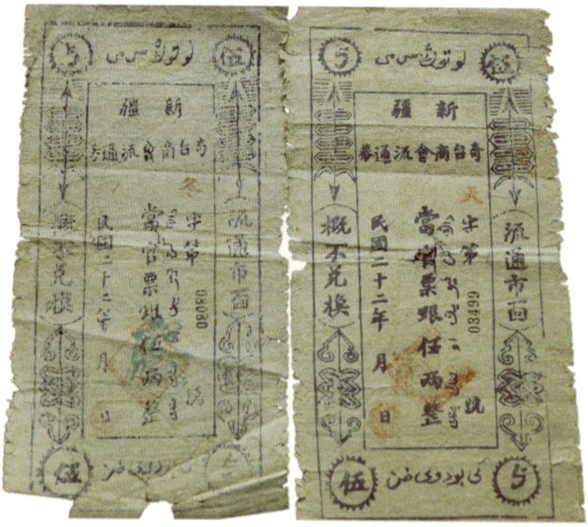

民国时期的津商官票

清光绪二十二年（1896），改“八商联办”为“分户单领”。预交半额入库，货物进新疆，限30天结算交清余额，逾期欠款则由省官钱局垫交省库，加收滞交期的利息。同盛和常率先入库，官府较信任，因此利用饷银最多，得利最大，跃为8家之首。

伊犁将军府的协饷由文丰泰安文忠牵头，与在伊犁的津商大户合办代领。伊犁将军委加安文忠以伊犁官钱局总办的名义，直到各省调解协饷，具按官场行事。凭户部照准数额，就地支取用以趸货，常购湖南、湖北茶叶，四川、浙江绸缎布匹及军需民用物品等包罗万象，回新疆变银交库。

货税 建省以后，新疆仍依旧制征收进疆货税及附征厘金和加捐，延续至清末。1914年，新疆省主席杨增新察觉偷漏税严重，遂邀津帮巨商30多户共议承包进疆货物税事。经协商运作，准由同盛和、复泉涌、广兴和、德聚公、振丰恒、义善长、中和成、聚兴德、明德号、利顺成、文丰泰等11家联合承包，建立“进疆货税稽征所”。在古城子德泰成北栈设进疆首驿，委派该栈经理张玉山、乔如山兼任稽征员。在喀什、和阗、塔城、霍城、哈密、迪化等地设代办所，公推迪化庆春和经理钱仁斋与商会代表为总管，负责汇总结算。每年进新疆货物总值银圆1300万元左右，其中津帮占600多万元，其余晋、陕、甘等各帮占700万元，每年应收税款60多万元，实际承包额定为30万元，分两季向省衙交清。承包商平均每户先交1.5万元入股垫底，每年预计得红利30万元。总管办事处设在迪化庆春和后院，客厅备有麻将、茶果等，每日恭候省衙各道及财税主管，节日、喜庆都要敬奉官员。年底结算，各项应酬与红利基本持平，各股所分无几。

路线 商号

沿途路线 清光绪四年（1878），左宗棠率西征军收复除伊犁外的新疆所有失地。以安文忠为先导的杨柳青货郎因支援军供有功，朝廷允许他们在迪化大十字街占地建房，成为坐商。清光绪八年（1882），安文忠将2000余两白银的积蓄采买新疆土特产，雇用骆驼队运往天津，回新疆时采购各地百货。安文忠在新疆发财致富的消息震动杨柳青。是年，杨柳青遭遇水灾，人们便以安文忠为榜样，协商搭伴去新疆谋生。赶大营路线153站开始有人记载，向后来者传递。1937年抗日战争全面爆发前，一直有杨柳青人和周边百姓由此路线进入新疆。

1882—1937年杨柳青人赶大营路线153站一览表

表2

序号	沿途地名	今地名	间隔距离	今属政区	序号	沿途地名	今地名	间隔距离	今属政区
1	良王庄		25里	天津市	29	贺甲县	获嘉县	50里	
2	静海县		25里		30	徐阳驿	徐营	35里	
3	唐官屯		50里		31	木狼店	武陟县	35里	
4	兴济	兴济镇	60里	河北省	32	大司马		55里	
5	沧州		40里	河北省	33	温县		45里	
6	半壁店	店子	30里		34	招贤镇		30里	
7	南皮县		25里		35	孟县		30里	
8	东光县		45里		36	郭村		15里	
9	连镇		20里		37	黄河口		18里	
10	桑园	吴桥县	50里		38	铁谢		18里	
11	德州		50里	山东省	39	河南府	洛阳市	45里	
12	苦水堡	甜水铺	40里	山东省	40	磁涧		40里	
13	恩县	恩城镇	30里		41	新安县		30里	
14	要塞	要站	30里		42	铁门镇		30里	
15	高唐州	高唐县	30里		43	渑池县		60里	
16	郭平	博平镇	45里		44	观音堂		40里	
17	东昌府	聊城市	45里		45	硖石堡	硖石镇	25里	
18	沙镇		45里		46	张茅	张茅镇	20里	
19	深县	莘县	35里		47	磁钟		25里	
20	潮城县	潮城镇	45里		48	陕州	三门峡市	35里	
21	贯城县	观城镇	45里		49	桥头沟		10里	
22	观音庙	白衣阁	45里	河南省	50	灵宝县		45里	
23	开州	濮阳市	45里	河南省	51	大字营		40里	
24	白道口		50里		52	阌乡县	阌乡镇	20里	
25	李道口	滑县	60里		53	盘头镇		20里	
26	奇门		45里		54	盘头镇		20里	
27	卫辉府	卫辉市	45里		55	潼关城	潼关县	20里	陕西省
28	新乡县	新乡市	50里		56	花庙	华岳庙	35里	陕西省

续表 2

序号	沿途地名	今地名	间隔距离	今属政区	序号	沿途地名	今地名	间隔距离	今属政区
57	柳子	柳枝镇	55 里		94	红城子	红城镇	100 里	
58	池水	赤水镇	45 里		95	平番县	永登县	90 里	
59	渭南县	渭南市	25 里		96	岔口驿		70 里	
60	零口镇		35 里		97	镇羌驿		50 里	
61	临潼县		45 里		98	湘子庙			
62	西安省	西安市	50 里		99	龙沟堡		45 里	
63	咸阳城	咸阳市	50 里		100	古浪县		45 里	
64	店张驿	店头镇	40 里		101	大河驿	大河镇	60 里	
65	醴泉县	礼泉县	30 里		102	凉州	武威市	70 里	
66	铁佛寺	乾县	40 里		103	丰落堡	丰乐镇	70 里	
67	将军镇	监军镇	40		104	永昌县		90 里	
68	永寿县	永寿镇	40 里		105	水泉子	水泉镇	60 里	
69	代玉	太峪镇	40 里		106	新河	新河镇	90 里	
70	邠州	彬州	30 里		107	山丹县		40 里	
71	亭口	亭口镇	40 里		108	东安县	东乐镇	40 里	
72	长城县	长武县	40 里		109	甘州城	张掖市	70 里	
73	高家坞		60 里		110	沙河		70 里	
74	泾川县		40 里	甘肃省	111	高台县		80 里	
75	白水		70 里	甘肃省	112	花墙堡		70 里	
76	平凉府	平凉市	70 里		113	盐池		60 里	
77	安国镇		40 里		114	临水		100 里	
78	瓦亭	瓦亭关	50 里		115	肃州城	酒泉市	60 里	
79	和尚堡	和尚铺	15 里		116	嘉峪关		70 里	
80	六盘山				117	惠回堡	惠向铺	90 里	
81	隆德县		30 里		118	赤金峡		100 里	
82	神林铺		45 里		119	玉门县	玉门市	90 里	
83	静宁州	静宁县	45 里		120	三道沟		50 里	
84	高家堡		45 里		121	布隆吉		90 里	
85	清江驿	青家镇	45 里		122	小湾	小宛	90 里	
86	会宁县		90 里		123	安西州	安西县	70 里	
87	青莲山	青岚山	90 里		124	白墩子	白墩镇	90 里	
88	安定县	定西县	40 里		125	红柳园子		70 里	
89	程口驿	巉口镇	50 里		126	大泉		80 里	
90	程口驿	巉口镇	50 里		127	玛莲井子		70 里	
91	响水子		80 里		128	星星峡		80 里	新疆
92	兰州城	兰州市	40 里		129	沙泉子		90 里	新疆
93	于家湾		40 里		130	苦水	思甜镇	80 里	

续表 2

序号	沿途地名	今地名	间隔距离	今属政区	序号	沿途地名	今地名	间隔距离	今属政区
131	盐墩		90 里		143	大石头		60 里	
132	长流水		70 里		144	三个泉子		120 里	
133	黄土岗		80 里		145	木垒河	木垒县	90 里	
134	哈密	哈密市	70 里		146	奇台县		90 里	
135	头堡		70 里		147	古城子	奇台县	90 里	
136	三堡		70 里		148	济木萨	吉木萨尔县	90 里	
137	三道岭		70 里		149	三台	三台镇	70 里	
138	辽墩	了墩	90 里		150	滋泥泉		90 里	
139	一碗泉		90 里		151	阜康县	阜康市	90 里	
140	车古轮泉	车轱辘泉	60 里		152	黑沟		70 里	
141	奇个井子	七角井	70 里		153	红庙子迪化县	乌鲁木齐市	60 里	新疆首府
142	头水		90 里						

说明：赶大营的路线不止这些，153 站是指走到迪化。从迪化西行去伊犁，还要走 1400 里，去南疆阿克苏、喀什地区更远，到和阗还有 3000 多里路程

商家店铺　自清光绪九年（1883）始，迪化大十字街上杨柳青人开办的坐商店铺越来越多，初来者已经小有规模。为经营便利，各商家效仿天津北大关商贸街，纷纷为自家店铺起字号、做牌匾。

1883—1937 年天津商帮迪化店铺情况表

表 3

店铺名称	创业年代	创业人及继业人	经营项目	坐落地点	分店地点
同盛和京货店	光绪十一年（1885）	周乾义、周恒德、周恒正、周耀庭、柳士清、曹余三等	津沪百货、京广杂货、绸缎布匹、洋货海味等	大十字南大街	伊犁、奇台、吐鲁番、喀什、和阗、北京、天津、上海、武汉等
复泉涌酱园	光绪九年（1883）	杨润棠、杨春华、周恒仁、周海东	自制酱菜、津味糕点、海货、洋货、京广杂货	大十字南大街	伊犁、绥定
永裕德京货店	光绪十一年（1885）	郑永乾、郑联藻、杨绍周、杨宪臣等	日用百货、京广杂货、绸缎布匹、名特产品等	大十字东大街	伊犁、喀什、天津
德恒泰京货店	光绪十三年（1887）	李汉臣、王德云、王铸卿、崔善祥	绸缎布匹、日用百货、批零兼售	大十字东大街	古城子
升聚永京货店	光绪十三年（1887）	周质臣、李铸卿	津沪百货、京广杂货、绸缎布匹、批零兼售	大十字东大街	

续表 3

店铺名称	创业年代	创业人及继业人	经营项目	坐落地点	分店地点
聚兴永京货店	光绪十三年（1887）	肖连第、肖春芳	日用百货、京广杂货	大十字东大街	
公聚成京货店	光绪十三年（1887）	王锦堂等	日用百货、京广杂货	大十字东大街	
新盛和百货店	宣统二年（1910）	赵玉堂等	津沪京货，京广杂货	大十字南大街	
忠利祥京货店	光绪十二年（1886）	王兴之等	津沪京货、京广杂货	大十字东大街	
裕昌厚京货店	光绪三十四年（1908）	刘云卿等	日用百货、京广杂货	大十字东大街	
同泰兴	1931 年	韩宗耀等	日用百货、京广杂货、成药	大十字南大街	
文义厚京货店	光绪三十四年（1908）	穆仲田等	日用百货、京广杂货	大十字南大街	
文义厚货栈	1920 年	穆仲田、徐墨卿	批发绸缎、百货，代客买卖	大十字南大街	
李家纸坊	光绪十年（1884）	李连甲	手工生产土草纸	乌鲁木齐河畔	
合顺公水磨楼	光绪二十年（1894）	张俊岩	加工、销售面粉	迪化水磨沟	
任家菜园	光绪十二年（1886）	任成、任海、任广龙、任广凤、任兆发、任兆旺、任连忠	把杨柳青御河沿各种蔬菜引入新疆	乌鲁木齐河畔	
李家菜园	光绪十二年（1886）	李国瑞及后代	把杨柳青御河沿各种蔬菜引入新疆	迪化小西门外	
王记腊味店	光绪末年	王永泰、王树兰	津味香肠、酱制肉品	大十字东大街	
刘半饱扒猪头	光绪二十六年（1900）	津帮名厨，绰号刘半饱	津味名厨	藩台巷子	
鸿兴成制鞋厂	宣统二年（1910）	张鸿典、赵华成	自制各式靴鞋	大十字北大街	
春茂和京货店	光绪年间	人称“杨花盆”	京广杂货		古城子、酒泉、归化、北京、天津
福泰成京货店	民国初年	石寅甫、高聘卿	津沪百货、京广杂货		
宝聚成京货店	光绪二十年（1894）	戴景州、戴华堂、戴庆堂			焉耆

续表 3

店铺名称	创业年代	创业人及继业人	经营项目	坐落地点	分店地点
宝顺成五金店	1920 年	安万铨、安永昌	五金用具、杂货	大十字北大街	伊犁
全祥百货店	1920 年	杨全祥、杨庆芝	日用百货、京广杂货、典当	泉子街	
德聚公百货店	1920 年	董树堂、刘益臣	绸缎布匹、日用百货、京广杂货	大十字西南角	迪化有裕丰隆、晋隆商店
永盛和百货店	1920 年以后	乔印福、乔树林	京广杂货、天津织品、化妆品、婚丧用品	大十字东大街	
同昌义杂货店	民国初年	姚同善	民族特产、杨柳青剪纸、窗花、杂货	大十字西大街	
于日记百货店	1920 年以后	于荫榕、于金生	专营天津小百货	大十字南大街	
宝顺成杂货店	1920 年以后	孙宝顺	京广杂货、杨柳青年画、剪纸、吊钱		
怡和永京货店	光绪十五年（1889）	韩乐三	百货、杂货		
复昌隆京货店	1920 年	董光錞	百货、杂货		
金记杂货铺	1920 年	金张二	杂货、新疆柳花茶等		
广聚和棉布店	1920 年	皮广玉、皮锡林	专售津沪和俄国布匹	大十字南大街	
德聚和绸缎庄	1920 年以后	姚希贤、姚兆雯	呢绒丝绸、名贵药材		
瑞盛祥鞋帽店	宣统二年（1910）	肖子瑞、肖一青	专销天津名牌金九霞、盛锡福鞋帽	大十字北大街	
庆春和绸布店	1920 年前后	潘少波、钱仁斋	绸缎布匹、时令商品	大十字南大街	
德聚堂国药店	1921 年	姚希贤、赵昆山、任之山、杨少全	中草药、中成药、往来京津		
泰昌金店	1920 年前后	于岐山、于仲麟	金银首饰加工、金银买卖		
聚兴金店	1915 年前后	肖少堂	金银首饰、金条、元宝加工		
裕兴金店	1930 年	宋振福、宋振禄	金银首饰、金条、元宝加工		
华祥金店		张同礼	金银首饰、镶嵌钻石、红绿宝石戒指		
振德银楼	光绪二十一年（1895）	陈振山、陈作霖、陈宝恒	金银首饰、金条、元宝加工	大十字北大街	昌吉

续表 3

店铺名称	创业年代	创业人及继业人	经营项目	坐落地点	分店地点
福顺银楼	1912 年以后	闫福成	首饰、金银加工	大十字北大街	
永和银楼	1912 年以后	杨永凯	首饰、金银加工	大十字北大街	
聚盛银楼	1912 年以后	李恩	首饰、金银加工	大十字西大街	
同兴银楼	1912 年以后	孙子坤	首饰、金银加工	南门	
玉清池澡堂	1921 年	李养泉	浴池服务	衣铺街	
新盛泉浴池	1939 年	张锡禄	男女部澡堂	文化路	
杨家澡堂	1940 年	杨易斋	男女部澡堂	藩台巷子	
黄家澡堂	1940 年	黄玉	男女部澡堂	藩台巷子	
李家澡堂	1940 年	李货郎之子	男女部澡堂	西河街	
中兴号百货店	1940 年	王汇川	日用百货	南门口	
永盛西点心铺	1920 年	刘鉴周	天津风味糕点，兼营杂货	大十字	
务本堂字画店	宣统二年（1910）	赵振声、赵元福、赵元禄、赵元祥	批零兼售杨柳青年画、装裱字画	大十字南大街	
周记当铺	光绪末年	周宝光、周宝和	押物典当	大十字街	
翟记当铺	光绪末年	翟庭顺、翟庭光	押物典当	大十字街	
皇民纺织厂	光绪末年	杨绍周	纺织布匹		
牛家轿车房	宣统二年（1910）	牛树青、牛树行	骡马轿车，拉客、喜丧事		
刘菜筐	宣统二年（1910）	刘金福	租种菜地 8 亩，自产自销	南门外	
高记火烧铺	宣统二年（1910）	高祥林	叉子火烧、津味传统面点	小西门	
薛记锅贴铺	宣统二年（1910）	薛保有、薛连魁	天津风味什锦锅贴	衣铺街迁北门	
杨五香豆	宣统二年（1910）	杨姓（佚名）	五香豆专营		
牛家切糕凉果	宣统二年（1910）	牛富	天津风味切糕凉果	小西门	
瑞记号点心铺	1945 年	郭广瑞及两个儿子	津味糕点、汤圆、油条、茶汤等	三角地	

续表 3

店铺名称	创业年代	创业人及继业人	经营项目	坐落地点	分店地点
高记干果店	1920 年	高树青	各种干货、炒货	大十字北大街	
继盛栈果品店	1940 年	高继旺	批发新疆名产干鲜果品	南梢子门外	
孟家草料铺	1920 年	孟继和	供应大车店养牲畜户	大十字北大街	
赵记袜子铺	1913 年	赵荫堂	自制自售男女布袜	大十字北大街	
直新公司	1920 年	安辅臣、张润田	收购加工肠衣、棉花，兑换俄货销售	南关二道桥	天津、伊犁口岸办出口贸易
德元电业公司	1932 年	杨元富	供应大十字街商户用电并安装路灯	大十字街	
德元电影院	1932 年	杨元富	购俄国设备，放无声电影，后放抗日电影	大十字街附近	
羊肚子手巾	1920 年	贾耀明	原产白细布毛巾，后试制成羊肚子手巾	田街南头	
戴家毡筒厂	1920 年	戴云团	自制毡筒靴、畅销边城	羊毛湖后街	
云光照相馆	1941 年	刘起孝、刘起义	黑白摄影、兼拍外景照	大十字东大街	
银都照相馆	1941 年	王大生	黑白摄影，兼拍外景照		
经昌美书店	1917 年	周梦先、赵子敬	书籍、字画、字帖、文房四宝、杨柳青年画	大十字南大街	
董记工艺美术社	1944 年	董光福	书画、锦旗、牌匾、广告制作	三角地	
张记扎彩铺	1920 年	张墨庄	各式天津风筝、民俗扎彩	大兴巷内	
民生药房	1927 年	刘云卿、刘竹溪	中西成药、设有门诊，设备先进	大十字西大街	
志光西医诊所	1930 年	王金萼、郑学兰	擅长儿科、兼治性病传染病	西大桥	
潘家骆驼队	1920 年	潘宝鑫	饲养骆驼 200 多峰，长途运货		
戴家汽车队	1921 年	戴连鹏、戴鸿宾、戴鸿义、戴鸿年	美制道吉汽车 3 部，长短途运输		

续表 3

店铺名称	创业年代	创业人及继业人	经营项目	坐落地点	分店地点
王家花轿房	1921 年	王玉廷，人称花轿王	沿袭天津婚俗，出租花轿	大兴巷子	
贾家菜园	1912 年	贾万盛	引种杨柳青蔬菜	小西门外	
于记鸡鸭行	1922 年	于金和	专门交易鸡鸭，兼治鸡鸭病	大西门外	
李家评书场	1930 年	绰号“李炮子儿”	说评书，施公案最有名	新西市场	
蔡布头	1927 年	蔡永和、蔡德春	专摆布摊卖布头	大十字西大街	
徐菜籽	1921 年	徐锐、徐恩树	从杨柳青进各种菜籽，在新疆销售并传种植技术	大十字西大街	
李记干货铺	1930 年	李万泉、李万才	新疆特产各种干果	三角地	
张记铝品厂	1930 年	张克忠	铝品制造等	荷花池巷	
永和祥切面铺	1925 年	梁凤荣、吴玉春、梁维成	手工加工切面	北大街大兴巷口	
潘记豆腐坊	1920 年	潘兰藻	豆制品、天津风味早点	三角地、迁西河街	
玉华香甜食店	1940 年	魏锦洲、魏崇喜	京津风味甜食小吃	大十字东大街	
恩顺居天津包子铺	1920 年	彭恩仲、彭建明	包子等	大十字东大街	
吴玉和炸糕铺	1930 年	吴玉和、吴恩信	与天津耳朵眼炸糕媲美，元宵、粽子	三角地	
田记馅饼铺	1920 年	田焕文	馅饼、小吃	军装局巷子内	
乔家饺子馆	1930 年	乔思荣、乔凤鸣	天津水饺	东风路	
宋记烤肉铺	1913 年	宋景春、宋金起	烤羊肉串	三角地	
方记扒肉馆	1930 年	方姓（佚名）	扒海鲜、扒肘子、扒鸡、扒面筋、扒羊肉	串街叫卖	
一品居坛肉馆	1930 年	姜爱棠	天津风味包子、坛子肉	北大街大兴巷子	
戴家果子铺	1930 年	戴文玺	香油果子、姜饼、鸡蛋饺、糖皮果子、馓子、粽子	藩台巷子	
童三姑烧饼铺	1921 年	童三姑、佟万义	天津风味芝麻烧饼	三角地	
宋记面馆	1930 年	宋凤山	天津风味打卤面	民主路	
张记卤肉烧饼车	1921 年	张永春、张树林	天津风味酱制品、卤肉烧饼沿街叫卖	三角地	

续表 3

店铺名称	创业年代	创业人及继业人	经营项目	坐落地点	分店地点
杜家糕干	1921 年	杜恩荣	天津风味什锦糕干	串街叫卖	
杨家米花糕	1921 年	杨德山	天津风味米花糕、馅花糕、长寿饼	串街叫卖	
吴德咸花生	1923 年	吴德、吴兆全	干咸花生、五香多味	串街叫卖	
傅家馅花糕	1923 年	傅胜	天津风味什锦馅花糕	串街叫卖	
姚小二盖碗茶	1923 年	姚永祥	摆茶摊，有方糕、干果小吃	闹市摆摊	
王老七素卷圈	1923 年	王姓（佚名）	天津风味素卷圈、豆制品仿肉食	小西门西大街	
天迪商行	1931 年	韩伯超、韩宗耀	京货、杂货	南关大街	天津分号估衣街归贾胡同

1984—1932 年天津商帮在新疆其他地区店铺情况表

表 4

城市	店铺名称	创业年代	创业人及继业人	经营项目	坐落地点	分店地点
伊犁（伊宁）	文丰泰京货店	光绪十年（1884）	安文忠、肖冠三、单聘三、张润田	京广杂货、津沪百货、绸缎布匹、黄金、药材等	汉人街头	惠远、霍城、塔城、额敏、阿山、布尔津等 12 家
	忠信厚京货店	宣统二年（1910）	宋振英	京津百货、土特产品、羊毛肠衣、羚羊角		
	立昌永京货店	不详	董玉书	京津百货		
	振丰恒京货店	光绪二十年（1894）	贾绍山、高振生	京津百货、烟茶布匹	伊宁	古城子
	复忠玉加工厂	1930 年	宋杰生、刘同和、刘石斋	收购加工肠衣		
绥定	复庆永商号	1919 年	李永庆、李瑞林、李德元	经营百货，放牧牛羊	绥定大桥	
	巨兰斋食品烧酒店	不详	王一冠	自制白酒、糕点食品		
	曹记碾磨坊	不详	曹瑞三	加工面粉		
	福泉厚酒坊	不详	李锡三	自制销售烧酒		
	德心堂药店	光绪十六年（1890）	郭德奎、李聘三	销售京津名药、收购新疆名贵药材		
	兴泰和酱园	光绪十年（1884）	白姓（佚名）、二代白琴轩	主营酱菜，兼营调料、杂货		

续表 4

城市	店铺名称	创业年代	创业人及继业人	经营项目	坐落地点	分店地点
惠远	文丰泰京货店	光绪十年（1884）	安文忠	与总店经营货品相同	东大街将军府旁	总店在伊宁
	玉泰厚京货店	光绪十年（1884）	刘石斋	金银首饰、日用百货	东大街	
	刘记京货店	光绪末年	刘养斋（官钱局收支员）	京津百货兼放牧牛羊		
	杨记京货店	光绪末年	刘毓光	京津百货兼放牧牛羊		
	利顺成京货店	光绪末年	郭利顺	京津百货兼放牧牛羊		总店在额敏
	明盛和京货店	光绪末年	孔宪章	京津百货兼放牧牛羊		额敏、塔城
额敏	明盛和京货店	光绪末年	孔宪章	京津百货兼放牧牛羊		总店在惠远
	利顺成京货店	光绪末年	郭利顺	京津百货兼放牧牛羊		惠远
	文丰泰京货店	光绪十五年（1889）	安文忠	津沪百货、京广杂货、绸缎布匹、放牧		总店在伊宁
	蔡家小铺	宣统二年（1910）	蔡永和、蔡德春	日用杂货		
霍城	玉记烧酒坊	光绪十二年（1886）	周乾玉、周乾凤	天津烧酒，自制自售	县城内	
吐鲁番	同盛和京货店	光绪二十年（1894）	周乾义	津沪百货、京广杂货、葡萄园	县城内	总店在迪化
阿山	文丰泰京货店	光绪十五年（1889）	安文忠	经营项目与总店相同	城内	总店在伊宁
塔城	文丰泰京货店	光绪十四年（1888）	安文忠	经营项目与总店相同	城内	总店在伊宁
塔城	文丰泰牧场	光绪十四年（1888）	安文忠、妻弟小马	牧场拥有数千只羊	城外	
	明盛和京货店	光绪末年	孔宪章	京广杂货、兼牧场	城外	总店在惠远
	蔡家客店	光绪二十六年（1900）	蔡永和	招揽顾客，因简陋称“三号栈”	城内	
	盈丰裕杂货店	光绪末年	韩少棠	南北杂货	城内	

续表 4

城市	店铺名称	创业年代	创业人及继业人	经营项目	坐落地点	分店地点
布尔津	文丰泰京货店	光绪十五年（1889）	安文忠	经营项目与总店相同	城内	总店在伊宁
古城子	文丰泰货栈	光绪十六年（1890）	安文忠、安文庆	为本号接运转发货物，也做代客储存	南栈	总店在伊宁
	同盛和货栈	光绪十七年（1891）	周乾义	为本号接运转发货物，也做代客储存	南栈	总店在迪化
	祥记同盛和京货店	光绪二十年（1894）	周乾义、李祥甫、王芷洲	京津百货、京广杂货、兼收黄金	北栈	总店在迪化
	德泰成货栈		张玉山、乔如山	仓储转运、批发货物	北栈	
	裕昌泰京货店		戴兴斋	百货、批零兼售	北栈	
	文义厚京货店		穆仲田、穆景华	津沪百货、京广杂货、批零兼售	北栈	
	义昌裕京货店		刘筱山	百货、批零兼售	北栈	
	德源厚京货店		宋子恒、韩筱甫	百货、批零兼售	北栈	
	信泰厚京货店		李仲信	百货、批零兼售		
	义善长京货店		李汉臣	百货、批零兼售		
	振丰恒京货店		贾绍山	百货、批零兼售		总店在伊宁
	王记杂货店		王幼廷	京广杂货、土特产品	南栈	
	祥泰和糕点店		贾姓（佚名）	津味糕点、各种小食品	南栈	
	春茂和货栈		杨某，人称“杨花盆”	为总店和分店接运转发货物		
	德恒泰京货店		王德云	百货、批零兼售		
	广兴和京货店		佚名	百货、批零兼售		
喀什	同盛和京货店		周乾义、李迪生	总店供货，批发南疆各城		总店在迪化
	同义兴京货店			百货		
	郑记当铺		郑警甫	典当业		
和阗	同盛和货栈		李迪生分管	批发货物		总店在迪化
	赵记当铺		赵乐三	典当业		
喀喇沙尔（焉耆）	周记当铺		周聘卿、孙玉祥	典当业		
	宝聚成京货店		佚名	百货、赊销、放贷		
	戴家酒坊	光绪十五年（1889）	戴景州、戴华堂、戴庆堂	自酿烧酒、批零兼售		

续表 4

城市	店铺名称	创业年代	创业人及继业人	经营项目	坐落地点	分店地点
阿克苏	义德泰杂货店	清末	佚名		南门外	
	董记酱园	光绪二十四年（1898）	董佑林、董云发、董光甲	酱菜、酱醋、麻油、糕点	南门外	
	德聚公百货店	1920 年	董树棠、董海亭	总店来货，批零兼售		总店在迪化
	德胜祥百货店	清末	佚名	百货、杂货	南门外	
	聚兴永京货店	光绪二十八年（1902）	佚名	百货、杂货、批零兼售		
库车	宝胜京货店			百货、杂货、批零兼售		
	王记当铺		王三夫妇	典当业		
轮台	吉合成京货店			杂货、百货、赊销、支放		

1906—1937 年新疆津商在天津部分企业名表

表 5

姓名	企业名称	说明
安文忠	恰源银号	与人合作
安文忠	谦丰银号	与人合作
安文忠	信义永麻袋庄	独资
周恒正	天瑞银号	与人合作
周恒正	和生银号	与人合作
周恒正	文盛布庄	与人合作
贾绍山	义和祥药材庄	与人合作
贾绍山	中兴银号	与人合作
贾绍山	怡丰棉布庄	独资
贾绍山	歉义银号	独资
贾绍山	万义颜料庄	独资
韩绍棠	裕源银号	与人合作
白琴轩	忠义成药材庄	与人合作
白琴轩	庆生和轧油厂	与人合作
宋少棠	忠信诚百货店	与人合作
孙益卿	同升新帽庄	独资
王雨芝	信成杂货店	独资
王雨芝	信成机器面粉厂	独资
周季陶	公泰百货批发店	独资
李静轩	裕昌棉布庄	独资

续表 5

姓名	企业名称	说明
王筱泉	泉记制鞋厂	独资
李升圃	永丰汽车零件店	与人合作
肖惠安	惠昌银号	与人合作
孔宪章	通盛运输货栈	独资
韩少轩	权记棉布庄	独资
杨文蔚	宝德堂中药店	与人合作
李汉臣	聚兴金店	与人合作
王芷洲	鸿祥金店	与人合作
曹万恺	万昌布庄	独资
张松圃	德庆公酒厂	独资
冯海明	永顺德轧花厂	独资
高孝臣	聚兴轧油厂	独资
张启业	鸿毓和油厂	独资
贾绍山	丰记油粮行	独资
安起富	福泰祥杂货店（后存放银钱）	独资
李文波	天昌酱园	独资
穆仲田	春毓公轧油厂	独资

石家大院

石家大院是杨柳青石家的第四门尊美堂。石氏先祖石蓬，原在山东家乡附近以经营水上运输为生。清雍正年间（1723—1735），石氏沿大运河营运拓展到天津一带。为运载便利，其子石衷一开始落户杨柳青镇，向天津、北京等地运送土产、杂品、粮食等货物。石氏逐步成为杨柳青镇家资累万的富户。石氏家族向房产业、地产业发展，并在周边各县和天津等地遍设当铺，名列天津八大家之一。清光绪三年（1877），由尊美堂石宝珩之子石元俊和石元士建成石家大院。

大院格局

大院修建　石家大院，即尊美堂宅院。前门在河沿大街 128 号（南门），后门在估衣街 47 号（北门），有房舍 200 余间（修复后有房 183 间，占地 6080 平方米）。

石家大院用料考究，派人到各地采购，从云南、贵州等地购买楠木、花梨木、紫檀木，从东北购松、柏等原木，从苏州、临清烧制澄浆瓦件和青砖，从顺德、曲阳等地购进条石、石鼓和门墩（坯料，现场加工细雕），从易州买白灰、青灰等。清同治前期，运河两岸烽火连天，途远路阻，运输困难。同治十年（1871）以后，才购置完毕启运。因木料量多，在镇西南隅选址存放，故名“木厂”（现有木厂村）。

石家大院（2005 年）

石家大院所获名牌（2019 年）

同治十三年（1874）春，来自北京的设计师和杨柳青的五大建筑作坊相关人员到现场会商。议定重点建筑项目有戏楼、鸳鸯厅、暖厅、各道垂花门及排水线，由栀厂派技师操作，其余由当地建筑作坊施工。要求年内在运河南岸建窑 3 座，烧制青砖 40 万块备用，是年秋季正式动工兴建。光绪三年（1877），主体工程竣工，尊美堂主人入住。以后常年雇工修饰、改建，历经 50 余年，春秋不辍，才算建成一座豪华的宅院。

建筑格局　大院前门迎面是一座大影壁，影壁东侧的前院，坐南朝北一排房，是内账房及候客厅。大甬道建在中轴线上，东西两侧各有 5 道院落。大甬道直通后门，有 5 座门楼建在甬道上。甬道西侧第一道院有大客厅，院内有 3 丈多高的大天棚，屋顶正中悬有蓝底金字的“诰命龙箱”，下有楠木条案、八仙桌、太师椅等。第二道院为暖厅，暖厅外侧山墙下部有砌砖灶口，厅内方砖铺地，方砖下有火道暗通，冬季燃以木炭，厅内温暖如春。东间是石元士白天休息、吸烟处，内设大罗汉床。往北连跨两道院的建筑是戏楼，高大宽敞，有后台、前台和池座、边廊、后廊，极为华丽，可供 200 人听戏饮宴。戏楼及前面 12 扇花棂格扇全是楠木原色，所有格扇皆可启闭。最外是明柱走廊。楼内四面布满雕刻，连排柁上也暗藏浮雕，极为精细。戏楼以北有大垂花门，造型别致，前檐梁枋，镶嵌透雕的八仙人及“暗八仙”（用八仙手持器物，见物不见人）图案，两侧斜撑板上有浮雕太师、少狮图纹，下面有一对青石鼓，刻有九狮图，栩栩如生，护阶带子石、两层台阶上都刻有精细浮雕。平日台阶用木套架着，遇有喜庆吉日才得一见。最北一道院有小祠堂，堂内有黄杨木雕家庙一座，高 6 尺余，另有 8 人抬半副小銮驾。

小祠堂西侧另有西跨院，是石家办的私立第二中学校址，废除科考后而建。学校西侧有一个后门，面临估衣街。西边是一条小甬路，有看家护院人的居室，南端有小铁门通往石府旁的小胡同（石氏迁走后，各大门皆上锁，只留此小门，供护院人通过）。

石府小祠堂以东为中轴线上的后大门。再东为北大厅，由此往南，也是 5 层院落。其中，两个四合院是家眷内房，由各辈夫人分住。再南为鸳鸯厅，由两道院的南北厅堂连为一体，中设穿堂门，既为南厅又为北堂。石元士晚年就住在这里。最南一道院是书房，古籍藏书多达万卷，古玩、字画亦藏该院。院以东至东跨院，沿东墙有偏房 10 余间，供仆人、车夫住用，另有马厩数间，往南直通河沿街，有“车大门”，供轿车出入。

解放前后，特别在“文化大革命”期间，这些建筑被任意拆改。1987 年 6 月，西郊区人民政府决定将其复原并做文物保护。1992 年，被辟为杨柳青博物馆，为市级文物保护单位，是天津市八大古建筑之一。

石家大院正门（2019 年）

石家大院内花园（2005 年）

重点建筑

戏楼 正面是 12 扇通天格扇门，遍饰六角套胡椒眼木雕花棂，玲珑剔透。楼有 2 层，上层四面取光，环楼木栏，栏棂为“一根藤”式，恰似一根长藤连续不断折叠而成。下层东西各有太平门 4 扇。两廊设龛式壁灯橱 10 个，硬木透雕镶边，中嵌名画。边廊方柱，后廊圆柱，柱础皆有石雕花纹。楼顶排柁饰以浮雕。中为看池，凹低一级，摆设太师椅数十对。前台装饰华美，两侧隐有耳门，后台宽敞明亮。戏楼古色古香，典雅大方，可容 200 名宾客欢宴，有音乐共鸣之效。楼外明柱环廊，枋椽雀屉，山景叠石，清韵入画。

暖厅 外有走廊栏杆，厅内镂花吊墙，透雕兰花壁屏。厅外山墙下边设有砖砌“火眼”，厅内方砖铺地，火道暗通地下。冬寒之季，火眼内燃木炭加温，昼夜可燃炭100千克。点火后自动抽风，由后墙天沟处出烟，厅内温暖如春，将余热散入一墙之隔的戏楼地下。此为皇家大内取暖之法，民间罕见。

鸳鸯厅 双排二脊连体建筑，一厅连接前后两院。厅有10间，5间朝南，5间面北，中有穿堂门，前廊后厦，花格门窗，中厅有镂刻松鼠葡萄吊楣，古朴清幽。

垂花门 设于戏楼前院，门开见楼，为倒悬式双重门楼，以砖木各种雕件构合，极为华美。门楼倒悬外伸，是一种前重后轻的木结构，依靠镶嵌门框间的撑拱，承托梁枋和垂花吊柱。

门上平列四个寿字楣（一般用两个），两旁吊柱的垂花有莲花两朵，花蕾未绽，名“含苞待放”。正中上悬3格花窗，为木质透雕“四季长春”。左右门柱托耳，为木质浮雕“太师图”，后耳是“丹凤朝阳”。下为翠绿石鼓一对，刻有九狮，形态各异。两旁抱柱石浮雕是“八骏图”，门墩刻有“宝象花”，台阶有带状细花围绕。梁枋、斗拱皆有精细木刻。

垂花门有三，此为其一。另两个都设于中轴线大甬路上，唯形制各异，一为“花蕊吐穗”，二为“子满莲蓬”。

石家大院垂花门侧面（2004年）

雕刻艺术

石家大院以雕刻而久负盛名，砖木、石雕风采多姿，相映成趣，均谐其音义，构成吉祥图案。

木雕 宅内梁枋、门窗等，凡木质构件均加雕饰，分为浮雕、透雕和镶雕，因物而宜。合宅有格扇门 40 多组，每组 4 扇、8 扇、12 扇不等，多用楠、楸之木。每组花格式样各异，有冰纹、梯纹、六角、八方、万字纹等。纹内套刻圆钱、万寿、五蝠、方胜，变化无穷。格扇下部尤其考究，楠木嵌镶黄杨花纹，均用木质原色而红黄鲜明，细致如绣。宅内有“丹凤朝阳”（后大门门厅吊楣）、“百鸟朝凤”（内宅门额）、“荣华富贵”（闺房门额）、“松鼠葡萄”（鸳鸯厅内）、“玉兰花开”（双面透雕壁屏）、“太狮图”（戏楼前院）、佛八宝、道八宝（前大门）等木雕精品。各院梁枋、排柁、吊楣木雕无计，早年有“八仙过海”大型透雕，今已无存。宅内尚有双面透雕花鸟立屏 8 扇，图花各异，存于天津博物馆。

石家大院木雕四扇屏（2004 年）

石家大院门额木雕（2004 年）

石家大院柱础石雕（2004 年）

石家大院石雕（2019 年）

石雕 院内多廊，柱皆石础，每础必有雕刻，尤以多处门旁石鼓工艺精巧。门墩背面暗部亦加雕饰。迎壁座上雕有“狮子绣球”“仙童捧寿”。院外墙上雕有“如意石”（拴马用），下水道的沟眼也有“福（蝠）在眼前（钱）”，多处石阶立面有浮雕。

砖雕 因形构图，有浮雕、透雕、叠层套刻多类，不乏名家之作，“刻砖刘”曾去献艺。房顶、房檐、门楼、院墙、山墙各部位都见砖雕。

屋顶上的烟囱皆用雕饰，镂刻成立体花篮（数十块青砖镂刻组合而成）。云阁（形似楼阁），青烟徐徐，从内而出，似云似雾，如入仙境。房脊上有“平升三级”（宝瓶中立三钱戟）。房檐下以连锁图纹居多，回纹、万字纹、金钱纹、惹草纹等，不胜枚举。陡板多见独立图案，有“麟吐玉书”、“富贵平安”、“辈辈封侯”（老猴背小猴攀树，捅马蜂窝，两背朝外，蜂谐音封，背谐辈）、“三阳开泰”、“福自天来”等。山墙缀有“山花”，用数十块方砖刻成，嵌丁墙面，有“牡丹富贵”“富寿吉庆”等大型浮雕，下部附有尾穗，细部如丝。石家大院建筑雕刻数量繁多，是天津仅存的豪华民居。

石家大院山墙砖雕“富贵吉祥”（2004 年）

石家大院砖雕“平升三级”（2004 年）

石家大院砖雕“牡丹富贵”（2004 年）

石家大院砖雕中轴门之一（2021 年）

石家大院垂花门（2021 年）

建筑特点

门开见品 巧妙的建筑布局多见 3 个门分布为“一品”，前大门与车大门并列在前，后有甬道门楼（中甬道南端），构成品字。后大门与旁门（西跨院门）并立一排，又与戏楼前院垂花门构成品字格局。院内有多处品字，隐有“出入一品”之意，暗祈官居高位。

石头上房 戏楼两侧房角之上各有石制陡板，图案对称，雕有“五福捧寿”，下附砖雕墩头“一品青莲”（“尚书红杏，学士青莲”均属一品官位），陡板斜面外向，这种构造为民居稀有。主人姓石，置石房上，寓意石姓人家出人头地，居官要高，岁要长寿。

雕梁素栋 全部建筑见梁枋雕刻，均为素色（木质原色），或黑或棕，绝无朱漆彩绘。“只有雕梁，却无画栋”是其特点，因系民宅，虽极尽奢美，但与王公府第有别。

有凤无龙 满院建筑雕刻精细，图案丰富多彩，有凤、狮、鹤、象，独不见龙形。因封建定制，虽官居高品，但也力避其嫌。

跑马水道 全院南北通长百米有余，北高南低，南临运河。北京桅厂设计师因势利导，取跑马坡排水之法，在中甬道下边暗设排水大沟，青砖加米脂浇砌，直通运河，落差 2.83 米，分叉各院沟通，每院次第下降高程而不显，雨水顺势而流。临雨可将院落冲刷干净，即使下暴雨也无积水。平日，院中微尘不扬。时经百年，长效如初。

街景雕塑（2018 年）

风土民情

杨柳青拥有优美的自然环境、悠久的历史、丰厚的文化积淀，形成了独特的民俗风情。其风俗内容丰富、范围广泛，从衣食住行、岁时节令到礼仪禁忌、方言等无所不包，各种风尚习俗无不镌刻着历史的时代风貌和浓郁的地方特色。新中国成立后，带有封建色彩的旧习俗逐渐被革除，婚事新办、丧事简办，文明礼俗蔚然成风。随着外地人口大量涌入和西方外来习俗的影响，也为杨柳青的风俗注入了新的内容。

衣饰发型

服装　清代至民国初期，男性和女性的上衣多为斜襟、偏扣，扣子用布带打结，俗称“疙瘩襻儿”。下身为绾腰长裤，冬日为棉裤，裤腰齐胸，用布带子做裤腰带。在庄重场合或参加礼仪活动时穿的衣服称礼服，平时女装上为短衫，下绾长裤。上衣宽襟大袖，下端超过臀部，在胸前和腋下系扣。女上衣的口袋设在右襟前下端，系扣后便被左襟盖住。女性的礼服多为旧式袍服和新款旗袍，或上着短衫，下束长裙，质料有绸、缎、细棉布和麻纺布。

新中国成立初期，青少年流行学生服，干部、职工、教师流行中山服。20 世纪 50 年代，流行双排扣的列宁服，列宁服分男式和女式。70 年代，年轻人盛行喇叭裤和港式

杨柳青人手工制作的旗袍（2017 年）

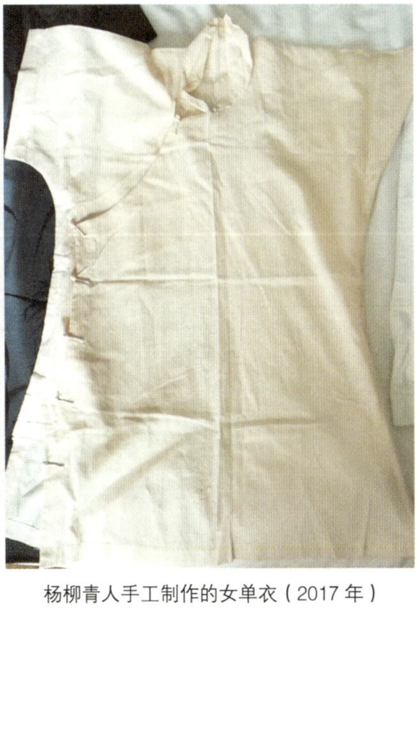

杨柳青人手工制作的女单衣（2017 年）

筒裤，服装面料以人造棉、的确良、涤卡等化纤织品为大宗。80年代以前，人们的衣着多为自己制作。80年代后，男女服装多到市场、商店自由选购，服装的品类、款式及面料日趋新潮化和高档化。不同年龄、不同职业的人根据季节和爱好穿着筒裤、喇叭裤、毛衣裤、皮衣裤，牛仔服、中山服、西装、夹克衫、学生服、运动服、文化衫、T恤衫，各式风衣、羽绒服、羊绒大衣、呢绒大衣、裘皮大衣等。突出的特点是男性穿西装的越来越多；女性的服装更是丰富多彩，裙子有长裙、短裙、迷你裙、一步裙、套裙、百褶裙等，毛呢、亚麻、涤纶等中高档纺织品逐步取代低档面料。在居民衣橱中，除四季必备的服装，不同品牌、各种款式的服装丰富多样。“男士穿品牌，女士穿款式新颖”渐成着装的流行语。进入新世纪以后，人们穿着以棉布为主，注重舒适、休闲，各种品牌运动装更受青睐。

冠戴 民国时期，除瓜壳帽外，富家子弟及文职人员多戴礼帽。冬季一些中老年人在瓜壳帽之外套一块防风巾，帽顶仍为瓜壳帽状，左右两侧和脑后各加一个长方块披下。还有一种羊毛绒织成的套帽，俗称“茶壶套帽”。平民男性一般戴毡帽头，用棕色毛毡制成，顶圆形，侧毡片上缀有毛皮，以鼠皮为多。老年妇女戴“观音兜儿”，无顶盖，从前额沿两耳围到脑后，以松紧带维系，前额正中有饰品，两侧有花绣。民国后期，学生戴学生帽，上为圆顶，前额有帽檐，黑色。

新中国成立初期，中青年男性春秋戴解放帽、八角帽（列宁帽）、呢子圆顶帽和鸭舌式前进帽，女性戴方巾。夏季时兴戴圆顶大草帽，男女都戴。冬季男性戴两块瓦式棉帽。20世纪50—60年代，人们多戴长绒裁麻棉帽。60—70年代，冬季男女盛行戴围巾，花色品种多，如各色尼龙、纱罗、丝绸、毛绒围巾等。随着带帽子的服装增多，戴围巾和棉帽的人逐渐减少。80年代以后，随季节男性戴前进帽、博士帽、毛线帽、夏凉帽及各式旅游帽，女性戴纱巾、女式夏凉帽和各式毛线帽。2000年以后，更多的男女青年外出喜欢戴运动帽，根据自己的喜好选择颜色和款式。

鞋袜 民国时期，一般经商做生意的人都穿充礼服呢面的和皂布面的皮底或千层底便鞋。女鞋多为尖口，有布面或缎面绣花鞋。绣花鞋尖端顶部带花穗儿，后也有点缀红绒球的。民国中期，增加“偏口拉锁”式，女学生时兴穿方口偏带布鞋。

20世纪70年代，回力牌球鞋深受群众欢迎。家做鞋逐渐由轮胎底、塑料底取代千层底。80年代以后，机制鞋取代家做鞋，人们穿各式便鞋、球鞋、皮鞋、乌拉鞋、皮靴等。夏季盛行各式塑料凉鞋和皮凉鞋，冬季人们多穿皮鞋、合成革鞋、旅游鞋、雪地鞋、马靴和运动鞋。鞋的式样有港式、前进式、火箭式等。女式皮鞋花样繁多，有坡跟鞋、半高跟鞋和高跟鞋等。随着人们运动意识的增强，更多的人喜欢穿各种品牌的运动鞋，知名品牌的运动鞋更受欢迎。

杨柳青人手工制作的绣花鞋（2017 年）

清末，人们多穿家做的布袜，后渐被丝织袜和线织袜所代替，但体力劳动者和一些老年人仍穿布袜。60—70 年代，尼龙丝袜和锦纶丝袜逐渐取代线袜。80 年代以后，机制线袜绝迹，人们多穿尼龙袜、丝袜和毛线袜。夏季，女性流行各式长筒袜。2000 年以后，男女青年夏季多穿船袜。

男性发须 清代以前，男子均全发留须。发型或上挽高髻，或后梳独根长辫，或上挽下披，胸前飘两绺。清顺治二年（1645），清廷剃发令下，其后汉人均把脑前部分剃光，后半部分梳独根长辫子。胡须则因人而异，有五绺胡、山羊胡、两撇胡、连鬓胡、一字胡等。辛亥革命后，剪辫子风盛行，农民一般剃光头，少数人在辫根处留一部分，剪齐如瓦状，俗称“马其盖”。一些富家子弟、官员、职员、商人和青年学生留分头、背头和平头，并流行八字胡和一字胡。

新中国成立初期，少年儿童一度流行桃形头，头发不分印，俗称“一边倒”，中青年农民留分头的较多，留胡子的人逐渐减少。60—70 年代，少数青年流行“青年胡”。80 年代以后，除少数老年人外男性全留头发，发式有偏分、中分、背头、高平头、低平头、坡茬、蘑菇头等；多数男性不留胡子。2000 年以后，男青年显个性的发型渐多。

女性发型 清末，未婚女性兴扎独根辫子。辫子根部用红、粉、绿色等头绳，分段扎系，辫梢处系蝴蝶结，额前留齐眉穗。女孩梳抓髻，婚时梳盘头，婚后多梳髻。辛亥革命后，剪发之风兴起。年轻女性已不梳髻，而剪成短发，留“刘海儿”。中老年人梳盘头，老年女性因头发稀疏梳抓髻。

新中国成立后，女青年多为齐颈短发和扎双辫子，出嫁时多烫发。青年学生一度流行“卓娅”头。20 世纪 70 年代，烫发之风悄然恢复。80 年代后，发型多样化。2000 年以后，女青年染发较普遍。

饰品　清朝至民国初期，青年女性流行戴耳坠儿。富家女性的耳坠上多镶嵌翡翠或宝石，平民家女性的耳坠上也镶嵌一些玻璃制品。女性多戴金、银、玉制手镯。男女都有戴金银戒指的习惯，少数富户戴钻石戒指。少数男女镶金牙，其主要用意是为装饰自己。老年女性有的头戴金、银制的九连环，有的身挂佩有多种饰物的九连环。儿童多戴手镯、项圈，胸前佩戴玉石和麒麟锁、长命锁等。

新中国成立后，佩戴饰品的人减少，女性的各式发卡增多。20 世纪 80 年代，佩戴金、银饰品之风兴起。女性多佩戴金、银戒指，耳环，金项链，金手链，也有女性戴玉手镯。手表为更多的男性佩戴，一些女性淡化了对金银首饰的追求，而更钟情于一块名表。

美食小吃

主食　80 年代以前，杨柳青镇居民主食中粗粮食品包括玉米面或高粱面的贴饽饽、窝头、锅饼；玉米面掺少量白面蒸的丝糕、玉米面或高粱面的菜团子、豆馅团子、大麦面卷子、大麦面或红高粱面薄饼子，小米饭、高粱米饭以及黏高粱面或糜子面做的年糕、元宵等。细粮食品包括馒头、豆馅馒头、枣馒头、花卷、枣卷、大饼、煎饼、包子、蒸饺、水饺、煎饺、合子、捞面条等。80 年代以后，镇村农民在饮食结构上发生较大变化。主食均以大米、白面为主，高粱食品绝迹，玉米已成改口味的调剂食品。

素丸子汤（2021 年）

杨柳青酥糖（2021 年）

汤食 种类繁多，主要有大米粥、小米粥、玉米粥、秫米粥、山芋粥、大麦仁粥、绿豆汤、白面条汤、杂面汤、汆汆汤（疙瘩汤）、瓜汤、菜汤、馄饨等。

杨柳青镇还有一种独特的小吃素丸子汤。素丸子大小如蚕豆，用旱萝卜与面粉混合过油炸，清汤入碗后抓一把素丸子放入热汤中即成，味香而清爽。当年杨柳青人赶大营时，把这一家乡小吃带入新疆，至今居住在新疆的杨柳青人后裔仍习惯吃素丸子汤。

传统小吃

杨柳青在饮食上具有一定的特色，传统小吃品类繁多，且各具风味。主要有炸糕、卷圈儿、果子、烧饼、花糕、凉果、茶汤、切糕、江米藕、糕干、豆腐脑、锅巴菜、麻花、锅贴、杏仁茶、豆浆、元宵、熟梨膏、槟榔膏、白糖鸭子、酥糖、卤鸡、卤鸭、兰花豆、油炸炮等。较具镇域特色的小吃有杨柳青酥糖、王记茶汤、传统酥皮月饼、任记切糕凉果、刁记糕点等。

杨柳青酥糖 始创于清道光年间（1821—1850），字号是“惠香斋”，已有近 200 年历史。酥糖的制作工艺相当复杂，芝麻要经历筛、淘水、晾干、火炒、去皮、除烟、碾轧、拔糖等多道工序。炒芝麻时讲究火候，既不能老，也不能轻，必须恰到好处，做出来的糖才能香甜无异味。熬糖是食品制作的关键，需比炒芝麻还要精心，稍不慎一锅糖算白熬，只有恰到好处，才能使糖香甜，又能使糖块出丝多。

杨柳青酥糖以香酥出名，糖放入口中，不用嚼，舌头一抿，即成碎末。如果提着糖盒远行，必须小心翼翼，稍不慎碰到哪里，盒里的糖就会折断几块。酥糖至今销售旺盛，每逢年节，人们争先购买，除自己享用外，还作为礼品馈赠亲朋。

王记龙嘴大铜壶茶汤第四代传人王作山（2017年）

王记茶汤 起源于清光绪年间（1875—1908），已有100多年传承历史，王作山是第四代传人。其曾祖父在光绪年间就已掌握制作茶汤的技艺，并在市面以流动摊点形式经营。民国时期，王记茶汤在京津及东北地区已有一定的知名度，成为地域的著名小吃，曾流传顺口溜："大铜壶里积煤柴，白水清汤滚滚开，一碗冲来能果腹，香甜最好饱婴孩。"

王记茶汤的主料为高粱米面，在制作上讲究选料精到。要精选颗粒饱满的红高粱米，经过浸水闷制，石碾去皮，最终选取高粱里边的最精华部分（高粱仁），再经过10余次的碾压变成极细的高粱粉，然后经过细箩筛选，才能达到王记茶汤所需要的原料标准。王记茶汤的配料有果脯、葡萄干、瓜仁等。果脯、白砂糖都要精挑细选，再撒上秘制芝麻盐儿，沏制的茶汤才会香味浓郁，口感爽滑不黏腻。

王记茶汤所用沏制工具主要是一把铜壶。铜壶体形硕大，净重达到15千克，分为内外两层，内层放置燃煤或木炭，外层灌入饮用水。壶的上端有放气阀，置有炉箅子，最底端是进气口，一次可往壶内层放置煤炭20千克，外层灌入水5千克。沏制茶汤时，先调制面浆，调匀后左手执盛有食料的面茶碗，右手推动壶把，使壶的底部抬离台面，使大铜壶嘴低至与台面呈30度角，壶内沸水即准确冲到面茶碗内。在沸水冲制时，操作师傅能够准确掌握茶汤碗与铜壶嘴之间的冲泡距离变化，使碗内面茶能够上下翻动，保证均匀受热，至沸水将冲满时，茶面已熟透。冲熟完成的茶汤中再放入配料，就可食用了。

传统酥皮月饼（2021 年）

传统酥皮月饼制作（2021 年）

传统酥皮月饼 起源于清乾隆二十七年（1762），第一代传人王昭明曾在杨柳青做饼谋生，其饼当时被称为“王家酥饼”。“王家酥饼”历经六代人的传承，在保持原有传统制作技艺的基础上，不断改良，精益求精。第六代传人王红梅注册“津呈”商标，申报 21 项专利，使津呈酥皮老月饼销售市场拓展至全国，并销往海外。其制作工艺大致分为和面、暖酥、炒酥、和馅、包制、成型、烙制等 7 道工序。其中，暖酥的工序濒临失传，在杨柳青只有王家掌握。月饼模子是月饼成型的工具，现在王家还保留着祖上传下来的近百种不同花色、不同形状的月饼模子，每件都有上百年的历史。津呈酥皮老月饼的馅料精工细作，包括桃花、桂花、苹果、金橘、瓜子仁、松子仁、核桃仁、冬瓜、西瓜条、枣泥等多种，既有丰富的营养价值，又集一年四季花果之精华。

任记切糕凉果 杨柳青任记切糕凉果的制作工艺精致，品种达 10 余种，具有色泽艳丽、晶莹剔透、口感香甜、滑爽不腻的特点，老少咸宜，在杨柳青及周边地区闻名遐迩。杨柳青任记切糕凉果起源于清晚期，目前已传承四代。创始人任永泉做的切糕选料精、做工细、味道好、口感佳，物美价廉，在杨柳青众多的食品小吃中出类拔萃、独树一帜，买卖日渐兴隆，赢得了“任切糕”的美称。第二代传人任万铭将这一技艺发展到新高度。20 世纪 90 年代，年过花甲的第三代传人任起魁对该小吃进行挖掘整理。为纪念前辈的贡献，任起魁从前两代传人的名字中各取一个字“永”和“铭”，将该特色小吃的字号命名为“永铭斋”。

刁记糕点 始创于 1929 年，距今已有近百年历史。刁记糕点为中式糕点，产品需

经 10 余道工序纯手工制作，用料考究、馅料丰富。品种有八件白皮儿、萨其马、核桃酥、乌龙糕、江米条、传统月饼等，达数十种。刁记糕点口味独特，具有独到的传统工艺和流程，制作出的糕点层次分明、酥脆可口、甜而不腻、清香宜人，不仅是老少皆宜的安全绿色食品，更是逢年过节人们走亲访友乐于携带的佳品。

居住陈设

古式宅舍 旧时，官绅巨富之家为连房套院多门。建筑多为四梁八柱，房屋之间上有木柁，下有花棂隔扇或木板断间。堂屋有火灶，卧室有暖炕。前檐多为全木结构，部分窗户下有数行砌砖。清末，窗棂中间镶一小块方形玻璃。房体前有明柱制作出廊道。墙体为青砖，磨砖对缝，即把青砖的六个面磨得平整。砌砖用“干摆法”，即用糯米汁拌灰浆压缝，使墙的外皮不见灰线。戗檐做方砖浮雕，下用长方、三角、八宝流苏等配套。上覆青瓦，挑檐有浮雕或镂空花头，工艺精巧。中等户的三合院、小四合院也有这种带砖雕的楼，有 300 多户。

普通宅舍 明清至民国，杨柳青镇周边所居多为劳苦群众。其住所多为土坯房，有连三间、连两间，或独间无院。镇外所属各村除少数地主建有砖瓦房外，也都是土坯房。经济条件较好的户住房多底部坐砖防碱、屋顶墁青瓦，外墙面抹白灰，外罩青灰。一般户多为平地垒坯，墙体和屋顶上面抹草泥。还有一种“干打垒”房，即用泥土垒墙体，外罩草泥。多是一层泥土压一层茅草，墙体外面不用抹草泥，如同人穿上蓑衣一样，是名副其实的茅草屋。还有一种“篱笆灯”房，即用高粱秸秆或麻秆夹篱笆，里外抹草泥代为墙体。房顶上的把子有苇子把的、高粱秸秆把的、压把的（两个把子在中檩处相交，以草泥压梢）、有通把的（一个把子搭在中檩上，伸向两檐）。房檐处有探头把的，有封檐裹梢的。经济条件较好的户多在房把子下面压一层编好的苇笆，使房顶更加结实和洁净。

20 世纪 50—60 年代，宅舍无大变化。70 年代，新建宅舍多为砖木结构，以连三间平房为主，其造型与以往的土木结构大体相仿。80 年代，很多农民开始打破连三间的格

乔家疙瘩胡同（2021 年）

老式木门（2019 年）

新式铁门（2019 年）

局，建砖木混凝土结构的连通式，即正房与一面厢房和南房相连接，各室有门相通。新建房屋多为七檩进深，门窗比以往宽大，窗的上半部均改为玻璃四合扇，带纱窗。部分户改木质门窗为铝合金门窗，建前廊或在前檐增设防雨罩，取消土炕、火灶，代之以煤气灶，装有新式床铺和暖气设备。室内装修比过去讲究，内墙壁为石灰粉抹面后外刷涂料，不少户也装护墙板，屋顶饰灰线、灯池，地面由解放初的土脚地发展为砖墁地、水泥地面、水磨石地面，绝大多数人家采用瓷砖墁地。镇外所属农村多重视大门口的装饰，多以彩绘画瓷砖进行装点。1985 年以后，镇内外建起很多楼区，其住宅格局为小二楼、公寓楼和别墅小楼等。此后，楼房进行物业管理，居住条件大为改观。

家具陈设 新中国成立后，一般人家常用桌子有连二桌、连三桌、八仙桌、炕桌，常用坐具有条凳、春凳、圆凳、小板凳、靠背椅、蒲墩、蒲团等，其他常用家具有被阁、碗橱、碗架等。室内陈设较简单，常有大镜、手镜、钟表、瓷瓶、茶壶、茶碗、香炉、蜡台等。商贾、富户室内家具常有镶铜的大漆顶箱立柜、樟木箱子、梳妆台，还有花梨木条案、紫檀木条案、八仙桌、条桌、长几、太师椅、屏风及其他大理石面桌椅等。其陈设也较讲究，有硬木大漆佛龛、香筒、大花瓶、小花瓶、帽筒、笔筒、成套茶

杨柳青博物馆展示的旧时民居摆设（2021 年）

杨柳青博物馆展示的居民祭祖用家堂（2021 年）

具、硬木柜、钱墩、官椅、藤椅、躺椅、木雕四扇屏条、靠山镜、装裱字画、座钟、挂表、留声机及金石、珠宝、玉器、古玩等。50—60 年代，居民家中一般家具和陈设无大变化。70 年代以后，大立柜、大被阁、角柜、酒柜兴起，折叠式方桌、圆桌逐渐取代八仙桌、炕桌。80 年代以后，组合家具、单双沙发、折叠椅、大衣柜、写字台、软床、书架等取代旧式家具。

家用电器 20 世纪 60 年代，有线电唱机风行。70 年代，半导体收音机大量涌入家庭。80 年代，黑白电视机成为家家户户的生活必需品，录音机、洗衣机、电冰箱、电风扇、照相机、煤气灶进入千家万户。2000 年以后，有线彩色大屏幕电视机逐渐取代一般彩色电视机，电脑、宽带网络进入普通家庭。住进楼区的居民家中都装有暖气、天然气设备，一般家庭都添置了电饭煲、电烤箱、破壁料理机、净水器等厨用电气设备，方便日常生活。

岁时节俗

腊八节 腊月初八称腊八节。家家煮腊八粥，泡腊八醋。腊八粥以多种粮食（玉米、豆类、大米、小米、江米、秫米）掺杂菱角、花生米、百合、莲子、板栗、枣等，煮熟后加糖，全家围坐一起食用。腊八醋是在“腊八”这一天以醋泡大蒜，密封到春节开始食用。此俗沿袭至今。

祭灶 “腊月二十三灶王爷上天”。是日，人们备饴糖瓜、干草料豆，蒸年糕，祭灶王。传说灶王爷是上天派来的家神，掌管一家饮食祸福，并随日记录家人功过。每年这一天他要到天庭汇报，所以人们在这一天揭下旧灶王神像，并以糖瓜或年糕粘其嘴，让其上天多说好话。祭灶时，人们焚其旧像和黄纸钱，还要贴上对联：“上天言好事，下界降吉祥”，横批为“一家之主”。是日一过，春节准备活动进入紧张阶段，俗话说，“糖瓜祭灶，新年来到。闺女要朵花，小子（男孩）要挂炮，老奶奶要买裹脚条，老爷爷要顶破毡帽”。此俗现已消失。

除夕 俗称大年三十，是日为除夕，是一年中最隆重的节日，家家户户供奉天地神像（也称全神像）、财神像、迎灶王（供上灶王爷、灶王奶奶新像）。下午，全家人围坐一起吃团圆年饭。饭前，摆供品、放鞭炮。晚上全家人一起包素馅饺子，前半夜不睡觉，谓之守岁。传说，当天午夜天神下界巡游，因此，每个房间都得有灯火，而且通宵不灭。凌晨“发大表”（烧掉全神像），敬送全神归天，燃鞭炮，放礼花。除夕之夜一向被人们认为是“一夜连双岁，五更分二年”的时刻，所以全家围坐在一起吃饺子称“咬岁”，老人喝上几口酒称“登岁酒”，晚辈拜叩尊长称“辞岁”，尊长给孩子钱称“压岁钱”；在庭院或堂屋撒上一些脱掉籽粒的高粱穗子、芝麻秸，称为“踩岁”。前半夜小贩沿街叫卖粽子、糕干、糖葫芦。粽子取“种子”添丁之意，糕干为“步步登高”，糖葫芦为“糖堆一枝红，到老不受穷”，均取吉利的谐音，寓意美好的向往。新中国成立后，一般人家烧香上供的习俗废除了。20 世纪 80 年代以后，中央和地方电视台举办春节文艺晚会，给除夕之夜中的千家万户带去无穷的乐趣和笑声。

春节 正月初一是春节的正日子，俗称过年，为拜贺新年之佳日。早餐吃素饺子，取一年“素净”之意。清晨更衣迎祖先，对家中尊长依次叩头行礼，然后去近族尊长处行礼叩节，问候节日安好。路遇熟人，大家互相祝贺。2000 年以后，上述习俗日渐淡化。随着家用电话和手机的普及，亲朋好友之间多用电话拜年。

接财神 正月初二清晨早起，人们拜祭财神之后，将内外大门洞开，燃放鞭炮迎财神。挑水夫挨门挨户挑上一挑水（旧时镇民食用运河水，有些穷苦人专以为镇民挑水为业），主家赏钱，称“进财”。商家富户礼尤隆重，迎财神后全家聚早餐，稍息持名帖往相识亲友家贺新春。是时，是女儿、女婿到丈人家拜年的日子，俗称会姑爷。新中国成立后，此风越来越盛，称这天为“姑爷节”。

元宵节 正月十五为元宵节，亦称上元节、元夕节、灯节。是日，全镇各街道悬灯结彩，热闹非凡。旧时，各庙宇山门大开，接待香客。平时不出门的妇女有的上街观

杨柳青镇年俗市场（2017 年）

灯，称之为“蹓百病”（去百病之意）；有的在灯下钻行，称“钻灯走百病”。太平岁月，一般在正月十四日、十五日、十六日三天，举办民间花会展演活动。夜间，火把灯笼引路，轿夫抬着关帝、火神之像“出巡”，花会歌舞，笙歌彻夜。新中国成立后，诸多庙宇无存，但挂灯闹花会历年必行。特别是改革开放以后，春节文化活动更加丰富。正月十五之后，春节期间的系列活动才算结束。

龙抬头日 二月初二称“龙抬头”日。“二月二龙抬头，一年吃喝不用愁”，是为春回大地，万物复苏，毒虫开始活动，“治水的神龙”也该活动了，要给大地带来一年的风调雨顺。妇女也解除了正月里不许做针线活的禁忌，该挪挪身子找活干了。应节的食品有摊煎饼、炒豆芽菜、煎焖子，吃煎焖子习俗尚存。

端午节 五月初五为端午节，也称端阳节。相传，古代屈原在这天投江自尽，为纪念屈原，后人这天皆食粽子。门前插艾枝，门上贴天师符、红葫芦。小儿在头顶、耳朵、肚脐处抹雄黄粉，衣后挂布虎头五色缕，或挂布制“五毒”（蝎子、蜈蚣、蛇、壁虎、癞蛤蟆）。屋内悬钟馗像。用黑纸刻剪刀形，绿纸雕蝎形，以蝎尾夹入剪刀口处，粘壁间，以警惕毒虫为害。是日，糯米芦叶粽子、三角蒸饼、糕点铺中的五毒饼、炉什粽子均为深受人们欢迎的节日食品。此节系全年三大节之一，各商号按例催讨欠债。现催讨欠债的习俗已消失，但吃粽子之俗保留至今。

中秋节 农历八月十五为中秋节，又称下元节。这是仅次于春节的第二传统大节，商号按例催讨外债。是日晚辈给长辈送月饼、酒、果品等礼物，晚上举行家宴庆团圆。夜晚置一张圆桌于庭院，摆放瓜果，人们共仰月神，称“供月”，此举由妇女、儿童进行。当地有“男不供月，女不祭灶”的习俗。时称旺秋八月，天晴气爽，新谷业已登场，渔民正得捕鱼捉蟹，瓜果大部分成熟，各行各业购售两旺，因此也说此节是庆丰收的节日。至今吃月饼、吃团圆饭和赠送礼品之风尚存。

重阳节 九月初九为重阳节，亦称“登高节”。是日各家以糯黄米、糯秫米和江米等磨粉蒸糕，取“年年升高”之意。旧时，文人雅士在重阳节登高饮宴。此日，地主按例开始预征明年地租。本月的集市上，大批农民携粮求售，以支付租金。今蒸糕之俗少见，其他习俗已废除。

民间文艺

杨柳青剪纸

民间剪纸 已有300余年历史，起初出自心灵手巧的家庭妇女之手，随后逐步出现专业剪纸艺人，且代代相传。受杨柳青年画影响，杨柳青剪纸具有独特风格。2009年11月，杨柳青剪纸被公布为天津市第二批非物质文化遗产，郝桂芬为杨柳青剪纸项目代表性传承人。解放前，杨柳青剪纸以任、高两家较有名。任家剪纸花样繁多、纤细精巧、人物生动，富有版画韵味，生意红火，其剪纸不仅销售河北省各地，还流传到东北三省。高家剪纸属古朴淳厚的北方风格，春节年货市场上，每年摆摊设点供不应求。其末代传人高昌文尤擅此艺。杨柳青剪纸曾对河北省蔚县剪纸产生过深远影响。新中国成立后，这一民间文化瑰宝得以传承。至90年代，镇上90余岁的王延芝剪出的“龙凤呈祥”“三仙聚会”“二龙戏珠”“佛手石榴”等作品精美异常，慕名索取花样者应接不暇。

杨柳青剪纸（2007年）

喜花（2021 年）

剪纸《福善吉庆》（2006 年）

年俗市场上的剪纸（2017 年）

根据用途，传统剪纸可以分为窗花、喜花、吊钱和刺绣花样子四类。进入 21 世纪以后，作为民间艺术瑰宝，杨柳青剪纸题材不断创新，应用范围也更为广泛，并走出国门，深受人们的喜爱。2008 年，郝桂芬创作的《清明上河图》5 米剪纸长卷，填补了杨柳青剪纸作品无宏大场面的空白。2009 年，她又创作《清明上河图》8 米剪纸长卷。她的剪纸作品多次在天津市和国家组织的国内外艺术交流活动中获奖。

窗花 窗花分为“气眼”和“窗户花”。明清以前，民宅多是百格窗，窗棂要留出两个空档，糊上“气眼”刻纸，既是点缀，又便于流通空气。“气眼”刻纸的花色、内容随着节令而变化。春节时有“肥猪拱门”“莲年有余”“马驹献宝”等，端阳节有“葫芦万代”“一门五福”“牡丹富贵”等，中秋节有“月宫玉兔”“瓜果满盘”“金鱼满塘”等。婚事则有象征夫妻和好的“福禄鸳鸯”“梅开百子”等，寿事用“百天宝九”“福禄双全”等。“气眼”贴在窗户上玲珑剔透，鲜艳悦目。“窗户花”是贴在各个窗格纸上的点缀品，有7厘米长、4厘米宽，内容相当广泛，如“连中三元”“蜻蜓戏莲”“喜上梅梢”“胖小抱鱼”“刘海金蟾”“葫芦万代”以及金马、肥驴、松竹梅、水仙盆、玉兰枝、水仙花等。

喜花 喜花是供结婚人家用的，喜花多为红纸圆形，象征团圆美好。每套24对，分放在妆奁上（如脸盆、洗衣盆、果盘、皂具、香盒、蜡台、花瓶、帽筒、花盆、痰盂等），作为点缀观赏。此外有墙壁喜花，直径约67厘米，中间刻双喜字，周围衬托花卉鸟兽。再有是放在糕点、寿面、供品上的喜花，俗称供花。

吊钱 吊钱（挂钱）多为年节时贴用，作为门窗上的点缀品。老的吊钱张幅较大，最大的长约70厘米，4幅为一组，一般在室内悬挂，可为新年增添欢乐气氛。吊钱为红绵纸雕镂，中间刻有4个吉祥字，如“竹报平安”“合家欢乐”等。在文字的两边刻有连线、鱼鳞、方胜回纹等图案花纹。

刺绣花样 旧时，妇女自制衣裳、鞋袜、钱包、香囊、枕头等物，都要绣上一些图案花样作为装饰，剪纸出现一种为闺门妇女绣花用的刺绣花样子。花样是用白粉纸刻成，两幅正反为一对，形式与内容依据衣物而定，其花纹丰富多彩，花鸟鱼虫、山水人物及象征吉祥喜庆的图案花样应有尽有。纤巧秀丽的花样深为乡间广大妇女喜爱。

杨柳青风筝 杨柳青风筝初始以纸作风筝为主，逐渐发展成为绢制、塑料制风筝。杨柳青风筝具有豪迈奔放之气魄，用竹片制作扣榫，加之穿、插工艺构成具有可拆装等的工艺特征。风筝的品种有软翅、硬翅、平板、主体、纸制、绢制等。最大的面积约2平方米，小的只有卷烟盒大小。

杨柳青“天津风筝”是由民间艺人“风筝魏”“风筝李”两家结合而成。为挖掘传统工艺，两派艺人后裔传人于1973年从津城到杨柳青开始带徒传艺，并成立杨柳青工艺美术厂（杨柳青风筝厂）。1974年，英国女王到中国访问，派人专程到杨柳青买走“百鸟朝凤”巨型风筝。杨柳青风筝厂制作的风筝远销日本、加拿大、美国等国家和中国香港地区。

杨柳青风筝（2021 年）

香塔老会表演现场 （2020 年）

香塔音乐法鼓　2014 年 11 月，杨柳青香塔音乐法鼓成为第四批国家级非物质文化遗产代表性项目，曹桂华是该项目第十一代传人。

香塔老会本名香塔善事，得名源于其宗教信仰，以塔代表佛，向佛进香。香塔老会最初没有真正的香塔，只用一股股香搭成一个塔形。后来在布帐上画塔，不久改为针绣。这些均不耐用，就试用木料搭建塔架，并挂上纱灯，以为香塔。至清乾隆七年（1742），香塔老会制七层木塔，为突出香塔的“香”，特意在每层的塔门上镌刻香条以示标志。该塔每层雕刻绘制精美佛像数尊，塔上都是佛像。清光绪初年以前，会址暂居在西街福兴胡同路西，后移至白衣庙对门，占用东房两间。1935 年，香塔老会在白衣庙南“公善助水”水会对门，辟出一个院落，并盖南北房各一间，东厢房三间。旧时，每逢节日，香塔老会都大显身手，很受群众欢迎。“文化大革命”中，香塔被毁。直到 1995 年，香塔老会会众募集资金重新制作。

改革开放后，香塔老会逐渐恢复仪仗，编排法鼓乐曲。1986 年，在中国民间音乐集成会演中，专家们称，无论从曲调、韵律还是曲子的完整性，香塔老会的法鼓在中国北方都绝无仅有。后来香塔老会多次参加天津博物馆、天津“天后宫”恢复的传统皇会表演，受到各方认可和欢迎。截至 2017 年年末，香塔老会第十一代传承人每周组织部分老师傅参与教授年轻人学习老会吹奏。

香塔音乐法鼓是香塔老会的主要技艺。其表演形式包括法鼓、吹奏和唱念音乐等，所用的乐器（法器）包括鼓、钹、铙、板、铛子、管子、笙、笛子、云锣、木鱼、磬、钟、手磬等。表演中以 8 人抬着精木做成的丈高宝塔，前后扶手 2 人，配有丝、竹、管、弦乐器，音清而细雅。抬塔者着装素雅，步姿优美。进行中遇十字路口或宽敞街道，乐队分两路列队，吹打演奏，香塔表演者做一段小跑，后换肩倒跑（叫“拉抽屉”）、左右串跑等。

民间花会

高跷会 创于清末，杨柳青镇“二任一赵”，即两个任姓，一个名为任兆，绰号“白辫绳”，另一个人称“任花样子”；一赵，名字不详，为会头。任兆饰花棒头陀僧，曾在天津北马路演出，能一跳坐地，四方翻滚劈叉，不用花棒与手扶地，继而拔身而起。他亦能仰面翻打 72 棒，清脆有声，后单腿过桥，再转身以鹤行，动作干净利落。“任花样子”饰老渔翁，弯腰弓背，白发长髯，其撒网捉鱼之动作与老态龙钟之形态深为观众所喜爱。在表演拉网收网中，他常故作一失神，仰面猛翻，观者皆瞠目。而其向旁稍扭，一转起身，徐徐掀髯，依然弯腰作态，观者惊魂未定，叹为观止。后又有饰头陀者，其技艺亦不错。新中国成立后，每年正月十五仍出会表演。

少林会 以表演武术为主的花会。此会有二，一为胜武，一为风云，均有十八般兵器。教师多讲门户派别，有文安董海川收徒，眼镜程之再传弟子，有独流张大师传，有东北军一名邢姓军官在准提庵设场收徒传授武艺。新中国成立前夕，来自东北的黄某在后大道广收门徒，其后均参加胜武、风云两会。习武者半日坚持练功，多为散打技击术，各人均会多种套路，年节出会，真刀真枪，如偶有失手误伤者，会内有专人以“金枪红药”及时解救。

高跷表演（2017 年）

雕塑《高跷花会》(2021 年)

中幡会 为娄氏先人创办，在天津及附近村镇均处领先地位。用一根大竹竿，上挂一面三四尺宽、丈余长（1 米～1.3 米宽、3.3 米长）的黄面黑边的绸缎料大旗，旗面上绣有“中幡老会”4 个黑色大字，竿顶饰有铜制锥形旗顶。舞者擎幡高举，然后抛出，以头、肘、肩、背、腰、掌、指等部位轮番承接，并视风向以找平衡、重心，承接力达 150 千克。舞间配有锣鼓响器，行会时配有大小会旗数面随行。

龙灯舞会 龙灯舞会亦有两道，一名海云图，一名江云图。龙灯长数丈，每人持一节，随龙头蜿蜒穿插，龙前一人持珠形灯球引逗龙头，上下翻飞，场面甚为壮观。新中国成立初，由脚行主持表演，后搬运工会、镇运输场举行。

耍花坛 表演者以于氏家族为最盛。道具为瓷制花坛，坛有大小之分，小则口径 20 厘米左右，重 5 千克。大者口径可达四五十厘米，重数十斤。表演者将手中花坛高掷二三米，翻滚而落，后以头或颈、肩、臂承接。坛在头上旋转自若或以臂接之，而后经颈后滚向另一臂，平稳自如。更有悬技为双坛并舞，两手各持一个小花坛，一坛上抛以头接住旋转，另一坛飞起落于旋转之坛上，继而转动，后由头上抛出双坛，双手承之。可见当年苦练精功之深。解放初期，此会尚为盛行，后有几个弟子均离乡参加外地杂技团，此后镇内未再现此技。

小莲花落 原本流传于河北、山东一带，明永乐年间（1403—1424）传入杨柳青。原属民间小唱，演员为 4 对男女孩童，演员手持一两尺花竿，竿两端置铜钱，舞动时发出有节奏的响声，故亦称金钱莲花落。演员饰彩装，边舞边对唱莲花落曲牌。

鹤龄会　有“云龄”“鹤龄”，皆为短跷。各有表演者 16 人，分饰寿星、王母、福禄、八仙等。老寿星跨一只假鹤如同骑至，头戴纸扎大寿头，边舞边唱，多为福寿吉祥之词。

狮子会　清同治初年，绰号张回子者曾办狮子会于镇西。表演节目有打滚、舐犊、抓痒、抖毛、哺乳、教雏及摇摆起卧等舞姿，于细微处见精神，动作娴雅活泼，后因张回子获罪充军而停办。会典时，常请姜家井村狮子会到场表演。解放后，杨柳青八街从河北省请师传艺，重振狮子会。

大乐会　即古代仪仗乐队，有长喇叭、唢呐、笙、箫、笳、鼓、云锣等乐器组成。此会由杨柳青镇岳氏所掌，除会期表演外，平时亦参与婚丧喜庆等活动。

跨鼓会　由杨柳青镇五街徐氏所立，演员有 10 余人，多为 10 余岁少年，8 人为主，另有 4 人，手持镲、铬子、铛子、铙、钹等乐器，身后背一只大鼓，随走随击，鼓声缓急相济。

法鼓会　源于佛教，清初大觉庵僧人编曲演奏，渐传入民间，常在各庙会演出。杨柳青镇经堂下院为各寺院僧人聚集讲经和演习法器之所，有法器数百件。清同治年间（1862—1874），经堂下院让与僧尼，建立经堂庙，将法器分与各寺院并流入民间，随之出现民间法鼓会。至清光绪年间（1875—1908），杨柳青已有 4 道，后紫竹庵范道士也传授曲牌，因而十五街的“永善法鼓”又增加笙、管等道教乐器，至今仍存十街的“永善”与十六街的“东寓”两会。

女子舞龙队（2020 年）

1986 年春节东寓法鼓出会

大头娃娃舞（2010 年）

神轿老会 杨柳青原有 4 尊木雕神像，即关帝、药圣、药王、火神。每年庙会，人们抬出神像乘轿，伴以地方歌舞游行，关帝、药圣为绿呢轿，药王、火神为黄呢轿。新中国成立后，此会自行解散。

吉祥娃娃会 俗称大头娃娃，于新中国成立后创立，表演者头戴娃娃面具，结队而行，无成熟套路。

袍褅老会 为药王庙而立，司掌药王、药圣二木像之冠履绣蟒黄袍。新中国成立前，每年农历四月二十三庙会，早 8 时由袍褅老会将衣冠等送往庙内为神像更衣，安放轿内，抬往原献像者家中净面除尘（皆为象征动作）；至上午 10 时再回庙内接受香火，下午抬轿出巡。到二十八日晚闭庙，人们复将衣冠靴履取回保管，年年如此。新中国成立后，此会自行停办。

花篮会 新中国成立初，此会兴起，演员均为女青年，腰系彩绸，手提飘带，肩挑大花篮，且走且舞，变换队形，动作整齐一致，舞姿活泼优雅。

民间音乐

法鼓 法鼓是天津特有的音乐品种之一。法鼓乐队由大鼓、钹、铙、铛子、铬子（小钹）等 5 种打击乐器组成，演奏时鼓数不限，但钹、铙必须成双成对，并须做出简单的舞姿。过去在各种庙会、婚丧喜寿、买卖开业及祭祀活动中，隆重举行此类技艺表演。至 2021 年，杨柳青镇尚有十四街的永善法鼓、香塔老会及十六街的东寓法鼓等文法鼓组织，但不再参与佛事祭祀等活动，而成为民间自娱自乐的一种文艺形式。各类文艺团体曾多次调到体育场进行技艺表演，多次参加节日花会调演。法鼓现存的曲牌有单曲、套曲之分。单曲有边鼓、老狮子、新狮子、斗龙须、老云钹、新云钹、五福捧寿、八仙过海、河东钹、大河西、老河、老河东、鬼叫门、瘸腿、正桥、倒桥、龙虎斗 17 种。现存套子曲牌有倒桥、老河西、五福捧寿、老瘸腿、龙须、鬼叫门、云钹上擂 7 种。

大乐 杨柳青镇的大乐师传于天津市内，乐队由长喇叭、唢呐、古筝、箫等乐器组成，气势恢宏隆重。大乐昔日为婚丧嫁娶的仪仗乐曲，曲目有水龙吟、朝天子、易得胜等，此乐种今已失传。

吹歌 吹歌以管子为主奏乐器，配有笙、笛子、云锣及大鼓、板（小钹）、铛子等打击乐器，记录曲谱常用“一五上已工留车”。流传在镇域的吹歌曲牌有近百种，概分 4 种类型。宗教音乐多用于丧事场合，曲牌有行道章（管子、笙）、五枝鹤龄（唢呐）、老僧扫殿（合奏）、懒画眉、二十四孝等。戏曲音乐多用于婚礼喜庆场合，其曲牌有八板、柳青娘、上字调小开门、六字调小开门、上天梯等。民间乐曲多用于自娱自乐场合，其曲牌有逗蛐蛐、爬山虎、扯不断、猫踢爪、两头尖、渔家乐等。由民歌改编的吹歌主要曲目有《送情郎》《小车会》《山东歌》《小南院》等。1986 年，在杨柳青镇召开的天津市民间音乐盛会上，东寓法鼓会的魏树金，香塔老会的畅玉章、潘再禄被评为天津市民间乐师，王兆鼎和已故的薛某被评为民间乐手。

民歌 包括劳动号子，已收集的有画扇面、拉船号子、集船号子、韩信算卦、冬网号子等。民间花会歌主要有金钱莲花落套曲打金钱、葡萄架、河湾里。此外还有推碌碡套曲、八仙上寿（高跷调）、喜荣归（高跷调）、拿蚂蚱等。民俗叫卖调主要有卖酥糖、卖鱼、卖豆腐、卖臭豆腐辣豆腐、卖花、卖冰榔糕、卖螃蟹肉、卖香油、卖荞麦皮、卖破烂、卖糖堆儿、卖冰棍、卖糕干、卖药糖等，各种叫卖调均为一口气叫卖。儿歌主要有《狼来了虎来了》《拉大锯》《盘豆角》《踩藕》《小小子坐门墩儿》等。民间小调有《画扇面》《十九送（送情郎）》《五更》《月牙儿出正东》等，其中《画扇面》最脍炙人口，流行至全国各地。

杂技 在杨柳青后大道（今改善街）“三不管”地区，至民国时期逐渐形成穷苦人民吃喝消遣的小市场。此地一年四季热闹异常，有撂地打把式（武术）卖艺的，有变戏法的（如王傻子等变戏法），有耍古儡子的（木偶戏，亦称傀儡戏），有唱太平歌词拉洋片的，有放映无声电影的。民国时期，镇人王恒（业油商）自幼喜好传统戏法，每年 4 月药王庙会在戏楼上表演，因其能从身上变出盆、碗、盘、碟、金鱼、鲜花等物，令人应接不暇、眼花缭乱，故获得“王满堂”绰号。1980 年，杨柳青文化站成立后，于 1982 年将杂技爱好者 10 余人（包括杂技团退休演员）组织起来，坚持业余训练，并选出一些优秀的杂技项目，与其他文艺节目同时参加区、市文艺会演、调演或比赛。

方言俗语

语系归属 杨柳青镇语系方言从属于冀鲁官话区，与普通话较接近。根据其语音特点属静海话片区，但是受冀鲁豫外来语系的影响，个别字词的发音与镇外也有差别，吃音字少而且发音较准，更接近普通话。新中国成立后，由于大力推广普通话，受影视媒体的影响，特别是近些年幼儿教育水平的提高，已逐步向普通话靠拢。部分老人在老话、音调、语调方面沿用方言。

语音特点 杨柳青镇方言与普通话的主要区别在语音的声、韵、调上。在声调方面，一般阴平声起调较低（普通话为“44”，杨柳青镇方言为“11”）。阳平声起调偏高，上声拐不稳，去声落不下，如遇上声字与去声字重叠，则与普通话的规范声调迥然不同。杨柳青话的特点是以舌尖后音 zh、ch、sh 为声母的卷舌音字读成以舌尖前音 z、s、c 为声母的平舌音字。如“寻找（zhǎo）”杨柳青镇读音“寻找（zǎo）”，“追（zhuī）赶”杨柳青镇读音“追（zuī）赶”，“摘（zhāi）下”杨柳青镇读音“摘（zāi）下”；“柴（chái）禾”杨柳青镇读音“柴（cái）禾”，“瞅（chǒu）见”杨柳青镇读音“瞅（cǒu）见”，“窗（chuāng）户”杨柳青镇读音“窗（cuāng）户”，“节省（shěng）”杨柳青镇读音“节省（sěng）”，“刷（shuā）洗”杨柳青镇读音“刷（suā）洗”，“视（shì）察”杨柳青镇读音“视（sì）察”。

杨柳青镇少数字的发音与普通话比较情况表

表 6

字例	普通话读音	杨柳青镇读音	字例	普通话读音	杨柳青镇读音
发酵	fā jiào	fā xiào	爱护	ài hù	nài hù
水泊	shuǐ pō	shuǐ bō	鹅毛	é máo	né máo
碌碡	liù zhou	niù zhou	恩情	ēn qíng	nēn qíng
缰绳	jiāng shéng	gāng shéng	跃进	yuè jìn	yào jìn
英俊	yīng jùn	yīng zùn	上学	shàng xué	shàng xiáo
波浪	bō làng	pō làng	铝盆	lǚ pén	luǐ pén
膝盖	xī gài	qī gài	选择	xuǎn zé	xuǎn zái
小港	xiǎo gǎng	xiǎo jiǎng	做饭	zuò fàn	zòu fàn
哺乳	bǔ rǔ	pǔ lǔ	软弱	ruǎn ruò	ruǎn rào
粳米	jīng mǐ	gēng mǐ	陷阱	xiàn jǐng	xuàn jǐng
浸种	jìn zhǒng	qìn zhǒng	感觉	gǎn jué	gǎn jiǎo
闰月	rùn yuè	lìn yuè	流脓	liú nóng	liú néng
谬论	miù lùn	niù lùn	颓废	tuí fèi	téi fèi
娇嫩	jiāo nèn	jiāo lèn	滦河	luán hé	lán hé

方言

天文气象

老爷儿、爷爷——太阳

贼星——流星

风圈——月晕、日晕

闹天气——雨雪天气

绛——彩虹

露湿——露水

时间称谓

今儿个——今天

夜儿个——昨个儿、昨天

前儿个——前天

大前儿个——大前天

明儿、赶明儿——明天

后儿个、赶后儿——后天

后晌、擦黑儿——夜晚

见天——每天

多咱、多咱晚——什么时候

多前儿——什么时候

老半天——时间过长

老起根儿——先前

打地起——从一开始

动物名称

儿马——公马

骒马——母马

叫驴——公驴

草驴——母驴

脬猪——公猪

牝牛、驷牛——母牛

脬呼——公羊

郎猫——公猫

牙狗——公狗

长虫——蛇

拐子——鲤鱼

拉拉蛄、喇咕——蝼蛄

仓官儿、大眼贼——田鼠

唧嘹、伏贴伏凉——知了、蝉

麻楞、老喝——蜻蜓

盐巴虎——蝙蝠

刀螂——螳螂

蛤蟆蛄子——蝌蚪

农作物名称

火柿子——西红柿

滚子——豆角（早熟品种，皮较薄）

菜豆角、线儿条——长豆角

山芋、麦茬儿——红薯

转转莲——向日葵

大麻子——蓖麻

行为动作

走道了——改嫁

开面——给对方面子

栽面儿——在人面前输了面子

念声儿——开口说话

发勺叨——说话不在情理

揭根子——揭别人老底

筹衣裳——洗衣服

敲散音——旁敲侧击宣泄不痛快的话

耷拉手——故意不管不干

扛脸子——板起面孔表示不满

揍饭、揍活——做饭、做活儿

打八岔——无固定职业，什么杂活都干

怯火——不成熟，办事鲁莽

谚语

物候谚语

一年打两春，黄土变成金。

清明断雪，谷雨断霜。

清明早，小满迟，谷雨种植正当时。

谷雨麦怀胎，立夏麦龇牙，芒种三天见麦茬。

立秋十八天，寸草结籽粒。

麦到芒种谷到秋，寒露才把豆子收。

秋风镰刀响，寒露砍高粱。

白露早，寒露迟，秋分种麦（冬小麦）正当时。

白露不秀，寒露不收。

九月九鱼封口，遍地牛羊走。

雁走十八天，天下遍地霜。

霜降拔萝卜，立冬起白菜。

小雪不封地，大雪能冻河。

气象谚语

日出东方胭脂红，不是雨来便是风。

夏至东风摇，麦子水里捞。

五月十五单刀会（刮风），六月十三分龙宾（下雨）。

久晴响雷必大雨，久雨响雷天快晴。

西北黑云拱，大雨带大风。

雨前刮风雨不久，雨后无风雨不停。

雨中知了叫，报告晴天到。

五逢六月车辙雨，东边晒来西边洗。

日晕三更雨，月晕午时风。

北风送九九，水盖河边柳。

黑白黄云搅，这场雹子小不了。

闷雷带横闪，雹子大如碗。

黑云白云对着跑，赶紧起来防冰雹。

生活谚语

宁省囤尖儿，别省囤底儿。

攒钱置地，糟钱建房。

饿了吃糠甜如蜜，饱了吃蜜蜜不甜。

无志之人常立志，有志之人立志长。

教子光说好，后患少不了。

孩子常闯祸，大人必有过。

严是爱，松是害，不管不教就变坏。

一人赌，全家苦。

艺文杂记

杨柳青，自古民风淳朴，风光秀丽，文脉昌盛。许多文人墨客留下优美诗篇，真实记录了杨柳青的自然风光和历史风貌，彰显魅力名镇的优雅风采，展示千年古镇的文化底蕴，传承着古运河两岸的地域文化。

鎮

史籍探古

保甲图说　到清代，杨柳青借运河之利发展成北方重镇。道光二十六年（1846）的《津门保甲图说》[1]收有“西南一带村庄图说”，有七幅图和文字描述杨柳青镇辖区的状况，从中可以看出杨柳青的繁荣程度。

《津门保甲图说》记载，杨柳青区域当时有船户（船老板）567户，船伙（船工纤夫）521户。船户中有漕船，专门为朝廷运输漕粮，为对漕大船；也有商船，跑远途贸易和近途经商。杨柳青有水旱两路码头，大运河上南来北往的货物在这里卸货，然后通过水路和旱路向白沟、易县、高碑店辐射，西北的货物也大多通过杨柳青运河码头向南北运输。

因水运发达，大大促进了杨柳青的繁荣与发展。《津门保甲图说》显示，是时杨柳青有3000多户、铺商349户、沿街商贩153户，这些服务行业都是因漕运和年画业的兴盛而产生的。京杭大运河成就了商贾云集、文化昌盛的杨柳青。

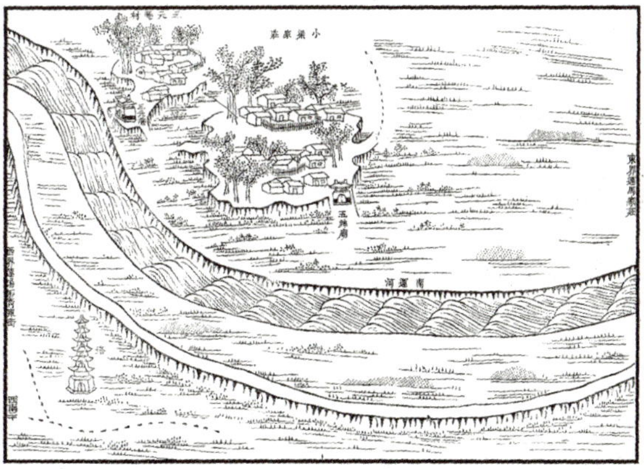

第二十图

杨柳青镇东第一庄——小梁庄，后归杨柳青镇。有烟户（农民）39户，佣作（做雇工）19户，船户1户，铺户（商铺）1户。图内有两座庙，另有一小村三元庵。

① 清道光二十六年（1846）刻本《津门保甲图说》原系天津市图书馆藏书本，收入《天津通志·旧志点校卷（下）》，南开大学出版社2001年6月第1版。

第二十一图

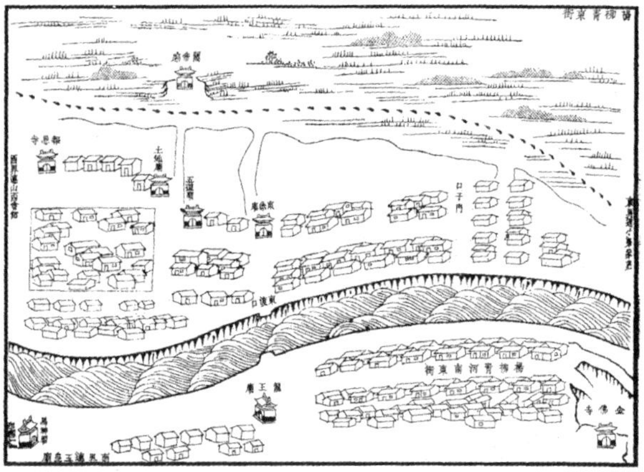

此图为杨柳青镇东半部，注释中介绍，杨柳青是天津西南一巨村，明嘉靖《河间府志》以前称柳口，地最冲要。杨柳青曾设驿丞，滨河控道，水陆皆通。图内标有庙宇八座。河南有一条大街，运河上有东渡口。南界有玉皇庙。绅商富豪 16 户，盐商 2 户，铺户（商铺）69 户，烟户（农民）815 户，应役3户，佣作 113 户，负贩（商贩）38 户，船户 160 户，船伙 277 户，乞丐 1 户，僧道 5 户。共 1499 户，大口 4785 口，小口 2581 口。

第二十二图

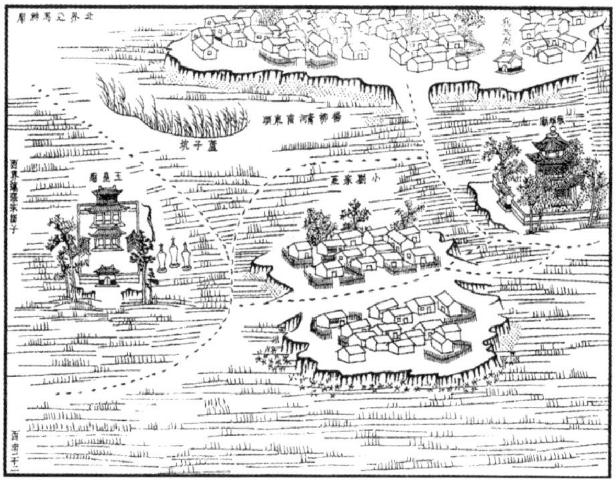

杨柳青运河南，有文昌阁、玉皇庙刹宇壮丽，其侧有芦苇坑（苇子坑），即旧志所载“周遇吉伏兵处”，其下村是小刘庄。这里是后来的杨柳青镇十六街。图内还有龙王庙、菩萨庙，北界马神庙。烟户 28 户，应役 1 户。

第二十三图

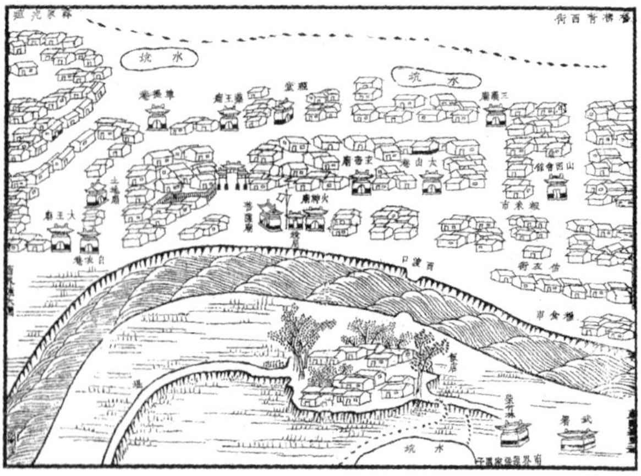

此图为杨柳青镇西半部，古镇精华占其大部。这幅图内有 11 座庙宇，分别是三义庙、经堂庙、药王庙、菩萨庙、火神庙、地藏庵、白衣庙、大王庙、紫竹庵、准提庵、土地祠。图内还有税局、武署、山西会馆，药王庙大街近运河处有大牌坊，还有粮米市、估衣街。

马神庙之西为杨青司署，运河上设有中渡口和西渡口。对河有粮食市，居民房舍密集。此图内地主官僚富绅有15户，铺户（商铺）260户，烟户1913户，应役28户，佣作393户，负贩101户，船户334户，船伙244户，乞丐7户，僧道9户。共3304户，大口11412口，小口6206口，共计17618人。

第二十四图

杨柳青运河南岸过去有张家园子，在玉皇庙西。出杨柳司街，地颇旷僻，其连村是小庄子，向西是碾砣嘴村。图中有铺户（商铺）2户，烟户31户，佣作2户，商贩1户，养船户8户。共44户，大口146口，小口50口，共196人。

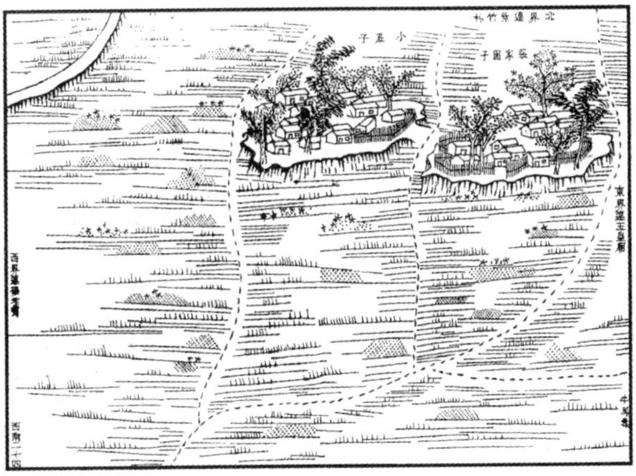

第二十五图

碾砣嘴村在运河弯处，地居河东岸，村西有一渡口，再西即静海县界。村中富户绅商有2户，铺户（商铺）9户，烟户165户，应役2户，佣作41户，船户11户，商贩13户，僧道2户。共245户，大口708口，小口335口，共1043人。

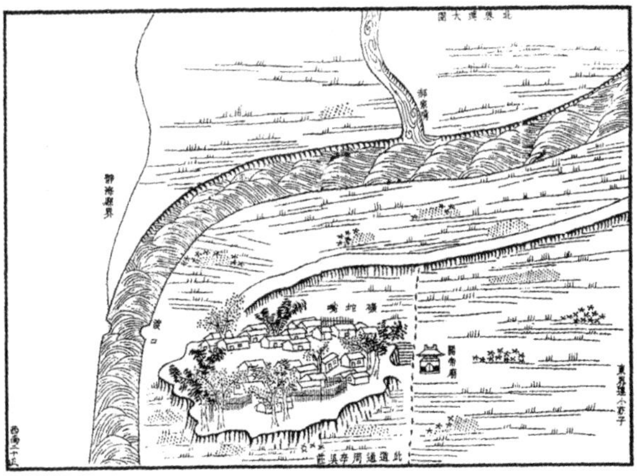

第二十六图

杨柳青现在的十三街，就是图中肖家坟、小周家庄所在的位置。村中有铺户（商铺）17户，烟户24户，佣作9户，捕鱼13户，养船者53户。共116户，大口402口，小口120口，共531人。

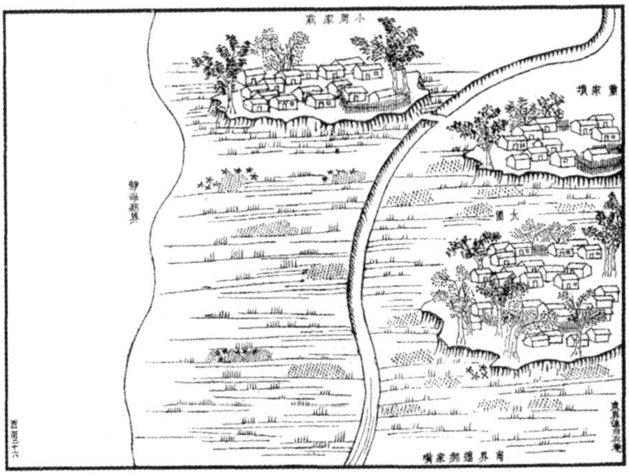

流淌千年的大运河杨柳青段（2021 年）

帝王足迹 在清代，几任帝王曾经数次与杨柳青有关联。当然，这也是与大运河有关。没有大运河，就没有帝王对杨柳青的眷顾。

《圣祖仁皇帝实录》卷 167 记载，康熙三十四年（1695）五月，康熙皇帝视察河工，曾经乘御舟在杨柳青停泊。

《圣祖仁皇帝实录》卷 192 记载，康熙三十八年（1699）二月，康熙皇帝南巡，乘御舟泊杨柳青地方。康熙帝与扈从大臣在此议事，南多尔济等奏请禁止第巴遣人贸易之事，应该允准。

《圣祖仁皇帝实录》卷 228 记载，康熙四十六年（1707）正月，康熙皇帝南巡，从北京出发，走旱路到杨柳青，在杨柳青登舟南下（或因北京运河冰冻，到杨柳青冰河开化方能登舟）。

《清实录》记载，乾隆四十一年（1776）二月，乾隆帝奉皇太后启銮巡幸山东。乾隆帝从北京出发，一路向南，在天津南仓水营歇息一夜后，下一站驻跸杨柳青境域湖洋庄（应为胡羊庄）水营。

乾隆五十九年（1794）三月，乾隆自圆明园启銮，巡幸天津。御舟经过杨柳青夹河地方。镇上居民踊跃欢迎。乾隆皇帝龙心大悦，称赞杨柳青百姓“情殷爱戴，殊属可嘉”，钦命镇上所有百姓当年应征钱粮全部免缴。

《大清仁宗睿皇帝实录》第 156 卷记载，嘉庆十一年（1806）正月，嘉庆皇帝在一份上谕中提到，杨柳青有帝王行宫，需估工修理，以备巡幸。说明行宫已有些年头，应是乾隆皇帝时所建。嘉庆皇帝在上谕中特别嘱咐，扈从官员多，担心官员向地方官索要沿途所需，严令扈从大臣官员要禁绝靡费和接受馈赠。

诗词 歌曲

诗词

朱窝杨柳青地近沧州，余爱其名雅，作古调五首[①]

〔元〕袁 桷

（一）

朱窝杨柳青，明日是清明。
地下不识醉，悲欢总人情。

（二）

朱窝杨柳青，客亭尘漫漫。
为你多离别，我生无由完。

（三）

朱窝杨柳青，黄河泻如注。
还俟飞絮时，相同入海去。

（四）

朱窝杨柳青，自爱青青好。
亦如远行客，相逢不知老。

（五）

朱窝杨柳青，桃杏斗颜色。
颜色虽不同，时节各自得。

① 摘自《清容居士集》第十三卷。

杨柳青谣[①]

〔元〕揭傒斯

杨柳青青河水黄，河流两岸苇篱长。
河东女嫁河西郎，河西烧烛河东光。
日日相迎苇檐下，朝朝相送苇篱旁。
河边病叟长回首，送儿北去还南走；
昨日临清卖苇回，今日贩鱼桃花口。
连年水旱更无蚕，丁力夫徭百不堪。
惟有河边守坟墓，数株高树晓相参。

舟过杨柳青[②]

〔元末明初〕宋　讷

杨柳青枯异昔年，人家犹有住河边。
缚芦厚覆低低屋，把竹轻撑小小船。
半列霜禾喧鸟雀，轻烧烟树立鸥鸢。
眼前莫究兴亡事，万里舆图自一天。

杨柳青谣[③]

〔元末明初〕瞿　佑

昔闻杨柳青，今见杨柳黄。
三秋既迫暮，午夜仍飞霜。
黄叶辞旧枝，青眼存生意。
稍待春阳回，又看柔荑翠。
荣枯互乘除，运气常相参。
在物尚如此，在人何以堪。

---

① 摘自《揭文安公全集》卷一。
② 摘自《西隐集》卷三。
③ 摘自《乐全稿》。

乔林蔽日昏，古树停云密。
为作短歌行，聊备乐府什。

杨柳青①

〔明〕谢　迁

直沽南头杨柳青，昔时杨柳今凋零。
霜风满地散黄叶，河边寂寞双邮亭。
人道垂杨管离别，北往南来竞攀折。
我来袖手怜枯枝，踯躅临河驻旌节。
五云回首怀汉宫，丹枫转眼经霜空。
李梅冬实岂佳味，垂涎奔走嗤狂童。
阳回万物自生色，斡旋造化惭无力。
百年心迹岁寒同，却忆南山旧松柏。

杨柳青②

〔明〕吴承恩

村旗夸酒莲花白，津鼓开帆杨柳青。
壮岁惊心频客路，故乡回首几长亭。
春深水涨嘉鱼味，海近风多健鹤翎。
谁向高楼横玉笛？落梅愁绝醉中听。

别汪子维舟次杨柳青有寄③

〔明〕潘　纬

牵衣别短亭，解缆下长汀。
客路蘼芜绿，人家杨柳青。

① 摘自《归田稿》卷八。
② 摘自《射阳先生文存》卷一。
③ 摘自《潘象安集》卷二。

一樽醒复醉，孤棹去还停。
回首天南北，何时更聚星？

夜发杨柳青望天津海口[①]

〔明〕于慎行

夕泊大堤口，雨气侵肌骨。
舟子不得停，鸣桨中夜发。
闻道海门近，惊栗不敢越。
渔灯隐遥浦，箫鼓声未歇。
人语烟中村，舟横沙上月。
岸接远流平，树入回波没。
不睹潮涨奇，安知溟渤阔。
喔喔天鸡鸣，东望苍烟裂。
霞生赤城峤，日出扶桑窟。
胧胧五云里，欲吐金银阙。
钟鼓罗宫廷，百辟修朝谒。
整衣顾我仆，神情坐超忽。

柳梢青[②]

〔明末清初〕高承埏

春事今年，山桃无恙，花朵依然。
细雨沾沙，归云逗日，浅碧罗天。
青青杨柳堤边，且系住，乌篷小船。
荻笋新芽，河豚欲上，掘醉炉前。

---

① 摘自《谷城山馆集》卷二。
② 摘自《稽古堂集》。

游华藏庵[1]

〔明末清初〕董积厚

为厌烦嚣寻古寺，特于老衲觅知音。
云封户外花封径，月在天中禅在心。
宝篆风微烟缕细，残碑雨洗断文深。
闲愁消落无多少，夜半钟声到远林。

杨柳青[2]

〔清〕吴　光

一

垂杨处处接前汀，此地偏名杨柳青。
望里何人不肠断，白云苍雾又孤亭。

二

江上人家柳色多，画艭烟雨共婆娑。
渡头更恼江南客，仍遣长条蘸碧波。

次杨柳青船上作两首[3]

〔清〕陈廷敬

一

三日黄云逐岸沙，得船今日似归家。
午亭烟舫春光暖，飞尽东风杨柳花。

二

渔子风潮若个边，榜人相就宿寒烟。
天家赐与舟船好，欸乃声中似往年。

---

① 摘自清康熙版《静海县志》。
② 摘自《使交集》。
③ 摘自《午亭文编》卷二十。

泛莲花淀口占

〔清〕高恒懋

一

十年荷花面面秋，渔人指点向莲洲。
芦花深处难回棹，一叶随风溯水流。

二

满目苍苍路欲迷，秋帆斜挂夕阳西。
草色映人浑不辨，沙汀惟听苍鸦啼。

三

花光水色乱晴湖，小艇轻移起浴凫。
遥望烟波无限景，恍疑身入辋川图。

杨柳青[1]

〔清〕顾嗣立

两岸人家水半扃，秋风吹浪过沙汀。
寒蝉老树斜阳里，不是春来杨柳青。

杨柳青舟中[2]

〔清〕查　曦

青青杨柳色，十里大河边。
岸岸鱼虾市，帆帆米豆船。
潮回残照外，雁度晚风前。
南望沧州曲，浮云淡远天。

---

① 摘自《秀埜草堂诗稿》卷四十五。
② 摘自《珠风阁诗草》卷二。

重阳前一日泊舟杨柳青[1]

〔清〕钱陈群

舟行才十日，且喜当浮家。
排闷棋为药，安贫饭带沙。
柳村听唤犊，蓼渚看捞虾。
整帻劳人问，支筇趁日斜。
未须卯后酒，试点雨前茶。
爱客供寒具，呼童捡画叉。
晚花初拂水，残墨乱涂鸦。
行乐随心赏，薄游感鬓华。
思乡终得到，去国已嫌赊。
汝志珍初旭，予情托晚霞。
一衣思必敝，半食要防奢。
莫以随南棹，而忘返北车。

查为仁招过杨柳青归游水西庄即事[2]

〔清〕杭世骏

画舸征歌逐路新，渌阴疑水雨疑尘。
云帆不改家江景，五鳖真宜我辈人。
世味渐如诗境澹，交情无假酒杯亲。
后期更指中庭树，莫为攀条便怆神。

杨青驿[3]

〔清〕汪 沆

驿路垂杨色乍匀，丝丝如织拂河濒。
曾来只欠靡芜绿，五字空吟潘舍人。

① 摘自《香树斋续集》卷二。
② 摘自《道古堂诗集》卷十一。
③ 摘自《津门杂事诗》。

宿杨柳青[①]

〔清〕英廉

孤村倚长河，客枕临秋水。
知有南来船，烟中闻吴语。

静海道中杂咏[②]

〔清〕爱新觉罗·弘历

村居比栉颇宁盈，柳口由来古渡名。
不见青青杨柳色，阿谁折赠寄遥情。

过杨柳青村因作柳枝词三首[③]

〔清〕爱新觉罗·弘历

一

底论柘枝与竹枝，试听即景柳枝词。
祖鞭虽属刘和白，胜日巡方此一时。

二

拂岸青青窣嫩梢，笼村已欲绿阴交。
桃关此日多归马，谁复封侯叹悔教？

三

几番秋还几番春，世间欣戚那能均？
徒观袅袅垂丝者，岂少无端折赠人。

杨青驿马上口占[④]

〔清〕查礼

闲云叆叇野苍茫，路入烟村客思狂。
万顷桃花千树柳，一鞭收拾在诗囊。

---

① 摘自《梦堂诗稿》卷八。
② 摘自《御制诗三集》卷九十五。
③ 摘自《御制诗四集》卷三十六。
④ 摘自《铜鼓书堂遗稿》卷一。

高山流水[①]

杨柳青舟次，阴雨连朝。遥望西北，烟峦杳霭，风景不减中吴也。填此寄莲坡先生。

〔清〕王昶

水窗连日掩帘栊。喜朝霞，一缕微红。烟霭涨寒潮，隔溪犹系鱼篷。绿遍了，垂柳蒙蒙。城围转，遥望城楼如画，酒旆迎风。似半塘桥外，浅碧亘眉峰。

重重松篁翠深处，应添得，石濑云淙。胜地几时游，空忆高士芳踪。锁名园，欲去谁从。趁薄霁，且唤篙师解缆，放棹从容。待他时话，取此景，记诗筒。

寒食过杨柳青[②]

〔清〕彭元瑞

春光已作寒食节，客路始逢杨柳青。
地脚渐南衣觉重，潮头近海气多腥。
伤心时物乌衔纸，望远程涂鸟刷翎。
不见野棠花似雪，何年窀穸妥先灵。

陈章侯痛饮读骚图二首[③]

〔清〕翁方纲

一

世说高华推孝伯，写生赖古属周郎。
忽雷海雨江风思，底事相关孔岸堂。

二

扣角商歌碎唾壶，湘江涛卷百千觚。
山阴试共萧家笔，对写天皇古画图。

---

① 摘自《春融堂集》卷二十六,《琴画楼词》二。
② 摘自《恩余堂辑稿》卷四。
③ 摘自《复初斋诗集》卷四十四。

柳口七歌[①]

〔清〕管干珍

一

一歌兮醯鸡，秋水阔兮洞庭西。
风栖雨泊胡不归？海若扬波蛟龙肥。

二

再歌兮蟹胥，稻粱江陇兮秋何如？
海隅清波入卤舄，薄寒中人尝不得。

三

三歌兮秋阿，湿萝滃雾兮生新蛾。
弁飞扑扑秋灯白，洞达八窗空四壁。

四

锦凫翻浪兮穿绿莎，秋水盈堤兮发浩歌。
鸭栏绣遍渔矶绿，一舟独舣天津曲。

五

五歌兮蝜蝂，风萧萧兮岁晚，
屋山红绉枣倾筐，中庭露珠盈手香。

六

六歌兮黄雀飞，野田何所兮群栖？
白舫梦回日未高，红曦半上秋花梢。

七

七歌兮白鹭高飞，不浴而固洁兮下弄清漪。
皎月入怀秋未凉，桅旌不动银河长。

---

① 摘自《松厓诗钞续集》卷二。

杨柳青晚泊[1]

〔清〕管干珍

青青杨柳拂官河，小泊轻航系树多。
红蓼一汀鱼结队，白苹双桨鸭冲波。
坐穷暮雨当窗至，目送风帆竟海过。
芳草王程心自凛，敢将幽意问烟萝！

舟次杨柳青感怀有作寄呈津郡幕友[2]

〔清〕宁　锜

杨柳青青驿，孤舟暮水滨。
月明共千里，云渺隔三津。
把袂思公子，如兰梦所亲。
警宵来击柝，解缆有司晨。
风浪安清境，声威仰借人。
剑光冲斗紫，帆影挂秋新。
贤主能容意，诸君泛爱仁。
葭苍兼露白，脉脉欲沾巾。

过杨青驿[3]

〔清〕钱维乔

不觉秋行晚，推篷野色移。
掠波双燕喜，噪柳一蝉悲。
高卧虚縻日，将归正感时。
迢迢千里思，应有水云知。

---

① 摘自《松厓诗钞》卷三十一。
② 摘自《匪莪诗草》。
③ 摘自《竹初诗钞》卷五。

和梅君孝廉忆柳[①]

〔清〕查　诚

青青杨柳尚名村，隔岸音尘春梦痕。
偷拾道旁枝半折，青溪姑去一簪存。

过杨柳青[②]

〔清〕王德钦

晓发天津客梦醒，轻风丝雨澹残星。
朦胧目断清魂处，翠袖楼前杨柳青。

桃花口[③]

〔清〕金尚炳

来宿桃花口，还寻杨柳青。
何曾比人面，浑未折长亭。
芳美园空寂，支离梦杳冥。
一般名实舛，无事混图经。

天津杂咏投查莲坡先生[④]

〔清〕高景光

淡红细雨桃花寺，嫩绿芳塘杨柳青。
仿佛湖天晚景好，夕阳楼阁影亭亭。

---

① 摘自梅成栋纂《津门诗钞》卷八，卞僧慧、濮文起校点，天津古籍出版社，1993 年。

② 摘自《泾川文载》卷三十三。

③ 摘自乾隆《天津府志》卷三十九艺文志,《天津通志·旧志点校志（上）》，南开大学出版社，1999 年。

④ 摘自王昶编《湖海诗传》卷十八。

秋日之杨青驿宿梅岑村舍[①]

〔清〕乔耿甫

到此惬幽旷，淹留竟不行。
溪村名士宅，鸡犬故人情。
帆影过窗暗，秋光入座清。
直西杨青驿，青霭但纵横。

病后苦忆乡里作我所思[②]

〔清〕徐大镛

我所思兮杨柳青，近水为居如列屏。
河豚河鲤村家饭，十里五里齐扬舲。
扑连便是桃花口，一片夕阳红映柳。

路次杨柳青[③]

〔清〕张　埙

路次杨柳青，青青两岸被。
八月无繁霜，西风有寒意。
我来数此树，一树千行泪。
泪尽眼骨出，血肉成干胔。
又谁护丹旐，得到江南地。
长兄移塞外，音书难频寄。
受代卜何时，赀装良不易。
小妹去长沙，长江动劳勚。
近闻吾母耗，多病实可悸。
杨柳今季枯，明季还生穗。
只有人已死，灰钉闷幽隧。
代死儿何曾，冤气化孛彗。

① 摘自《津门征献诗》卷七。
② 摘自《见真吾斋诗草》卷四。
③ 摘自《竹叶庵文集》卷十四。

柳口晚次[1]

〔清〕爱新觉罗·弘旿

忆昨津门柳送春，去来柳口暂逡巡。
影怜落月留残梦，魂断栖乌少故人。
烟草不嫌当远道，参商相望度萧晨。
悠悠无限东流水，逝者如斯每怆神。

舟行子牙河

〔清〕富察明义

遥天阔野望苍茫，河势奔腾东去长。
便可乘槎犯牛斗，不须鞭石看扶桑。
苇村晓作鱼虾市，泽国春多凫雁行。
独笑北人少所见，绿堤走马逐风樯。

津门棹歌

〔清〕沈　峻

家家门户对篷窗，白鹭飞来照影双。
杨柳桃花三十里，罟师都惯唱南腔。

杨柳青[2]

〔清〕吴锡麟

簇簇人烟散市余，萧萧古驿卸帆初。
秋阴欲暝去为雨，寒桨若飞来卖鱼。
客过析津添日记，田经吴下课农书。
得归我共垂杨健，绿发风前未肯疏。

---

① 摘自《瑶华诗钞》卷一。
② 摘自《有正味斋诗集》卷八。

杨柳青[1]

〔清〕顾宗泰

一

杨柳青垂驿，蘼芜绿到船。

风流吟往句，好景故依然。

二

疏雨疑初湿，凉烟欲半含。

攀条不忍折，燕北望江南。

舟过杨柳青感旧[2]

〔清〕黄景仁

此地尚余杨柳青，昔年献赋记曾经。

龙舟凤艒云中见，广乐钧天水上听。

箧里宫袍犹自艳，梦中彩笔竟无灵。

阻风中酒情何限，目断孤鸿下晚汀。

杨柳青竹枝词四首[3]

〔清〕爱新觉罗·永瑆

一

家家绿柳在门前，门外乌篷小小船。

黄鱼雪白随潮上，切作银丝不值钱。

二

杨柳阴阴似画图，春波满岸长春蒲。

蒲帘编好江南卖，家在当城小直沽。

---

① 摘自《月满楼诗集》卷二十三。

② 摘自《两当轩集》卷十五。

③ 摘自《诒晋斋集》卷四。

三

闻说沧州酒蜜甜，垂杨深处有青帘。
行人不问青帘去，只隔垂杨待卷帘。

四

柳条垂岸一千家，丁字沽头飞白花。
花作浮萍青点点，顺风流去水三叉。

津门绝句[①]

〔清〕杨暎昶

一

海国波涛接杳冥，趁风番舶正扬舲。
东沽水合西沽水，杨柳青边杨柳青。

二

临水人家傍岸居，门前秋水映芙蕖。
临流结得千丝网，网得双双比目鱼。

杨柳青[②]

〔清〕邢　澍

一

镇戍畿南旧有名，棹讴声杂市阛声。
万家灯火千帆影，大似三吴道上行。

二

几行垂柳拂河流，名字无端引我愁。
忽忆碧漪坊里树，中春攀折又新秋。

---

① 摘自同治《续天津县志》卷十九，《天津通志·旧志点校志（中）》，南开大学出版社，1999 年。
② 摘自《守雅堂辑存》卷三《南旋诗草》。

晚行杨柳青道中[①]

〔清〕查 彬

一水苍茫汇众流，畿南回望使人愁。
遥看杨柳疑为岸，行到芦花不见洲。
孤艇稳如天上坐，千村低在浪中浮。
渔歌唱晚蝉声沸，落日飞霞万顷秋。

天津道中杂诗[②]

〔清〕舒 位

杨柳青边啼鸟，桃花口外游鱼。
此是浓春烟景，秋来定复何如?

画作坊[③]

〔清〕崔 旭

画片如云雕板成，红黄涂抹不知名。
亦同射利诗文稿，粗具形骸便印行。

年 画[④]

〔清〕李光庭

依旧胡卢样，春从画里归。
手无寒具碍，心与卧游违。
赚得儿童喜，能生蓬荜辉。
耕桑图最好，仿佛一家肥。

① 摘自《小息舫诗草》卷一。
② 摘自《瓶水斋诗集》卷十三。
③ 摘自《津门百咏》。
④ 摘自《乡言解颐》卷四。

寄僧大空[1]

〔清〕梅成栋

闻有今支遁，相思苦二年。
人皆称古衲，我喜类颠仙。
道向无心悟，诗凭众口传。
何时住行钵，一笑证空缘。

杨柳青曲[2]

〔清〕韩羡卿

杨柳青时柳絮飞，攀条欲别挽郎衣。
劝郎莫向芦洲去，恐惹芦花满鬓归。

泊柳口[3]

〔清〕谢元淮

浊酒连日醉，难为离别心。
孤舟泊柳口，彻夜啼水禽。
道远客思苦，波恬湖月深。
揽衣不遑寐，倚榜自沉吟。

春日郊行[4]

〔清〕沈兆沄

带河门外直沽西，野径春深布谷啼。
几处酒帘红杏雨，谁家钓艇绿杨堤。
寻芳恰好逢嘉友，得句何烦付小奚。
老屋城南归去晚，钟声隐隐出招提。

---

① 摘自《欲起竹间楼存稿》卷五。
② 摘自《文起堂诗集》。
③ 摘自《养默山房诗稿》卷九。
④ 摘自《织帘书屋诗钞》卷一。

过杨柳青偶然作①

〔清〕张祥河

杨柳为侬三度青，爱侬诗句自亭亭。
将诗唱与垂杨底，柳口人家可要听？

七夕泊杨柳青②

〔清〕潘德舆

一

杨柳青边夕照黄，人家秋色入苍茫。
今宵不忍看银汉，衮衮西风走浊漳。

二

杨柳青边愁客过，柳枝憔悴奈秋何？
一样长条善披拂，青青偏让御沟多。

泊杨柳青③

〔清〕李钧

圆似伞轮撑一柄，劲如箭笴插千条。
北方风气君知否？杨柳虽青不折腰。

津门小令④

〔清〕樊　彬

一

津门好，到处水为乡。
东淀花开莲采白，北河水下麦翻黄，潮不过三杨。

---

① 摘自《诗舲诗录》卷六。
② 摘自《养一斋集》卷八。
③ 摘自《转漕日记》卷三。
④ 摘自《津门小令》。

二

津门好，烟水渺无涯。

柳口芦飘三尺雪，葛沽桃放一林霞，孤棹老渔家。

三

津门好，轶事几搜罗。

杨柳营开周总帅，桃花血溅费宫娥，姓字未销磨。

杨柳青避寇①

〔清〕林昌彝

杨柳青人家，两岸罗云屏。

司关小吏如蝗螟，洋烟吐纳闻臊腥。

沧州城门血为醽，流离万室愁伶仃。

一妇抱子逃駉駉。我救其子哀三龄。

其母投水同蜻蜓，举足一跃归河灵。

鲤鱼风起扬飞舲，顷刻舟返天王廷。

苍苍佑我少微星，幸免去饮探丸硎。

杨柳青②

〔清〕华长卿

仍是依依柳，经霜眼不青。

春光枉摇曳，秋意更飘零。

泡影风前絮，行踪水上萍。

忽逢佳客到，疏雨对床听。

---

① 摘自《衣讔山房诗集》卷六。

② 摘自《梅庄诗钞》卷十二《借帆集》。

津门怀古①

〔清〕董恂

屹屹当城砦，风帆杨柳青。
边防严捍卫，河水入沧溟。
塘泺乃葭菼，光阴几絮萍？
咸平遗迹在，目击漱江亭。

晚泊杨柳青②

〔清〕戴惠元

杨柳青青杨柳村，柳荫鸡犬报黄昏。
行人系缆柳枝下，指点绿荫遮到门。

天津竹枝词③

〔清〕史梦兰

杨柳青边杨柳青，郎来系马妾扬舲。
莫谩回腰学妾舞，也须垂线牵郎情。

竹枝词④

〔清〕梅宝璐

桃花寺外桃花口，杨柳村边杨柳青。
七十二沽沽水阔，半飞晴絮半飘萍。

---

① 摘自《荻芬书屋诗稿》卷二。
② 摘自戴燮元编《瑞芝山房诗钞》卷八。
③ 摘自《尔尔书屋诗草》卷六。
④ 摘自《津门杂记》卷下。

过杨柳青[①]

〔清〕陈锦

傍水成村柳色妍，估樯密织大堤边。
河流入海不忍去，七十二沽相转旋。

杨柳青[②]

〔清〕华鼎元

两岸春风古驿亭，攀条送客酒微醒。
多情杨柳纷如织，绾住离情眼独青。

晚泊杨柳青[③]

〔清〕冯骥声

西风吹猎猎，新涨潞河生。
帆叶破烟出，橹枝摇月行。
江清鉴人影，天阔荡秋声。
回首通州郭，苍茫无限情。

舟行[④]

〔清〕王先谦

春帆河上程，斜日水边亭。
船鼓番番打，村讴转转听。
潜苏鱼出沫，新浴鸟梳翎。
喜得来舟报，冰开杨柳青。

---

① 摘自《补勤诗存》卷八。
② 摘自《津门征迹诗》。
③ 摘自《抱经阁集》。
④ 摘自《虚受堂诗存》卷八。

津门曲[1]

〔清〕易顺鼎

阑干画出销魂色，明波不动楼阴直。
鸳瓦千家月似铅，羊车几队人皆璧。
何须落魄怨天涯，五月津门风景佳。
杨柳青边多画舫，樱桃红处似斜街。
竹栅荷厅碧云里，凉风一道笙歌起。
丝管宵宵倦剪灯，帘栊面面贪临水。
鱼盐十里带沙汀，衔尾帆从树杪停。
人气欲蒸空雾湿，市声全卷水风腥。
传烽曩日惊歌舞，金碧亭台纷易主。
化蜃偏多海上楼，射蛟讵少江边弩。
连天雪浪拥千樯，满眼秋波望转伤。
阵血只今无处碧，海云依旧向人黄。
城阴晓露寒侵袂，酒榭呼筝聊一醉。
虾菜秋风又潞河，莺花春梦仍燕市。
二分烟月小扬州，扇影衫痕写俊游。
却向天津桥畔立，夷花细雨不胜愁。

题白俊英绘扇图年画[2]

〔清〕王金甫

巫山洛浦本无情，总为神姝便得名。
扇曲虽系巴人语，遐迩咸传杨柳青。

---

① 摘自《琴志楼丛书》(《丁戊之间行卷》)。

② 摘自《西青区志》第二十四编艺文，天津社会科学院出版社，2003 年。

赋得松风含古姿

〔清〕刘学谦

绘出湖边景，临风独抚松。
奇姿含飒爽，古色郁葱茏。
琴谱新翻曲，针藏不露锋。
传神宜舞鹤，作势欲盘龙。
黛影摇凉月，清标秀远峰。
涛余空际籁，云抱旧时容。
画意添幽壑，流音挟暮钟。
常依温树近，讬植沐恩浓。

年画重放异彩

邓 拓

三百年来版画新，民间艺术此奇珍。
刀兵水火都历尽，杨柳青青大地春。

歌曲

我家住在杨柳青

（包以璐、石瑞生词，冯国林曲）

我家住在杨柳青，天下哪个不闻名。杨柳青里出年画，画匠师傅手艺精。能画鲤鱼跳龙门，能画凤凰落梧桐。彩笔画得家乡美，杨花柳叶芙蓉城。我家住在杨柳青，天南海北传美名。杨柳青里闹花会，高跷狮子舞龙灯。初一唱到月儿圆，家家户户挂红灯。

要看花会正月（里）来，杨柳青（镇）外把您迎。

春到杨柳青

（张鸾词，郭忠萍曲）

东风传消息，春到杨柳青。
白杨吐花柳飞絮，万木齐峥嵘。鸟儿枝头唱，彩蝶觅花丛。
古运河畔画意浓，津西一颗星。东风传消息，春到杨柳青。

文明古镇展新容，画业好兴隆。家家喜点染，户户乐丹青。
彩笔浓墨绘意浓，笑眼看前程。东风传消息，春到杨柳青。
春风春雨谱春歌，流水载歌行。春歌甜如蜜，流水响淙淙。
曲曲新歌向党颂，春在人心中。

杨柳青风筝

（解嘉池词，天津电台曲）

天津城西杨柳青，五洲四海有名声。年画早世传世界，今日风筝环球行。风筝历史近千年，古老技艺又创新。高飞天空传友谊，犹如彩虹颂和平。

故事　传说

乾隆看年画　杨柳青忠兴画店设在北京前门外大街，每到春节前的年画销售旺季，会在店堂内外悬灯结彩，以便招徕顾客。乾隆五十年（1785）底，一天中午刚过，有一位顾客来到门前，欣赏门外的画片，然后信步走入店堂，见迎面高悬彩灯六盏，画有二十四孝全图。精湛的民间工艺吸引了客人的兴趣，随又翻看画片样本。客人流连观赏，长久站立，似觉疲倦，不断扶倚柜台，略加休息。店里的掌柜看来客仪表不俗，服饰华贵，腰间系一条丝涤，挂有笔囊、镜盒、荷包等物，显然是一位八旗贵胄，随即搬出一个坐凳来，请客人坐下休息。随后敬茶一杯，向客人介绍商品，应答温和典雅，客人很满意，赞许说："你真是一个买卖人啊。"说完站起身出门而去，紧接着有两个童仆模样的进来，在屋里低头转了一圈，随后就走了。

第二天上午，大兴县（北京东城属大兴、西城属宛平两县分管）地保进店门道喜，讨要酒赏，并告知"昨天来的那位贵客，不是别人，就是当今万岁。"店主人一听，很是惶恐，继又一想当天接待得有没有怍慢之处。店主人灵机一动，立即在大街上摆好香案，铺好红毡，燃烛焚香，行三拜九叩大礼，望阙谢恩，然后鞭炮齐鸣。霎时群众围观，车马堵塞，相邻店铺也都前往祝贺。这事一传十，十传百，轰动了九城，到店参观买画的人络绎不绝。没到除夕，年画即销售一空。从此，忠兴画店远近闻名。后来，店主人找木匠做了一个椅圈，把乾隆皇上坐过的坐凳镶嵌其中，用黄布做了椅套，供奉在货架上方，每逢年节焚香参拜。

咸丰十年（1860），英法联军入侵北京，忠兴画店被乱兵抢掠，供奉的坐椅被捣毁，平复后画店迁回天津。

（谢玉明整理）

画扇面 明清时代，天津城西的杨柳青有7000多户人家，家家会点染，户户善丹青，年画作坊通街都是。每年冬季前后，家家都把自己的作品挂在画棚里招徕顾客，红红绿绿，又好看又鲜活。各地的客商都来这里趸画，直到腊月光景，商旅、车马才一批批地走完。

传说，杨柳青年画要数白、安两家的最好，而白、安两家最好的年画却是两个孩子画的。这两个孩子，一个是白家的独生女儿白俊英，一个是安家的独生子安雪。两个人同岁、住同院，6岁时就在一起跟他们的父亲读书、练字、学画画。他们各有所长，白俊英的画好，安雪写的字好。人们都说，白俊英的画只有配上安雪的字才算最活；安雪的字只有配上白俊英的画才能最好。他俩合画的花卉能招来成群的蜜蜂、彩蝶，他俩合画的老鹰挂在堂前，狸猫都不敢进屋。乡亲父老都喜爱他们，常说他俩是天生的一对。

两家老人看着这两个可爱的孩子，又望望他俩画的年画，心里都有了数，嘴上虽没说，可早就互相称呼起亲家来了。他俩更是情投意合，没事的时候，常常跑到房子后面，照着年画上的故事演戏玩。白俊英演白娘子，安雪演许仙，演到许仙被白蛇吓死的时候，白俊英扑到安雪身上，真的会呜呜地哭起来。

他俩18岁那年，安雪的爸爸病故。不多久，白俊英的妈妈也病故了。为给两位老人发丧送终，两家都把画好的年画卖了。安妈妈悲痛愁急，瘫痪在床。安雪整天皱着眉，不知如何办好。白俊英每天帮着安雪煎药、做饭、伺候病人。

这天，白先生过来看望病人，眼含着热泪对安妈妈说："嫂子，你不用愁，有我们爷俩吃的，就有你们娘俩吃的，干脆咱们两家先合在一起过吧。"安妈妈淌着泪说："大兄弟，你既然有这话了，就先给两个孩子把喜事办了吧。”“行啊！”

他们正说着，忽然街上响起锣声，地保高声喊道：“今天，皇上从这里路过，要检阅画师们的技艺，各家快把最好的年画展挂在画棚里，被皇上看中的要给封赏，如果不展挂好画，要满门抄斩。”村里立即乱腾起来，各家都把最拿手的年画送出来，展挂在画棚里。这时，白先生急得像热锅上的蚂蚁，抖着手，转着圈圈说：“这可怎么好呀，咱们的年画早就卖光了，现画吧，又来不及，这……这怎么办呢？”

白俊英给安妈妈喂完药，走出来说：“爸爸急什么，您先选出一张最好的贡尖纸，挂在画棚里，我和安雪马上画也赶趟儿。”白先生觉得只好这么办了，便拿着纸慌慌张张地走了。白俊英用洗脸盆调了半盒金粉，又配了几样颜色，选了一管大号扁头笔，拿了把扫地用的新笤帚，安雪也带了笔墨，两人出了家门，径直向画棚走去。

这时，运河边上已是鞭炮齐鸣、锣鼓喧天了。当他俩走过自家画棚时，又从街上传来开道的锣声。白俊英立即登上凳子，先用扁头笔蘸着彩色，“刷刷刷”地在纸上画了几朵鲜艳的祥云，然后用笤帚蘸上调好的金粉，“刷刷刷”地在纸上画了一条飞舞的金龙。画完她跳下凳子对安雪说：“快，你就写上‘金龙飞舞’四个字吧！”安雪急忙跳上凳子，挥起大笔，刚写了“金龙飞”三个大字， 白先生就慌慌忙忙地跑进来说：“孩子们，你们快从后边走吧，皇上已经进了前面的画棚！”安雪顾不上再写，跳下凳子，拉着白俊英就从画棚后门跑了。

不一会儿，皇上在大臣们的簇拥下进了白家的画棚。他看见对面的壁上云飞雾绕，走近几步眨眨眼睛仔细看看，只见画上有一条金龙，两眼放光，腾云飞舞，心说：“这画真画活了！”他看完画，又看题字，见三个浑厚雄健的大字，比画更好，不由得大声念道：“金—龙—飞……”话音未落，“呼”的一声，狂风大作，卷起一片云雾，画上的金龙腾空而起，飞出画棚去了。皇上和大臣们吓得忙用衣袖捂着脸，战战兢兢缩作一团。耳边风声平息好半天了，才敢睁开眼睛。这时，画面上只留一条弯弯曲曲的湿印。皇上看看左右问道：“这是谁画的？”白先生早已吓瘫在地上，忙跪下说：“启禀万岁，是罪民画的。”皇上看看他，又看看画上的湿印，忽然笑了起来：“好好，你画得好，先赏你白银五千两，到御画院等着听诏吧！”白先生赶忙谢恩。皇上走了以后，他擦着头上的冷汗，两条腿还软得站不起来。

接白先生去御画院的官船已停在码头上。他要带着女儿进京了，乡亲们赶来送行，说说笑笑，好不热闹。可是，安雪皱着眉低着头跟在白俊英的后面，一声不吭。白先生说，到了京城，安顿好住处就来接他娘俩。可安雪心里像悬着十五只吊桶，七上八下地不安生。来到码头，白俊英上了船，他才想起要送的扇子还在怀里，忙喊了一声，跑上几步，把扇子交给白俊英说："你带着这把扇子，常看着点儿，可别忘接我们来呀！"白俊英对他深情地一笑，点了点头。

白家来到京城，许多大臣家的公子哥儿看到白俊英长得俊美，每天往他家跑。白先生为了在朝里站住脚，也想高攀有权有势的人家结亲，就一面好酒好饭地招待这些公子哥儿，一面在暗中挑选称心的女婿。

白俊英知道爸爸的心思以后，整天躺在床上不吃不喝，看着安雪送的扇子哭泣。扇子上有她从前画的一出《盗仙草》和安雪题写的一首诗。她看着画上的白娘子、小青、仙童，又想起跟安雪一起的情形，想到病床上的安妈妈，也想到变了心的爸爸。爸爸总是劝她："孩子，你把眼睛哭坏了，以后怎么画画呢？"

"你不让我跟安雪结婚，就不画画了！""唉，你这孩子……好好好，你画画的事以后再说，你先吃点饭。""你不让我回杨柳青老家，再不吃饭了。"又过了两天，白先生看到女儿已经弱得不成样子，只好把她送到杨柳青。白俊英回到老家，安雪望着她笑了，安妈妈拉着她哭了，她看到安家已经穷得不成样子，屋里的家具当光了，画画的用具卖净了，每天只能吃两顿稀粥。她望着安雪那张清瘦的脸，摸摸安妈妈那滚烫的额头，拔下头上的玉簪儿，捋下手上的银镯子，让安雪拿去当，赎回家具，买了柴米，请来医生抓了药，安家又像过日子的样儿了。

这一天，白俊英正给安妈妈熬药，白先生忽然风风火火地跑进屋。他说，皇上巡游回来，让他画一幅《龙凤呈祥》的扇面，嫌他画得不活，写得不好，要杀他。他只得说女儿画得活、女婿写得好，才准他三天时间，赶回来画一幅，如果皇上还不满意，要杀他个二罪归一。

白俊英熬着药，头也不抬地说："不让我们结婚，再不画了！""唉，你这孩子！……好好好，你们今天结婚，晚上就画，明天早晨我好进京，行不行？"白俊英这才高兴起来。

白先生拿出银钱，请来乡亲父老们帮忙，当天就让他俩拜了堂。洞房花烛夜，白俊英在扇面上精心画了一幅《龙凤呈祥》，安雪又认真地题写了一首诗。第二天早晨，白先生拿着扇子进京了。第三天，白先生又高高兴兴地回来了。他说，皇上看到扇面上的画，连声叫好；看到题诗，更是拍案叫绝。皇上传旨，马上让安雪进京受封领赏。

安雪明天就要进京了，乡亲们都来为他祝贺。可是，白俊英却像霜打的小草，蔫蔫地一声不吭。她怕安雪进京以后也像爸爸似的变了心肠，她心里烦躁，更觉天热，拿起扇子扇了几下，看到白先生的扇面，血点红的扇股，忽然想起，何不画几幅扇面试试他的心？于是她摆好桌子，配好颜色，选了几把最好的扇子画起来。

她先画了一幅雄伟的紫禁城，里面有三宫六院，有金銮宝殿和大臣，还有天仙似的公主和宫娥美女一大群。然后，她按照忠孝节义细细地画了八出大戏。最后她画了一幅杨柳青的风光：西堤的十里垂杨，北岸的千顷良田，撒网的渔翁，画年画的大嫂和戏水的儿童。画完她让安雪挑一幅最喜欢的，题上字，带在身边。安雪拿起画紫禁城的扇子，摇摇头，放下了。他拿起画着戏出的扇子，一把一把地看，也都放下了。最后他拿起那把画着家乡风光的扇子，看了又看，越看越爱，挥笔在画上写了 12 个大字："不忘家乡景物，永记父老恩情。"白俊英放心了，笑着说："你去吧，我和妈妈等你。"

第二天，安雪跟着白先生进京面见皇上，皇上考他的诗，看他的字，龙心大悦，赏了他五千两银子。但是，他不愿留在京城做官，再三请求回到杨柳青为民。他用皇上的赏银救济家乡的孤寡老人、资助有困难的年画艺人，和妻子仍以画年画为生。

（镇志编辑部整理）

乾隆来到"戴廉增老画店"　清乾隆二十六年（1761），岁在辛巳，末伏节气。画乡杨柳青顺着运河沿儿东西三里地的长街静静的，这是正晌午头儿上，人们都在歇晌。

从东往西来了两位老客，高个儿的抬头看见"戴廉增老画店"的黑漆金字牌匾，抬脚上了台阶，大步走进门楼。柜房里面就掌柜的戴廉增一个人，听见有脚步声，急忙迎出，左手打起竹帘子，右手指向迎面上首的太师椅，让着座。后面来的个子矮点，似乎腰板不太平展，抢步跟了进来，没等让，就坐在下首了。掌柜的一看那穿戴便知是贵客，急忙端来两碗开水，热情招待。客人也不客气，端起碗一仰脖儿，下去了。

一个说："好！"一个应声："好！"头碗才下去，掌柜的跟着又提来一大壶开水，给两位客人满上。忽听客人问道："这水如此甘甜，是从哪里打来的？"掌柜的答道："就是这御河的水呀！"高个子看着碗里的水，高声说："玉水，玉河水也！"矮个忙应着："是玉水！玉河水，玉河水！"

掌柜的不解其意，只想着揽生意，便问："您二位看看画吗？""画？看画！拿画来！"

掌柜的心里琢磨着，二位要是看着好，还兴许要得多呢。转身进里屋，从货架上取了三刀画，递过去，说："您看这三刀，看完我再给您来几刀。"

高个儿客人翻开画一看，笑了，左看右看简直入神了，可矮个儿还铁青着脸。戴掌柜又取来三刀，并对矮个儿客人说："您看这三刀，看完，我再给您取几刀去。"

"大胆！你若拿画只管拿画，怎么还刀呀枪的！"矮个儿的声音高了点儿。这一嚷吓得掌柜的不知怎么好了，可那高个客人却忍不住劲儿哈哈大笑起来。

不知是客人越看越爱看呀，还是成心让掌柜的受累，屋里画架子上的画，东西库房的画都折腾到柜房里来了。

高个儿还一个劲地喊"拿画来"！这时，矮个儿的对掌柜的轻声说："刚才你说刀，以后再不许说了。这大张的就叫'贡尖'吧！""那么一刀裁三刀的小刀的画呢？"矮个儿看他老实得可笑，便说："就叫'三才'吧！"高个儿还一个劲地喊"拿画来！""有、有、有！"高个子看掌柜的汗流浃背地又去拿画，便对矮个儿说："老实人也，好买卖人也！"

这时，外面人声沸腾。高个子推开画堆，站起来走了。矮个儿快步跟上，扬长而去。掌柜的正忙得晕头转向，一抬头见客人走了，急忙出门送客，只见街上灯笼火把，将高个子客人前呼后拥而去。到这时戴廉增才明白，看画的人原来是乾隆皇帝和刘墉大人。

他连夜画了新样子《钱龙引进四方财》《宝马驮来千信利》一对娃娃画。次日清晨，满河官船，两岸官员焚香送龙舟上行，好一番热闹景象。

此后，乾隆到画店看画的消息传遍了杨柳青。男女老幼都到戴廉增老画店，买乾隆看过的画。后来年画进了宫廷，戴廉增画店的生意越发兴旺起来。戴氏家族把"做老实人，做好买卖人"当成祖训家风。

（戴荣山、戴敬勋整理）

重修文昌阁的故事 杨柳青的文昌阁飞檐六角、气势巍峨，建筑在一个四面环水的小阜上，人们在十里之外就能看见。

明万历四年（1576），有个在天津做锦衣卫的高姓杨柳青人集资兴建此阁。至天启二年（1622），文昌阁烧毁。10年后，本镇一个叫梁宝珑的读书人忽然得了一场伤寒病。烧得昏迷中，他似见到一个"小鬼"，手里拿着一盏大方形的酒杯，向他说："来！你把它喝下去！"梁宝珑喝了一口，黑乎乎的水看着就不愿再喝了。"小鬼"很着急，用手指他的头顶，他本能地往右一闪，手指落空了。"小鬼"怒视着他，他吓得浑身热汗直流。

醒来以后，觉得身上轻松多了，他猛然想起当年阁上的魁星和他见到的“小鬼”一模一样。不久，梁宝珑病体痊愈了，就决定重修文昌阁。

梁宝珑家是一个养船户，有十条大漕船，他向同行各船户募捐，并打算卖掉六只旧船，凑钱备料去了。这时，离阁基不远的地方盖起一座玉皇庙。这是一个叫张天泉的游方道士募化监工修建的。梁宝珑想到他那儿去请教一下建阁的事，到了庙里，道童奉上茶后说：“师傅外出云游去了，临行时留下一张纸条，嘱咐我等您来时呈交给您。”说着拉开抽屉拿出来。梁宝珑接过一看，上面有四句话：“卖船莫许卖桅杆，留它六面顶着天，大缸一个锅一口，巩固金汤二百年。”梁宝珑佩服天泉道长的先知先觉，就按照他的意思把六根桅杆做通天柱子，支撑六角飞檐。这样不但加快了工程进度，而且上下一体，非常坚固。又把一口水缸吊装上去作为顶子，扣上锅，锅上再铺麻渣灰，外用红漆涂刷，真是又周正、又壮观。阁就这样修成了。

直到咸丰三年（1853），太平军北伐，文昌阁再次被毁，算来恰好是200多年。咸丰八年（1858），文昌阁重新修建，一直保存到了今天。

梁宝珑后来中了一名贡生，他说可惜自己当初喝魁星给他的墨水不多。因为他往右一闪，魁星的指头没有点中他，不然，他本是可以做状元的。

（董茂兰、王鸿奎整理）

普亮宝塔　坐落在杨柳青古运河南岸的普亮宝塔建于清嘉庆八年（1803）八月五日，是为一位勤劳、善良而富于传奇色彩的老人于成功兴建的。

于成功，排行第五，人称于五爷，康熙末年出生，自幼务农，30岁左右出家修道，学会了高超的医术和武道。他还俗后，边务农，边行医，只要有人求他治病，不分白天黑夜，他总是有求必应，分文不取。

一次，天津北郊有一家赶着马车接他去看病，他听说病人病得很重，就说：“你们先走，我随后就到。”谁知，马车刚到家，于五爷已经给病人扎完针了。起针之后，病人立刻就好了。病人家送他很多点心、烟、酒，他推辞不过，接过礼物就出门了。等人们送他一程回屋，东西一样不少地又摆在屋里了，再赶出门去，于五爷早没影儿了。

又一次，有三四户孤寡人家同时请他帮工拔麦子，他都一一答应下来。第二天天刚亮，几家人往地里给他送饭时，各家的麦子全拔完捆好了。这事一传开，人们都说于五爷有“分身术”。

于五爷一生给人们做了数不清的好事，他去世后，大伙就在他的墓前给他建了宝塔。因为于五爷年轻出家时法名叫“小普亮”，所以这座宝塔就叫“普亮宝塔”。

（杨书森整理）

杨柳青年画的传说 风光别致的天津燕园有座古色古香的影壁，上面画着一幅传统的杨柳青年画“莲年有余”。远远望去，那莲花粉生生，荷叶绿葱葱，大胖小儿精灵灵，怀里抱着鲤鱼直打挺，简直都要鼓出来了。传说中所谓“鼓”，是指年画上的人物、动物活了，东西变成真的了，年画吉祥美好的寓意应验了。

据说这幅画还真的“鼓”过呢。

相传，乾隆年间，胜芳镇有个叫薛富贵的财主，从天津卫回镇，船过杨柳青时，听到岸上有人操着琴唱小曲，那歌词是“天津城西杨柳青，有个美女白俊英，她妙手丹青会画画哪……”这一曲“画扇面”引起了薛富贵登岸游览画乡的兴致。

他走上河堤，抬眼一看，只见这北靠西河、南濒运河的古镇四周白杨参天，垂柳拂地。镇内是店铺林立，车水马龙。薛富贵走街串巷，只见家家会点染，户户善丹青。他并不懂画，也不爱画，但却被那一幅幅男强女俏、花果飘香、五彩争艳的年画迷住了。他不知不觉地走进了戴廉增画店，买了一张神笔妙手女画家白俊英绘制的《莲年有余》，带回了胜芳。

可别小看这张画，在屋里一贴，真是满屋增色，四壁生辉。薛家老两口就甭提多爱这张画了，真是白天借着日光看，夜晚举着油灯瞧，边瞧边夸：“这大胖小子多精灵，这莲花叶子多水灵，这金红鲤鱼多鲜亮！”看着看着眼皮一碰打起盹儿，就见那画上的胖小子眉一挑、眼一转、腿一伸、腰一挺，从画上蹦了下来，他奶声奶气地说：“老公公，老奶奶，想吃鱼我会逮，您给拿个木盆来！”说罢，一眨眼的工夫又回到了画上。

老两口猛醒过来，一说各自做的梦都一样。薛富贵想起好多关于杨柳青年画年年“鼓”的事儿，什么“金驹送宝、黑驴推磨啦”，什么“美人成亲、春牛耕田啦”……心里一亮，赶忙让老伴端来一个大木盆，对着画上的胖小儿说：“你刚才说的话听真了，木盆找来了，我们等着吃鱼啦！”说罢老两口就上炕歇息了。

清晨，果然有条大鲤鱼在盆里欢蹦乱跳。从这天起，老两口天天吃鱼，越吃味道越美，越吃胃口越大。这天晚上，薛富贵对胖小儿说：“好孩子，听我说，韩信点兵不怕多，大红鲤鱼斤把个，每天我要一笸箩。”他要多少，胖小儿就给他逮多少。薛富贵天天卖鱼，赚的银子都“海”去了。他家钱越多心越贪，掐着指头暗盘算：若是让胖小儿加把劲，闹上个三年五载的，赵家的庄院、钱家的船、孙家的苇塘、李家的滩，不都姓薛了吗？他的如意算盘打得啪啪响，等抬头一看，那画变成了一张白纸。他像被五雷轰顶一样头晕目眩，大叫一声急死过去了。

原来，画上的胖小儿怕被薛家的钱臭味玷污了灵性，就张起荷叶帆，驾起莲花船，怀抱大鲤鱼，沿着大清河，回了杨柳青。

（戴敬勋、张骞整理）

晴雨伞 从前，有个小伙子在一家财主家扛长活，白天下地，晚上就睡在放农具的小土屋里。

麦场到了，这天伙计们正在晒麦子，杈子不够用，小伙子回去拿，他一回来就对大伙儿说：“赶紧起场，一会儿有雨！”“你这不是大白天说梦话吗，这大晴天的怎么会下雨！”大伙不信。“叫你们收你们就快收，要不就晚了。”大伙只好收起来，刚码好垛苫好席子，一片乌云飘来，风雨大作。

第二天一早，天空阴沉沉的。东家说：“今儿个不必去轧场了，干别的活吧。”小伙子说：“不要紧，一会儿就晴了。”说完照样领着伙计们去轧场，果然，场子轧好了，太阳也出来了。事后，东家把他找来问：“你怎么知道风雨阴晴，难道你通天文吗？”“不！我是从屋里贴的那张年画上看出来的。那画上有个大胖小儿，他手里拿着一把伞，要是晴天就收起来，雨天那伞就支起来，我已盯了多少回了，准极了。”“噢！”东家很高兴，心想：“我得快把这张‘鼓’了的年画弄过来。”

为了不让别人知道这件宝贝，财主给了长工一些钱，把他打发走了。从那儿以后，这胖小儿手中的伞总是打着，再也不灵了。

（戴敬勋、王玉生、魏川亭整理）

药王庙的传说 药王庙坐落在杨柳青镇西。由运河上岸便是座巍然壮观的牌坊，顺神路往北便是药王庙，这是镇内大型庙宇之一，原为皇帝庙。门口有戏楼 1 座。东西配殿各两间，大殿内供奉轩辕黄帝，下供奉药王、药圣兄弟二神，均为金面木雕像，四肢能转动。药王戴王冠、着龙袍，长髯飘洒。左右乃彩塑十大名医，秦琼、尉迟敬德分立门口两侧。

关于药王是谁？其说不一。有的说药王是金代河间名医刘元素，药圣乃元素之弟，专门给药王背药箱的。有的说，药王乃唐代名医孙思邈。

万历年间，子牙河经常闹大水，杨柳青养船户戴、赵两家分别在河里捞得樟木一段，各丈余，拿回家中当顶门杠，闲置院中数月。某日二木同时给自己主家托了梦，说："我们不是普通木头，而是药王药圣兄弟俩。戴家的是药王，赵家的是药圣。"两家随即请来能工巧匠，按梦境里药王、药圣之容貌雕了两位神仙。人们将雕像放进了黄帝庙，自打药王进来后才叫药王庙。

传说药王安位后，经常出来给人治病，所以，药王庙香火大盛。杨柳青周围几十里，前往供香的人络绎不绝。每晚磬声悦耳，钟声悠扬。

药王为何戴王冠、着紫色龙袍？这里还有一个故事呢。说是某年某月，皇宫里娘娘得病了，太医、名医都治不了，只得张榜求医。药王揭榜进宫，太监都看不起他，为让他栽跟头，在"走线号脉"时，把线的另一头没拴在娘娘手腕上。药王一号脉，惊叫道："不得了！娘娘的病不好治了，这叫'虫子钻心'……"太监们听到这里，笑不可支。药王见状说："你们这里有诈！"太监这才说了实话，药王说："你们不信，就把桌子腿劈开，里面准有虫子。"太监们照办，果真如此，这才心服口服。经过一番治疗，娘娘的病很快好了。皇上十分高兴，说："赐给你点什么东西好呢？这儿有一件现做的龙袍，就赐给你吧。"药王接袍就走了。太监奏道："只有皇上能穿龙袍，怎么能赐给这平民百姓？"皇上忙传旨追回。药王出宫后，料定要来追，便把龙袍反过来穿上了。不一会儿，太监追来索龙袍，药王说："皇上赐的不是龙袍，你看，是件紫袍。"太监无奈，只得放他走了。所以药王的龙袍是紫色的。

（王玉生、魏川亭整理）

五彩八珍鸳鸯扣 说起杨柳青石家，那真是家大业大，不愧为天津八大家之一。据说在石家鼎盛之时，有田地两千五百顷，煤、粮、绸缎店铺十几号，外加九个半当铺，家业折合白银两千多万两，曾被西太后钦封"津西第一家"。可是谁想到这样的堂堂巨富竟为一颗纽扣栽了大跟头。

古时结亲都讲门当户对，石家的儿女亲家当然也都是名门巨富、宦吏豪绅。有一年，石家把湖广总督的侄女娶进了家门，在没过彩礼之前，人们都盼望着开开眼，看看这个总督府里的"千金"都有些什么出类拔萃的陪嫁。可过得门来一看，竟没有一件值钱的东西。这在当时那个世道来说，自然会招来妯娌们的议论、讥笑和公婆的冷眼。

这一天，张小姐从娘家回来，打衣箱里翻出一件旧夹袄，穿着去找公婆，说就是这件衣裳称心，可是缺少一个纽扣没法穿，请公婆想法给配上。当时公婆一听，这有何难！谁知派人跑遍了天津城所有的百货铺，都认不出这是什么扣儿。连“八大祥”的老板们也连连称奇，许多古玩店掌柜也说没见过这玩意儿。只有一家老掌柜用放大镜照了又照，把眼都看直了，才说：“我祖辈都干古董行，山南海北的奇珍异宝，无一不识，只是这小玩意儿非同一般，恐怕我这经营百十多年的店铺都搭上，也不一定换得起这只小扣儿，请到京城去看看吧！”

石府老东家一听这事儿，才掂量出这扣儿的分量，唯恐万一配不上，岂不栽了老面子。他沉思半晌，拿定主意，向大管家耳语几句，大管家便连夜进京了。到京城后，管家即刻下了请帖，在鸿宾楼宴请知名人士和古玩巨商。待酒过三巡，菜品五味，大管家亮出带来的扣样，请求诸位帮忙照配一个。众人一见，虽然都看出这是稀世珍宝，可谁也说不出名堂来。其中，有一位阁老，接过来一看，笑道：“此物名叫‘五彩八珍鸳鸯扣’，为明朝内宫所藏，系用稀有明珠为壳，内镶五彩宝石雕刻的鸳鸯，周围嵌上‘金镶玉’的八彩图案，玲珑剔透。其色彩随着风雨阴晴变幻无穷，可在暗处熠熠发光。”大管家一听有门， 忙问何以得知？阁老沉了一会儿又说：“此物乃闯王进京时，在兵荒马乱中被宫人拾到变卖的，我家先祖曾购得此物一颗，视为至宝，传至我手。”大管家一听喜出望外，深施一礼，启口便求，愿以重金相购。阁老闻言大笑，摇摇头说：“我家先祖曾言，此物价值连城，贵东家虽有家财万贯，可抵一城？”说罢离席而去，众人一见也都不辞而退了。

大管家马不停蹄地回到杨柳青，前前后后一回禀，老东家长叹一声说：“真没想到，我这万贯家财竟不值一颗纽扣。”从此，“穷千金”变成“津西第一家”中最尊贵的少奶奶。

（王庭福、谢玉明整理）

雕塑《迎亲队伍》(2021 年)

名人与名镇

在历史长河中，千年古镇涌现出许许多多优秀人物。元代高居宝、清代高善观、清末民国初王学泮等古镇教育奠基人和开办者首应载入史册。崇文书院造就的刘学谦、杜彤等数十名进士、举人、秀才，其苦读精神可嘉可敬。经商发迹的安文忠等名士，不忘家乡父老，屡有慈善之举。闫美人等画师为杨柳青年画锦上添花。新中国成立后，杨柳青更是人才辈出，他们在经济、教育、文化、科技、艺术等领域勤奋工作，对家乡各项事业做出卓越贡献。

人物传略

高居宝（生卒年不详） 元代人，祖籍古北口外小兴洲。其先祖随元世祖转战南北，屡建战功，后送高居宝进太学读书，师从揭傒斯、张翥等。元至正四年（1344），揭傒斯病故，谥号文安。高居宝等人为其整理遗稿，定名《文安公文集》，书中有《杨柳青谣》一篇，是揭傒斯在柳口（今杨柳青镇）所作。元至正十五年（1355），京师饥馑，瘟疫流行，国运日衰，高居宝避乱隐退，从京都脱出，到柳口（杨柳青）定居。在柳口开启蒙教育，村人文化便从此始。此为高居宝一大功绩。明初，高居宝中进士，因年事已高，不便外出，在家授课教子而终。

董积厚（生卒年不详） 字见省，杨柳青董氏族人，生活在明末清初。明崇祯十五年（1642）、清顺治十四年（1657）分别中乡试副榜。顺治十一年（1654），任州判改河南阳武县丞。因为官勤谨清廉，当地士绅给他送匾：赞符河阳，清标博浪。当地潭口寺因河水决堤被冲坏，他奉命修缮，工作积极，被当地人称为“董佛”。董积厚自幼嗜古勤学，尤善作诗。康熙版《静海县志》收有他的两首诗，为《游华藏庵》《春阴》。在阳武任上留有遗书，至今流传于杨柳青董氏。其中，“可屏者，博弈饮酒之徒。可亲者，直谅多闻之士。疏食豆羹，勿视淡薄，淡薄即是福禄之本。膏粱文绣，无生欣羡，欣羡实败祸之基”“一脉书香大相继，尝思关系非轻”等句对董氏后人影响很大。

高善观（生卒年不详） 杨柳青人。清道光二十四年（1844）甲辰科举人。出身诗书门第，对儒家经典、宋明理学造诣颇深，特别对《易经》有独到见解，被称为“名士”。但其性情古怪、刚直不阿，虽有满腹经纶，却怀才不遇，不被重用，转而从事教学。杨柳青崇文书院建院时被聘为山长，兼副讲（主管批阅文章、辨析疑义）。任崇文书院山长期间，高善观按院规严格管理，讲授时注意发挥学童主观能动性，因而授课质量极高。经他及其子努力，崇文书院培养一大批秀才、贡监、举人、进士等。乾隆《天津县志》载："杨柳青在文昌阁设崇文书院，成就人才；其文艺见称于时，尤为乡镇中所罕见者。"崇文书院学生中的佼佼者刘学谦和杜彤二人都是高善观父子的得意门生，这两人先后考中进士，任翰林院庶吉士，后为编修。其他学生在社会上也多有建树。高善观在书法上酷喜怀素，所书草字，笔走龙蛇，狂放不羁。

闫美人（？—1908）杨柳青人，出身油漆工匠之家。父亲多病，家境贫寒。9岁辍学入戴廉增画店，从师学画人物，20岁即能独创画稿，擅画仕女图，同行皆以"闫美人"呼之，反佚真名。清咸丰三年（1853）秋，太平天国大军进驻杨柳青，征画师作宣传画，闫美人毅然应征，深受统帅李开芳赏识，命作"北伐图"样稿呈审。不久，军队移师独流，闫美人亦随往。太平军以后转战南行，至连镇全军覆没。他乘夜携妻潜往北京，在前门外增华斋画店从事年画创作，并绘制灯画、扇面以糊口。清光绪三十四年（1908），他逝于北京。

其子玉桐，继承父业，供职增华斋，并学会传真技艺，常为官宦仕商画像，所绘年画亦以仕女为著。其孙文华，生于光绪十三年（1887），卒于1963年。自幼从父学艺，精于佛道神像，蜚声乡里，所绘观音大士像，竟与其祖媲美，被同行誉为"小美人"。

民国初年，文华曾在北京响应北洋政府号召，参加绘制"改良年画"。1930年，日军在东北成立伪满政府，不久汉奸殷汝耕又成立伪冀东政府，将东丰台所存画版运往沈阳，设店印刷。文华为生活所迫，只身赴伪满洲国从业。1945年日军投降后，文华返回故里，继续从事年画创作。晚年辍笔，家传画艺遂至失传。

闫美人画的太平天国《彩蝶图》（2017年翻拍）

高桐轩创作的《庆赏元宵》（2017 年翻拍）

高桐轩（1835—1906） 名荫章，杨柳青人，世居经堂庙胡同。15 岁时学画，并无师承，常对蛙蝉自练，观其各种姿态，渐能形神兼备，乃画百物，尽得其妙，复画人物，更显神采。经年研练，画艺日臻成熟，登门求画者日众，而立之年以画像为业。清同治五年（1866），北京皇家画院如意馆到各地遴选民间画师为慈禧太后画像，画院总办管金安登门访聘。在如意馆供职年余，得以出入宫苑，一览皇家建筑、园林胜景，并在馆中学会“界画”技法，对后来年画创作大有影响。此间常为达官显贵画像，做行乐图、揭白传影，因而名扬京都。辞馆后，常往来京津之间，出入王公府第、豪门富户，为人画像和揭白传影。但他只画头像，从不画朝服顶戴及满族妇女服饰，需另由画师焦达安填画，在天津则由其徒宋竹轩补绘。他 60 岁以后不再进京，设“雪鸿山馆”于玄帝庙前，专事年画创作。10 年间，他共创画稿 70 多幅，写真入画，形态逼真，件件堪称精品。画作花样之多、笔法之妙、格调之新，尤为人们醉赏。

张祝三（？—1912） 杨柳青人。早年曾入皇家画院如意馆供职，后在故里受聘于戴廉增画店，毕生从事年画创作。平生喜爱看戏，临场必带纸笔，常把剧中精彩情节画于纸上，作为画稿之用。在其作品中，戏出画占较大比例，颇受东北三省百姓喜爱，画商专到戴家画店订购，终年畅销不衰。所绘三国戏“三英战吕布”“辕门射戟”“斩华雄”“千里走单骑”“古城会”及隋唐传的“临潼救驾”“罗成叫关”“锁五龙”，短打戏的“大宋八义”“大五义”“小五义”等题材的年画，堪为佳品。他是一位多才的画家，仕女、娃娃、山水静物、翎毛花卉等无一不精。清光绪二十八年（1902），所绘《北京城百姓抢当铺》，成为名作，反映了近百年来畸形社会状态，具有历史研究价值。晚年他曾为镇福源厚杂货店绘制壁灯画“冲霄楼”，被同行视为上乘之作。

安文忠（1852—1942） 字荩臣，杨柳青人。清康熙年间（1662—1722），其先祖自浙江绍兴北迁杨柳青镇。安文忠幼年失学，17岁开始在大运河上当纤夫。清同治七年（1868），左宗棠的湘军在白沟、杨柳青一带雇用大船和纤夫运送军需物资，安文忠应召随船去西安。到西安后，他打听到追随湘军大营做生意好赚钱，遂改行货郎留在大西北。历时3载，他积白银300余两返回家乡。此时，杨柳青遭受旱灾，粮食价格高涨，他刚从西安回来，知道渭水流域是丰年，粮价低廉，便倾其所有，去渭水贩运粮食。同治十二年（1873），他采购一船小麦，回路时在黄河遭遇狂风，粮船倾覆，颗粒无归。遭此沉重打击，安文忠再次追随湘军大营做生意。

清光绪二年（1876）5月，西征大军开进新疆，安文忠与众多货郎随军转战南北，向当地汉、回农牧民采购大批蔬菜、水果等，供应军兵急需。光绪四年（1878）12月，安文忠等货郎因支援军供有功，被允许建房开店。安文忠等货郎在迪化大十字街建房，从此由货郎变为坐商，设法营销其他地区商品。光绪八年（1882），返至归化（呼和浩特）经张家口回到故乡，带领贫困乡亲艰苦创业。7月，在北京置办100余驮（每驮300斤）各类杂货，返回新疆迪化。光绪九年（1883），安文忠带兄弟2人进入伊犁，在绥定城设店，挂出“文丰泰京货店”牌子。每年都进京采购千驮商品，用骆驼队运进新疆。光绪十六年（1890），家乡大水，颗粒未收。安文忠慷慨捐资，并为家乡筹办半日学堂、蒙养院等。光绪二十年（1894），伊犁将军长庚派安文忠随同官员去各省催领协饷，就地采购土特产品运回伊犁，并委以伊犁银钱局总办兼官茶局税事。光绪二十六年（1900），八国联军入侵京、津，安文忠带头捐资万余两白银汇津赈济乡亲。光绪三十年（1904），兵部尚书长庚奉命到天津视察推行新政，安文忠进谒，谈及新疆铜钱缺少，找零不便，拟代请袁世凯饬属兑换一部分周转。经批予一日生产量约500万枚，输入新疆，新疆各族均乐于接受。长庚对安文忠更加赞许，保举为甘肃花翎同知、候选知府。

光绪三十一年（1905）秋，安文忠办京货回故里，得知杨柳青镇艺徒学堂经费拮据，办学困难，当即捐款白银千两。袁世凯得知此事后写奏折恳请皇上给予旌奖。光绪三十二年（1906），安文忠告老还乡，每年仍有银千两源源汇予他，他多用于举办地方公益事业。他独资成立同善社，办施医局施医舍药，力恤孤寡，捐义地，开义渡，修堤坝，整治河道，赈抚灾民等，在药王庙西院成立安氏私立小学。1919 年，他投 1 万块银圆，土地 80 亩，聘请名师执教。校内有学生 300 多名，规定学期考试第一名者，免学杂费、书费并奖给学习用品。

王国立（生卒年不详） 因家中排行第九，人称王九爷。王国立是八旗子弟，年轻时在北京做镖师，经常出入皇宫内院教授皇亲武功。清光绪二年（1876），回故里杨柳青开办王家客店。同时，他创立“古柳口武术会”，当时杨柳青各街村均有人加入武术会。后经人提议，“古柳口武术会”改名为“风云老会”。王国立是武林高手，潭腿传人，年轻时参加武术比赛，曾获得过两座银樽。“风云老会”成立后，很多武术爱好者前往拜师学艺，其中包括霍元甲。霍元甲在上海创办精武会时，王国立应邀携弟子景县赵家五虎中的赵连和、赵连城（后成为精武会主要武师）前往助威，为其捐款并传授潭腿十路拳。

刘学谦（1862—1916） 字地山，号益斋，杨柳青人，幼时就学于乡绅办的崇文书院。清光绪八年（1882），乡试中举人。光绪十二年（1886），中进士。光绪十五年（1889），授翰林院庶吉士，进编修。光绪二十年（1894），任甲午科春闱会试同考官。光绪二十三年（1897），赴陕西任乡试副考官，第二年回京任山西道监察御史、稽查本裕仓，管理五城街道礼科给事中。光绪二十六年（1900）夏，八国联军侵占京、津，刘学谦将天津城官员兵将伤残人员退入杨柳青，将地方支应难、应亟给予赈抚等情上报，得以批复。光绪二十九年（1903）任福建乡试副主考，工科掌印给事中。光绪三十二年（1906），任四川永宁道尹。宣统二年（1910），任浙江金衢严道尹，未及到任民国成立。

杜彤（1864—1929） 字子丹，杨柳青人。幼入杨柳青崇文书院读书。清光绪十二年（1886）中举人。光绪十八年（1892）中进士，选庶吉士，第二年进编修。历任湖广、山东两道监察御史，后改任四川道监察御史。杜彤后被新疆巡抚所器重，出任藩台，仅 8 个月便返回天津，不再求升。杜彤书法秀拔中有骨气，为镇人之最，但存世者不多。

王猩酋（1876—1948） 名文桂，字醒秋，后名秋字猩酋，别号迟道人。生于王庆坨，世居杨柳青。清末，王猩酋考中秀才，自此终生家居设塾 40 余年，是北方有名的塾师，潜心教育，并重在德育，门人弟子甚众。坚持有教无类，富贵子弟求学必重金，贫寒儿女就读可减费，有着很高的声望。杨柳青书法家刘子恒即其私塾弟子。王猩酋文风倜傥，诗尤隽逸，能刻砚，擅中医，好奇石，尤好砚，喜欢收藏金石、书画、砖瓦、陶瓷等。20世纪20年代初，王猩酋名噪京津文坛。在汉文《京津泰晤士报》副刊等发表诗文数百篇。比较著名的著作、文章有《大禹九鼎所在考》（北平燕京大学考古学社《考古社刊》第四期，1936年6月）、《彝辩》、《淳化帖考证》、《金狄尚存其一》、《野况》、《人性篇》、《雨花石子记》、《癖石记》等。

邓庆澜（1880—1960） 字澄波，杨柳青人。未周岁，父病逝。母于氏善女红，母子相依为命。幼入家塾，好学品优，后经推荐入天津求学，为翰林严修赏识。清光绪二十九年（1903）十月，官立城隍庙小学开办，邓庆澜任教员。光绪三十一年（1905），他赴日本学习，在东京宏文书院师范科深造。一年后毕业回国，任天津县教育委员、县视学员等职务。光绪三十三年（1907），天津县立师范传习所成立，邓庆澜任所长。后任天津县教育会会长、县实业局局长等职。其后，在严修、范源谦导演的新戏《照妖镜》中，邓庆澜和马千里分别饰演戏中角色，很受学界欢迎。

1928年9月，邓庆澜任天津教育局长。1930年，邓庆澜主持调整中小学教师工薪等级会议，制订教师进修标准与年底加薪办法。8月，他筹建师范学校，委时子周任校长，并在中山公园设师范附属小学，在文昌宫建幼儿园，以便毕业生实习。接着他创办县立第一职业补习学校，设普通、商业、工艺等科，实行半工半读，免收学费。还举行留学生考试，派出3名留学生赴国外学习。1932年，邓庆澜任天津特别市教育局长兼社会局长、传习所所长等职。1937年“七七”事变后，邓庆澜拒绝出任伪教育长官，到中学任教。抗日战争胜利后，邓庆澜任河北省财政厅秘书兼驻天津办事处主任。1946年，任天津师范学校校长。1948年，天津师范学校成立护校委员会，在他的保护下，至天津解放时学校财产未受损失。1949年11月，邓庆澜出任天津市第一图书馆馆长，后任天津市政协委员、天津市文史研究馆馆员。

郑联鹏（1881—1954） 字云轩，杨柳青人，清末举人。幼年时就读于杨柳青崇文书院，曾是本邑进士杜彤的学生。清光绪十一年（1885），郑联鹏参加乡试，考中举人孝廉，深得朝廷重臣袁世凯赏识，保举他去日本留学。光绪二十六年（1900），京畿地区爆发义和团起义，天津一带社会动荡，郑联鹏留学计划几近夭折，最终东渡到日本。留学6年后，返回国内，时为光绪三十一年（1905）。光绪三十四年（1908）农历九月二十一日，郑联鹏得赏商科举人。清宣统元年（1909）农历五月初三，廷试游学毕业生，郑联鹏以内阁中书补用。为进一步发展仕途，郑联鹏提出到新疆任职，当时他的老师杜彤任新疆提学使，即掌管省级教育的行政长官。朝廷应允他提出的要求。民国之后，郑联鹏先后任新疆焉耆县和昌吉县县长，一度被新疆督军杨增新委任为外交官员出使阿富汗。在新疆，他担任过新疆财政监察委员会委员和禁毒委员会委员。1954 年，郑联鹏在新疆病逝。

王学泮（1890—1990） 字味芹，杨柳青人。幼年家境贫寒，10 岁入私塾，因无钱买书，边抄边读，交不起“开讲费”，只靠自己领悟。由于自身求学的困苦经功，从小便立志办学。清光绪三十四年（1908），王学泮去天津当学徒。天津新式学校“省立体操音乐传习所”（相当师范学校）成立时，分配给杨柳青镇一个招生名额，王学泮被乡亲们推荐入学，修业 2 年后，以优秀成绩毕业回乡。正值杨柳青镇筹建“洋学堂”，王学泮克服家庭及社会阻力，在齐鼎升等人支持下筹资 1500 余两白银，于清宣统二年（1910），以天齐庙为校址建起杨柳青镇第一所小学，名天齐庙小学，后称天津县立第一小学堂。全校有职员 5 人、教员 5 人、高小学生 60 人、初小学生 80 人。学校建立后，条件较差，经费紧张，又常遭各番号军队骚扰。王学泮便日夜住守学校，看护课桌椅等教学设备。1915 年，王学泮在翰林杜彤等赞助下，在西关帝庙创办天津县民立第十三初等小学堂（今杨柳青第一小学），时有职员 5 人、教员 3 人、学生 58 人。该校后改为公立第八小学。当时由王学泮创办的两所小学堂只招收男学生，女孩还不能上学。为此，王学泮在乡亲们的协助下，于第十三小学后院创办天津县民立第五女子小学校，并从天津市内请来女老师授课。全校有职员 5 人、教员 2 人、学生 36 人。

在王学泮影响下，杨柳青镇另有仁人志士相继创办几所小学。至 20 世纪 40 年代，一些开明士绅和有识之士开始酝酿创办中学。1944 年，经王学泮筹划，由董绍良、董绍康兄弟资助，又向社会贤达、富商等募捐集资，由万国道德会提供校址，建立杨柳青第一所中学——育青中学（初名杨柳青育青商职学校）。该校学制 3 年，办学质量较高，第一届毕业生有的考入天津市公立高中，有的考入省立女中、天津师范和河北师范等校。王学泮先后在该校任事务主任、代理校长等职，直至 1946 年因病退职。

张兴泽（1890—1962） 山东人。清光绪三十四年（1908），山东大灾，张兴泽逃到杨柳青在德胜恒画店扛活。画师李长泰，人称“娃娃李”，见兴泽为人憨厚勤快，破格收留为徒，尽传其艺，成为新中国成立后承前启后从业的手绘艺人。他继承“娃娃李”的艺术特点，善画仕女、娃娃，又博采众长，使画面色调鲜艳而不浮躁。

1950 年，张兴泽成立年画生产互助组，直至建立和平画业生产合作社、杨柳青画

霍秀英仿师傅张兴泽的《大观园游莲花池》(2017 年翻拍)

店，呕心沥血授徒，做出积极贡献，使濒临灭绝的杨柳青年画艺术得以恢复。1952 年，他收徒霍秀英、韩秀英，她们成为新中国成立后第一代手绘艺人。1957 年，他成为中国美术家协会会员及天津市劳动模范，并出席全国群英会，分别受到党和国家领导人的接见，并同朱德委员长同桌进餐、合影留念。1958 年，他被聘为天津市政协委员。1962 年张兴泽去世，社会各界在杨柳青画店为他举行追悼会。

潘忠义（1891—？） 杨柳青镇南乡古佛寺村人，生于贫苦农民家庭，年画手绘艺人，善攻仕女，有“潘美人”之誉。1938 年夏，妻子出走、幼儿夭亡，为改变环境，他到奉天（沈阳）谋生。画店慕名前去征聘，潘忠义的条件是凡出卖祖国利益、赚昧心钱的画店一概不应。最后他选择了一家小画庄，只画传统年画。但因工钱较低，又无住处，潘忠义甘愿在草棚寄宿。1939 年，日本当局查封这家画庄，诱潘忠义另聘，他决意不从，“宁愿饿死，也不干这缺德活”，决意返回故里。隆冬时节，身无棉衣，又无盘缠，他一路乞讨，从奉天到天津走了 40 多天。潘画师反而以苦为乐，最令他高兴的是：“我虽是一个穷画画的，但没丧失民族气节！”1962 年，他受聘于杨柳青画店，传授绘画技艺。

安秀梅（1891—1969） 女，艺名小菊处，杨柳青人。她 9 岁学演梆子，12 岁登台，以演花旦行当为主，老生、武生、老旦乃至花脸、小丑诸行无所不能，文武兼擅，被誉为河北梆子十小美之一。清宣统元年（1909），她嫁给天津武生演员高福安为侧室，此后夫妻俩常合演，以河北梆子《阴阳河》最负盛名。新中国成立前夕，河北梆子衰落，安秀梅在天津赋闲。新中国成立之初，经动员，她于1950年参加益民剧社，重登舞台。1959年7月，天津市河北区成立全民所有制的“小红花艺术团”，安秀梅应聘教授河北梆子、京剧两个专业班。她所培养的学员，有一些后来成为天津市文艺团体的骨干。

李春林（1892—1973） 原名李德鑫，杨柳青人。其父李焕荣酷爱京剧，工武场大锣。李春林12岁时，李焕荣带着他进京学戏（住在小石头胡同3号院），入韩家潭、陆华云创办的长春班，工老生，由此起艺名春林。1907年，陆华云病故，长春班散，入喜连成社搭班学艺。因与李和甫、杭子和等人结拜，排行第八，人称“李八爷”。李春林嗓子好，有功底，能唱唢呐腔的《龙虎斗》。在喜连成社与喜字科学生一起搭班唱戏，其中有梅兰芳、周信芳等。在与梅兰芳的合作中给观众留下深刻印象的有《凤还巢》的洪功、《宇宙锋》的赵忠、电影《生死恨》的瞿士锡等。他先后做过余叔岩、梅兰芳、李世芳的管事，其中辅佐梅兰芳30多年。与程砚秋的管事高登甲、荀慧生的管事李玉安、谭富英的管事乔玉林并称京剧界“四大总管”。李春林曾以《太平桥》和余叔岩有过互教互学。李春林为人仗义，与京剧名角金少山交好。金少山初出茅庐时在北京难于立足，危难之际，李春林接济过他。后来，金少山流落上海，仍然没唱响。1922年冬，梅兰芳到上海演出《霸王别姬》，没有合适的演员演霸王，有人（据李春林女儿李文敏讲是李春林）推荐了金少山。后又经过李春林说戏，金少山名声骤起。金少山去世后，李春林每月给金妻生活费，直到新中国成立后。

刘喜奎（1894—1964） 女，原名刘志浩，后改桂缘。原籍河北省沧州南皮县，其祖父携全家隐居杨柳青。刘喜奎为民国初期名伶、京剧演员、河北梆子演员、中国第一位现代戏女演员。清光绪二十九年（1903），刘喜奎入天津李海科班学京剧。光绪三十一年（1905），拜河北梆子演员宋永珍为师。出师后，在哈尔滨、天津、上海等地演出。当时，刘喜奎与鲜灵芝、金玉兰并称“女伶三杰”。1918年，刘喜奎获坤伶大王徽号。1937年，日本侵略者诱聘刘喜奎去日本演出，刘喜奎严词以拒。她为灾民义演，所得酬金，全部捐献。1950年，她被聘到中国戏曲学校授课，任河北梆子班教师。

岳家霖（1898—1971） 原籍静海，民国初年定居杨柳青，出身贫寒，以打短工务农为生。岳家霖一生习武，共拜过9位师父，是风云第二代会头王子兰的大徒弟。1929年，岳家霖参加河北省武术比赛，以阴手枪和达摩二十九式夺得一等奖。20世纪30年代，岳家霖成为风云老会会头。风云老会的活动地点从王家店移至岳家霖所住的七姓庄。岳家霖传授徒弟百余人。其弟子刘宝树1953年代表天津武术队参加全国民族运动会，与搭档任俊峰创编合作表演的“醉汉擒猴”对练套路获得“金质奖”，受到国家领导人的接见，并受到国家体委主任贺龙的高度赞扬和鼓励。1958年，评书表演艺术家田连元在杨柳青说书时曾拜师岳家霖学习武术，并把所学融入评书表演中，成为当今评书界为数不多有“身上功夫”的评书演员。

杜联喆（1902—1994） 杨柳青人，清末翰林、书法家杜彤之女。燕京大学历史系毕业。在燕京大学图书馆为史学家洪业等人做助理期间，与房兆楹结识，后结为夫妇。20世纪30年代初，杜联喆夫妇赴美留学。1934年，方兆楹、杜联喆夫妇转往美国首都国会图书馆协助编辑由恒慕义编纂的两卷本《清代名人传略》（英文），并在华盛顿出版。1961—1963年，杜联喆与房兆楹一起在澳大利亚国立大学太平洋地区研究所远东史学系工作，1963年9月返回美国。其间，参与撰写《明人传记字典》《明代名人录》；负责主持哥伦比亚大学中国近现代人物传记计划，编著《明朝馆选录》《明人自传文钞》等。

刘紫蘅（1904—1987） 又名刘子恒，原名刘魁升，家居于姜店胡同南头。祖籍河北沧州于家桥，生于杨柳青。其父从沧州到杨柳青谋生，以卖带子为业，人称带子刘。后在估衣街西头、曹家胡同南口斜对面设义顺成百货线店，铺面两间，经营腿带、腰带、绒花、绢花、线袜以及化妆用品。刘紫蘅自幼酷爱书法，受业于杨柳青镇名宿王猩酋，初学欧柳，后工赵体。王猩酋认为他是可造之才，把他推荐给金石学家、甲骨学家王襄。在王襄的指点下，刘紫蘅临摹魏碑、李邕碑，书法功力日深。为取得更大成就，他迁居天津市区，专心书法学习和研究。后来为进一步与书法界交流，刘紫蘅定居北京。北京北海公园白塔之下，有东西两座四方亭，其上分别有“云依”“意远”二匾，原匾皆为乾隆皇帝御笔。后因年深日久“意远”匾朽坏不存。1962年，北京市园林局修缮北海公园时，经北京市书法研究社秘书郑诵先介绍，请刘紫蘅仿乾隆笔迹补写“意远”二字。写成后，其字神形兼备，与尚存之“云依”匾如出一人，遂镌刻为匾。刘紫蘅自此在北京书法界扬名。

1987年，杨柳青镇政府设立地名碑，派干部赴北京刘紫蘅家求字。其时，刘紫蘅已封笔数年，又卧病在床。虽然在病中，刘紫蘅欣然接受请求，字迹遒劲，功力尽现。刘紫蘅书字后不到半月即病逝，“杨柳青”三字成为绝笔。

董绍良（1904—1983） 杨柳青人，在家乡受完中等教育后，于1926年赴法国留学，1931年在法国巴黎大学地理系毕业回国。归国后，他先后任北平师范大学、中山大学、广西大学、西北大学、天津工商学院、河北师范大学教授。1934年，参与首创中国地理学会并任第一届学会理事。1945年日本投降后，被北平行辕委任为少将参议，负责华北地区教育部门的接收事宜，并兼清华大学客座教授。

1945年深秋，董绍良被聘为杨柳青私立育青中学校董会董事长，与其族弟董绍康对家乡办学颇多赞助。1948年，董绍良去陕西西北大学任教务长。

新中国成立后，董绍良先后任津沽大学、石家庄师范学院教授。1983年9月，因心脏病突发辞世。董绍良从事高等教育和地理学科的研究50多年，在“南极洲的环境与探险史”的研究方面取得重大进展。他被公认为中国老一辈地理学家、地理教育家，中国地理学会创始人之一。

姜存瑞（1908—1997） 本名姜震宗，杨柳青人，存瑞是其艺名。他自幼喜欢听评书、故事。旧时的杨柳青镇“三不管”有专门的书场，有多位说书艺人在此说书，许多外地艺人也在此练场，多以《三国演义》《西游记》等为重要题材。姜存瑞在小学读书时，白天上学，每天傍晚去杨柳青的关帝庙听讲评书。1924年，姜存瑞到天津市区学徒，在河北关上杨家大院韩记木工厂学雕刻。他喜欢张岚溪的评书《三国演义》，提出要拜张岚溪为师学习评书。当时张岚溪已不再收徒弟，将他介绍给评书名家蔡豫卿。1928年5月，姜存瑞正式拜师蔡豫卿。1931年，姜存瑞开始评书表演生涯。他善于学习、思考，博采众长，并总结出“抑、扬、顿、挫、清、轻、迟、紧、巧、窍、豪、媚、脆”13字评书表演技巧，使评书艺术增添一定美感。新中国成立后，姜存瑞表演艺术不断进步，尤精于表演《三国演义》，并享誉书坛。旧时姜家家境贫寒，父亲重病，不医而亡。从此，姜存瑞立志学医，他边说书，边学医，曾拜中医程杰三为师。他擅长妇科、儿科和癫痫，免费给人治病。“文化大革命”中，姜存瑞中断评书表演。1970年，他被下放到河东区工农制针厂当工人。由于年龄关系，厂方照顾他，让他在厂保健站当厂医。20世纪80年代，姜存瑞曾在天津人民广播电台录制整部《三国演义》评书，评书播出后，深受各界听众欢迎。

杜颖陶（1908—1963） 别名杜联齐，笔名绿依，又一名杜璟，杨柳青人。杜彤后裔。他天资聪明，少年随父迁入天津市英租界。先在南开中学就读，与万家宝（曹禺）、刘嘉祥是同班校友，后转入北平艺术专门学校，修戏剧，后学京剧、昆曲，并在程砚秋、金仲荪主持的中国戏曲音乐院研究所任研究员、图书处主任。其著作在《剧学月刊》《戏曲音乐丛书》等书刊中发表颇多。新中国成立后，任中国戏曲研究院资料室主任、编辑室主任，著有《记玉霜簃所藏抄本戏曲》《二黄来源考》《董永沉鱼合集》《岳飞故事说唱集》《曲海总目提要补篇》等。1950 年，与程砚秋剧团赴中南及大西南地区演出，考察、挖掘传统戏曲，先后去武汉、重庆和昆明演出。他为宜昌建新剧场捐款，还在汉口为志愿军荣誉军人演出慰问戏。其间，注重对汉、楚、川剧和巫师戏、滇剧以及云南花灯等地方戏曲的学习与调查研究。与程砚秋合作编著《秦腔源流质疑》《祝英台抗婚》《寒亭年画》等。

石挥（1915—1957） 原名石毓涛，生于杨柳青石家怀德堂。童年在北京宣武门外校场小六条的大杂院度过。父早逝，寡母孤儿相依为命。在北京和平门外师范大学附属小学读完小学后入北京河南中学，毕业后先在铁路上当车僮，后失业。1935 年，经小学时同学董世雄（影星蓝马）介绍参加明日剧团，在《买卖》中担任角色。后在陈锦领导的沙龙剧团《日出》中饰演老谋深算的野心家潘月亭，崭露头角。1940 年参加上海中国旅行剧团，在话剧《家》中饰演封建家长高老太爷。1941 年考入上海剧艺社。是年，首次参加电影《返魂香》的拍摄，后在柯灵编剧、吴仞之导演的《乱世风光》影片中担任主角。1942 年，与黄佐临、黄宗江等创办上海苦干剧团，后改为“苦干戏剧修养学院”，其间执导话剧《梁上君子》《夜店》等。1947 年，正式投入电影界，担任文华影业公司导演，拍摄和主演《假凤虚凰》《夜店》《母亲》《姐姐妹妹站起来》等 20 余部电影。

新中国成立后，他先后自导自演《我这一辈子》《关连长》《天仙配》《雾海夜航》等。1957 年 6 月，石挥被错划为“右派”，在上海去宁波的轮船上跳进黄浦江中，沉于雾海。1979 年，石挥被平反。1982 年，在意大利举办中国电影回顾展时，法国电影史学家米特里说：“我发现了中国电影，也发现了石挥。”

任国栋（1919—1945） 杨柳青人，祖居东碾砣嘴村，以农耕为主，其父在杨柳青内菜市大街经营扎彩业。任国栋于 1943 年参加由中国共产党领导的八路军，先后在中共冀中九分区敌工部和华北军区检查队工作。他搜集天津市及杨柳青一带国民党和日军活动情报时，常以家中扎彩业为掩护，在其父任连弟、妻孙广兰、兄任荣春等家属的大力支持和协助下，获得大量的情报。1945 年 8 月 8 日，任国栋所在八路军抗日部队进驻杨柳青附近，为补充部队给养，他孤身赴杨柳青镇公所，代表八路军部队向敌军政人员传达为八路军筹粮百石和草料万斤的指令。当他返回部队北行至子牙河畔时，日军派马队追捕。任国栋急跳上渡船，一竿将船撑到河心，敌人用机枪疯狂扫射。因渡船上有几名群众，他一面掩护群众下船舱暂避，一面拔枪还击。日军小队长及几名士兵被打死，但他也身中两弹而牺牲，年仅 26 岁。任国栋的遗骨今安放在杨柳青烈士陵园骨灰堂内，以供后人敬祭缅怀。

王树村（1923—2009） 笔名古柳村，杨柳青人。中国民间美术史论家、年画学家、中国艺术研究院研究员、学位评审会委员。1949 年前，毕业于天津市立美术学校，后考入华北大学美术系。1952—1959 年，在中央美术学院专修美术史论，擅长中国画和民间美术史研究。曾在北京市人民美术工作室、《美术》杂志编辑部和中国美术研究所、中国艺术研究院美术研究所等单位作美术创作和编辑、研究工作。曾任中国民间美术学会副会长、中国工艺美术学会民间工艺美术专业委员会副主任、中国民俗学会理事、中国木版年画出版研究会理事长等职务。王树村 1984 年获文化部颁发的年画研究奖，1989 年获中国艺术研究院颁发的资料研究特别奖，2004 年获中国美协授予的首批“卓有成就的美术史论家”称号，2007 年获中国文联颁发的“第六届造型表演艺术成就奖”。他享受国务院政府特殊津贴。

从 20 世纪 50 年代起，他深入研究民间年画艺术，于 1959 年编辑出版第一部《杨柳青年画资料集》，获莱比锡国际书画博览会银质奖章。此后，陆续编辑出版《中国各地年画研究》《杨柳青墨线年画》《中国民间画诀》《中国古代年画选》《中国美术全集（21・民间年画）》《中国美术全集（19・石刻线画）》《中国民间年画史论集》《中国吉祥图集》《中国民间美术史》等 75 部著作。他先后在全国各地美术院校、画院、电台、电视台担任民间美术讲座主讲，撰写专题研究文章 200 多篇。他曾应邀到澳大利亚的悉尼、墨尔本、堪培拉和苏联的彼得格勒、莫斯科等城市的大学、美术馆、博物馆讲学及进行艺术品鉴定。

廉万春（1938—2016） 杨柳青人，其父为杨柳青评书演员廉金波。年轻时，廉万春秉承家传武术并拜师风云老会岳家霖。田连元在杨柳青学习武术时，经常与其一起练功。1960 年，廉万春以优异的成绩毕业于内蒙古师范大学体育系，先后在伊金霍洛旗第一中学、伊金霍洛旗体委等单位工作。20世纪六七十年代，伊金霍洛旗武术教学几乎是一片空白。廉万春充分发挥自己的特长，经过认真而艰辛的准备，组建伊金霍洛旗第一支武术训练队。廉万春不仅培养出一批武术专业人才，他还组建田径队、男女篮球队等群众体育团体。1959年，他作为内蒙古武术队一员参加全国第一届体育运动会。1960年，他出席全国第一届武术裁判培训班，同年参加全国武术大赛，在双手带进枪比赛中获得全国第三名。1963年，廉万春参加全国第二届体育运动会期间，受到党和国家领导人亲切的接见。1966—1976年，为响应毛泽东主席横渡长江的号召，参与并组织伊金霍洛旗武装部的民兵武装泅渡。1985年，被国家授予"新中国体育开拓者"奖章、证书，应邀参加国家体委在人民大会堂宴会厅的宴请。廉万春曾担任内蒙古武术比赛总裁判长、全国运动会内蒙古武术队教练。他培养的学生多次代表内蒙古参加全国中学生田径运动会与全国武术比赛等，并多次获奖，他所在的学校被评为内蒙古体育先进单位。2008年，廉万春成为北京奥运会火炬传递手。

名人与杨柳青

袁桷与朱窝杨柳青诗 袁桷（1266—1327），字伯长，号清容居士，晚号见一居士，庆元鄞县（今浙江宁波鄞州区）人，元朝重要史学家、文学家、藏书家、书法家，是浙东史学派代表人物之一。元大德年间（1297—1307），历任翰林国史院检阅官、翰林直学士、知制诰、同修国史。后来拜为侍讲学士。袁桷奉旨修元成宗、元武宗、元仁宗三朝大典，获元英宗赏识，并参与宋史、辽史、金史撰写。元泰定元年（1324），辞官还乡。赠中书省参知政事，逝世后被追封为陈留郡公，谥文清。

纪晓岚等编《四库全书》，称赞袁桷"其诗格俊迈高华，造语亦多工炼，卓然能自成一家。盖桷本旧家文献之遗，又当大德延祐间为元治极盛之际，故其著作宏富、气象光昌，蔚为承平雅颂之声。文采风流遂为虞、杨、范、揭等先路之导，其承前启后称一代文章之巨公良无愧色矣”。在文学上袁桷是早于揭傒斯等人成名的前辈大家，是他们的“先路之导”。

袁桷路过杨柳青时曾作诗，他还特别标明：“杨柳青地近沧州，余爱其名雅，作古调五首”。这五首诗收录于《清容居士集》，袁桷是最早记录杨柳青之名的古代诗人。

羊来如与杨柳青理门 羊来如是明末清初的民间传奇人物，本姓杨，名泽，字廷贤，山东即墨县人。明朝覆亡后，杨泽改姓羊，名宰，隐居于蓟州岐山澜水洞，研究理学，创立了理门。禁戒烟酒是理门的最主要特色。康熙四十一年（1702），羊来如八十一岁时下山传道，从正定到东安（今河北省廊坊市安次），历时五载，跋涉千里，度化八处，择孝子义士，传弟子十五人，史称“羊祖八度”。其中，第五度在天津，第六度在杨柳青。董来真、刘来纯、达来鼎三人成为理门在杨柳青的最早传人。后理门成为杨柳青的主要民间信仰。

乾隆与杨柳青之名 清高宗爱新觉罗・弘历（1711—1799），清朝第六位皇帝。他曾经数次路经杨柳青，留下了许多与他相关的传说。乾隆多有诗作，辑录于《御制诗集》，其中与杨柳青相关的诗作有 7 首。

民间曾有乾隆赐名杨柳青的传说，但杨柳青之名自元代即有，并非乾隆所赐。乾隆确实就杨柳青之名做过功课。乾隆三十六年（1771），乾隆奉皇太后自圆明园启銮巡幸山东，二月初八途经杨柳青。后作《静海途中杂咏》一首：村居比栉颇宁盈，柳口由来古渡名。不见青青杨柳色，阿谁折赠寄遥情。

在诗的第三句下的小注中，乾隆皇帝针对杨柳青的实际状况，对蒋一葵记载提出疑问：“蒋一葵《长安客话》云：‘杨柳青地近丁字沽，四面多植杨柳，故名。’今其地既无柳，且丁字沽在天津城北，杨柳青在天津城西三十里，相距甚远。柳之有无或今昔异形，而沽则历史未改，记载之不足凭往往如此。”

董来真与正安堂公所 董来真（生卒年不详），杨柳青碾砣嘴村人，本名琥，字殿臣，号辛勇，以卖面为生。与羊来如相遇，成为理门六度弟子。后来，董来真不满足于所学，希望能得到羊来如更深教诲，便到羊来如隐居地蓟县岐山去朝山，但这时羊来如已经“火炼金身”（去世）。董来真正在悲伤之际，发现羊来如的遗蜕旁有一个包裹。董来真打开查看，原来是羊来如留下的“理教大法”。回到杨柳青后，董来真开始传播理教思想。

乾隆三十二年（1767），董来真在杨柳青建立了理门第一个活动场所——正安堂老公所，地址在杨柳青后大道老公所胡同内6号院。院内正房为佛堂，东厢房为伙房，西厢房为活动休息室，在厢房与南房之间有月亮门，门旁种有竹子，是杨柳青人独特的公众活动场所。胡同口有青砖圆券式拱门一座。拱门通高4.27米，宽3.29米，门宽2米。拱门古朴淡拙，风格素雅，上砌花檐，门额正面用八达码和混珠镶有青方砖匾额，砖上刻红色隶书“正安堂老公所”六字。因董来真是羊来如的六度弟子，他传承的理门一系成为六方派。此后，六方派以正安堂为中心得以流传。张次溪《天津杨柳青小志》中记载杨柳青“在理一门因严禁烟酒之益颇为昌大”。

霍元甲在杨柳青学潭腿 霍元甲（1868—1910），清末武术家，字俊卿，生于小南河村（今属西青区精武镇）。潭腿是霍元甲所练武术的重要组成部分，也是精武会所传承的基本武术套路。这门功夫是霍元甲年轻时从杨柳青学习的。当时，霍元甲经常从小南河到杨柳青王家店向风云老会的创始人王国立学习武术，其中就包括潭腿。人们称其“霍喜儿”。王国立将他介绍到河北省景县与“赵家五虎”切磋潭腿技艺，使其武功有了很大的飞跃。霍元甲在上海创办精武会时，王国立应邀携弟子赵连和、赵连城前往助威，为其捐款并传授了潭腿十路拳。直到20世纪80年代，人们才知道“霍喜儿”就是大名鼎鼎的霍元甲。

韩慕侠在杨柳青训练东北武术团 韩慕侠（1877—1947），天津西青区王稳庄大泊村人，武术家，曾先后随李存义、张占魁、应文天等九位师父习武。1915年，韩慕侠曾应张伯苓邀请，为南开中学教授武术。1918年，俄国人康泰尔在北京设擂挑战中国武术界，官方制止国内武术界与康奈尔比武。于是，韩慕侠在北京六国饭店私下挑战康泰尔，将其击倒。康泰尔将其环游世界摆擂所得11块金牌献给中华武士会，韩慕侠名声大噪，被后人誉为武林奇杰。

1924年，第二次直奉战争中，张学良拜访韩慕侠，对其执弟子礼，并邀请韩慕侠到杨柳青训练其武术团。训练地点在官斗局对岸空地。韩慕侠以八卦刀和形意五行连环枪的技法训练士兵刀法和拼刺，士兵的冷兵器实战技术得到较大提高。此后，张学良把武术团扩编为三个大刀队。

张学良曾驻杨柳青 张学良（1901—2001），字汉卿，号毅庵，辽宁人。张学良1920年毕业于东三省陆军讲武堂，先于奉系军中担任要职，“皇姑屯事件”之后，他继任为东北保安军总司令，拒绝日本人的拉拢，坚持“东北易帜”。后任中华民国陆海空军副司令，陆军一级上将。抗日战争时期，张学良积极主张抗日，反对内战。1920 年，张学良遇到流落东北的杨柳青人谷瑞玉，对其一见钟情，收留在身边。1922 年，第一次直奉战争时，张学良驻兵杨柳青，司令部设在官斗局。谷瑞玉曾到杨柳青前线看望张学良，并到战地医院当护士抢救伤员。杨柳青指挥部遭直军突袭，张学良欲寻短见，谷瑞玉抢下他的枪并激励他重振信心。此后，谷瑞玉随张学良四处征战，被称为随军夫人。1924 年，第二次直奉战争时，张学良再次驻兵杨柳青。其间，与杨柳青士绅多有交往，还曾邀请武术家韩慕侠训练东北武术团。

石毓澍与卫生事业　石毓澍生于 1918 年，祖籍杨柳青镇，后居北京市。1937 年考取公费留法，在法国里昂大学攻读医学，获医学博士学位。回国后，他先后在天津市第三医院、昆明云南大学医学院工作。1951 年，任天津市总医院内科主治医师、副主任、副教授。1957 年，晋升为教授。1971—1974 年，任解放军 305 医院内科副主任。1974 年，任天津医学院附属第二医院心胸科主任、中华医学会副会长、天津医学会会长。他发表论文 100 余篇，专著 10 余部。他注重对学生医德的培养，创办心脏学研究所和心脏科，培养出博士生 5 名、硕士生 20 名。1986 年，他被评为天津市劳动模范，1987 年被评为天津市特等劳动模范，并获“五一劳动奖章”。1988 年，法国里昂市政府授予他里昂市荣誉市民称号。石毓澍关心家乡的医疗建设和人才培养，曾被聘兼任西青医院（时称西郊医院）主任。1988 年，他组织近 20 名各科专家在西青医院开办专家门诊，并定期应诊数年。

冯骥才与名镇文化保护　冯骥才，1942 年生于天津，原籍浙江慈城，中国当代作家、画家，教授。任中国文学艺术界联合会执行副主席，中国小说学会会长，中国民间文艺家协会主席，天津大学冯骥才文学艺术研究院院长，中国民主促进会中央副主席，全国政协常委等职。20 世纪 90 年代以后，他投入文化遗产的抢救与保护工作，组织多次大型文化抢救行动，出版各种相关著作，发表大量关于文化遗产保护的思辨性与呼吁性的文章，并在海内外举行相关的演讲，对当代中国文化界产生深远影响。

从 20 世纪 80 年代末开始，为保护和抢救杨柳青木版年画这一珍贵的文化遗产，冯骥才每年踏访古镇，对画乡做了广泛的调查。他拜访玉成号年画庄的霍庆有“缸鱼年画”制作者王学勤，并去石家大院和安家大院考察。他利用春节放假时间查访民间艺人，了解民风民俗。多年来，他和当地政府一起筹划建立年画博物馆，举办杨柳青年画艺术节等，使杨柳青向着成为中国历史文化名镇、向着世界历史文化遗产的目标前进。2005 年，在中央电视台中国魅力名镇评审中，他力荐“画乡”，使杨柳青镇荣膺中国文化传承魅力名镇称号。2007 年 10 月 1 日，由他主持编著的《中国木版年画集成·杨柳青卷》出版发行。2011—2013 年，由冯骥才主编的 14 卷本《中国木版年画传承人口述史》和 22 卷本《中国木版年画集成》相继出版，为中国民间文化遗产抢救工程的重大成果，也为推动中国年画申报世界非物质文化遗产名录做出重要贡献。

郭忠萍与家乡音乐 郭忠萍，女，生于 1952 年 10 月，杨柳青人，自幼喜爱文艺。1973 年，她考入天津音乐学院作曲系。1977 年毕业后返回故乡，在西青区文化馆从事群众文化工作。曾任中国音乐家协会天津分会会员、天津市歌曲创作研究会理事、天津市民间艺术家协会会员、天津市西青区文学艺术创作研究会秘书长。她 1988 年被评聘为馆员，1996 年被评为副研究馆员，1991 年始任西青区文化馆副馆长。

在群众文化辅导工作中，她培育了大批艺术人才。同时她创作了数百首不同题材的音乐作品，其中有 80 余首歌曲在全国及省市级刊物发表并获奖。《与共和国同欢乐》在全国首届表演唱大赛中获二等奖，歌曲联唱《家乡小康情》在天津市第五届田野艺术节比赛中获一等奖,《梦在杨柳青》在天津市首届“群文杯”创作歌曲比赛中获二等奖，根据杨柳青年画改编创作的《画扇面》代表天津市在全国第九届群星奖比赛中获银奖。

在弘扬民族文化方面，她投身于民族音乐集成志书天津卷的搜集、整理、编辑等工作 10 余年。她编著的《法鼓艺术初探》一书于 1991 年由天津百花文艺出版社出版，主编的《中国民间歌曲集成·天津西青卷》一书受到天津市集成编委会的好评，撰写的论文《民歌在民俗中的体现》获天津市“群文杯”二等奖。1998 年，她获文化部、国家民族事务委员会、全国艺术科学规划领导小组颁发的荣誉证书。

大事纪略

古镇杨柳青位于大清河、子牙河、南运河三河交汇之处，在历史上漕运繁荣，水利灌溉条件便利，为天津通往晋冀乃至陕甘诸省之要地，所以历代战事频发。

新中国成立后，人民安居乐业，在经济、文化、教育、科技等方面均得到全面发展。20 世纪 50—60 年代，杨柳青镇人逐渐恢复了年画生产，使这一画苑瑰宝发扬光大。2019 年，天津市确定建设杨柳青大运河国家文化公园，为镇域打造成大运河上一颗璀璨的明珠提供了新的机遇。

明军杨柳青伏击战

明崇祯十五年（1642）十月，努尔哈赤第七子阿巴泰率清军 7 万余人，南下伐明。清军兵出燕山主峰雾灵山，穿越兴隆山峦之间，一举突破黄崖口（今黄崖关），大败明将白腾蛟等于蓟州。清军自长城黄崖口南下，在 60 天里纵贯直隶、山东，连破河间、景州、曹州、濮州，沿途连下 96 城，势如破竹，一路掠获丰足。阿巴泰率领的清兵盘踞山东半年后，于崇祯十六年（1643）春夏之交携掠获的黄金 1.2 万余两、白银 22 万余两，还有劫掠的大量物资和青壮年人口，率军北返。山东、河北两省各地明军或望风而逃，或撤兵让路。

当时，明天津巡抚冯元飏急与天津总兵周遇吉共商退兵之策。周遇吉挑选精锐骑兵 500 名，在城西杨柳青附近设伏。清兵北归途中行至杨柳青，卸甲饮马，准备宿营。清兵骄横懈怠，饮酒寻乐，毫无防范。周遇吉见时机已到，命令 200 名骑兵猛冲清兵。清兵突然遭到伏击，被打得措手不及，伤亡惨重，仓皇后撤。周遇吉依靠熟悉地形，增加 200 名骑兵冲向敌阵，将清兵分割成几段。激战到黄昏时，埋伏在玉皇庙附近的 100 名骑兵突然出击，高声呐喊明军主力将至，边喊边酣战于玉皇庙前。清兵信以为真，拼死逃命。周遇吉乘胜追击，大获全胜，并收缴大批辎重。

太平天国战事

清咸丰三年（1853），太平天国将领林凤祥和李开芳率部北伐，一路击溃清军，前锋直抵稍直口村，并控制了运河两岸的20多个村庄。当时传颂着太平军的歌谣：“杀到杨柳青，北京朝廷发了蒙；杀到天津卫，咸丰快让位。”一时，太平军锋芒所指，旗开得胜。驻扎杨柳青期间，太平军召开了“英雄会”，褒奖有功将士。有一幅寓意“英雄会”的杨柳青年画，曾由李开芳题字。

是年10月30日，由“开山王”颜三率太平军1000余人攻打天津，受阻于稍直口，双方反复争夺，激烈肉搏，因指挥有误，太平军三战皆败。太平军退驻杨柳青，扎营于报恩寺、山西会馆、文昌阁、玉皇庙等处，欲长期固守。随即，被清军合围。清军成夹攻之势，矛头直指杨柳青。是年11月7日，太平军焚烧了报恩寺、文昌阁及西关帝庙厢房和山门、玉皇庙山门，下渡船向南撤退，终在清军的追击下，至河北连镇全军覆没。

直奉杨柳青交战

1922年直奉战争中，张学良入关后占据杨柳青、王庆坨、堂二里一线。在杨柳青驻军最高峰时，有3个师约4万兵力。张学良驻杨柳青官斗局（今大寺胡同南河沿大街）内亲自坐镇指挥。随后，张学良指挥奉军由杨柳青出发，与直军在胜芳展开争夺战，后占据胜芳。4 月 30 日，直军调精锐部队至东路，吴佩孚指挥攻击张学良的奉军。张学良虽然率部顽强抗击，但直军的第 3 师、第 26 师已到达战场，奉军只好向杨柳青方向撤退。当李景林获悉直军已占领静海县，进逼距杨柳青仅 5 千米的良王庄时，便仓皇率奉军残部撤出杨柳青，退守北仓。至此，奉军在东西两路均告失败，损兵 2 万人，战败逃亡者万余人，被直军缴械者 4 万余人。第一次直奉战争结束。

国民军与奉军杨柳青战事

1925 年 12 月，隶属奉系的直隶督办李景林向国民军宣战。双方在杨柳青、北仓等地交战。李景林到杨柳青驱兵渡子牙河，进攻国民军。12 月 23 日，国直两军在杨柳青展开一天一夜的激烈交战。由于奉军军纪涣散，乱兵纷纷跑入镇内商家劫掠，国民军乘机反击，攻克杨柳青，李景林率部南逃沧县。1926 年，冯玉祥（国民军）、李景林在子牙河两岸再战，战斗激烈，李景林兵败，退入杨柳青，再次烧杀抢劫，百姓遭殃。

抗日武装夜袭日伪军

1943 年 8 月 12 日晚，中共冀中军区十分区司令员刘秉彦等率领 4 个大队的兵力，经过一夜急行军，在拂晓前到达距杨柳青 2 千米的地方休息，等待行动命令。夜幕降临，刘秉彦命令化装成日军的一个班过桥，顺利闯进杨柳青大街。后边的部队也随即过桥，奔赴指定地点。在规定时间里，43区队两个大队从杨柳青西门进去。由李树维和高云波率领的一大队直扑伪警备队。刚到门口，就被敌人岗哨发现，宁排长和2名战士冲上去卡住哨兵的喉咙，下了他的枪。2名战士打开大门，迎头碰上敌伪中队长，二人将他制服后，让他命令手下交枪。这个中队长乖乖地喊道："弟兄们，八路军把咱们包围了，交枪吧。"西院的伪军将枪都扔出来。由李树维带领部分战士进入东大院，直扑正房，俘虏2个伪警备队小头目。按事先规定，该大队打一梭子子弹为信号，表明战斗已胜利结束。奔袭杨柳青共缴获2挺机枪和其他装备，俘虏军警200余人，震慑了敌人，扩大了影响，激发了民众的抗战热情。

解放杨柳青

1948年12月20日，中国人民解放军从镇北和镇西两个方面发起了解放杨柳青的战斗。防守在杨柳青的国民党军队有1个团兵力，敌人凭借四周坚固工事，妄图负隅顽抗。在解放军的强大火力攻击下，北门和西门的敌人只坚持了几个小时，中午前后就被解放军击溃，沿运河南岸向天津市区方向溃逃。下午3时左右，解放军先头部队从西门、北门两个方向涌进镇内，猛追残敌。北门外的杨柳青火车站是敌人的坚固据点，密密麻麻的碉堡阻碍了解放军顺利进军。为保卫人民生命财产安全，解放军未使用重炮轰击，经过艰苦的进攻，终于将全镇守敌歼灭。至下午4时许，杨柳青镇宣告解放。

杨柳青木版年画普查

2005 年 6 月，杨柳青镇发出通知，要求在全镇开展杨柳青木版年画普查工作。普查的重点是在历史上出现的年画店铺、年画艺人，遗存的古旧画板、年画制作工具、年画作品等，散落在民间的年画故事、传说、谚语等与杨柳青年画相关的一切资料。普查工作自 2005 年 6 月 20 日至 9 月 10 日。为组织好此次普查工作，杨柳青镇成立木版年画普查工作领导小组。从 2011 年第二届杨柳青木版年画节后，开展了更大规模的年画普查工作。至 2017 年年末，共征集古旧画版 300 余块（套），绘制工具 20 余件；挖掘整理杨柳青年画画样 1500 余种，创新画样近 100 种。

“津娃”亮相第十三届全运会

2017 年 8 月 27 日至 9 月 8 日，第十三届全运会在天津举行，运动会吉祥物“津娃”取材于杨柳青木版年画的娃娃形象。“津娃”身着牡丹花图案服装，寓意繁荣富强、幸福安康，也蕴含着对实现中华民族伟大复兴的中国梦的美好期盼。“津娃”脚踩虎头鞋，手持火炬，飘舞红绸带，做出跳跃的动作，传递出运动的概念，寓意虎虎生威、红红火火，映衬出团结奋进、欢乐祥和的景象，具有典型的民族风格和浓郁的天津特色。经过全运会的传播，“津娃”的形象家喻户晓，让杨柳青木版年画为更多的人所了解。

杨柳青大运河国家文化公园项目

2019年10月31日，西青区举办杨柳青国家大运河文化公园大师工作营新闻发布会暨开营仪式。

该公园规划占地面积2800余亩，分为历史名镇、元宝岛、文化学镇三个板块。在规划过程中，不局限于公园论公园，而是放到立足国家战略和服务京津冀发展的格局中去谋划。该公园的规划努力把公园作为提升城市服务功能、增强文化软实力的有力举措，全力打造文化传承的载体、文化交流的平台、文化消费的场所、市民乐活的家园，成为展现大运河历史风貌、呈现时代风采、彰显津沽文化价值的国家级标志性工程。

2021年4月1日，天津市委、市政府召开长城、大运河文化保护传承利用工作专题会议，合并召开市大运河文化保护传承利用暨长城、大运河国家文化公园建设领导小组会议。会议听取杨柳青大运河国家文化公园（元宝岛）概念规划方案汇报，并对前一段的工作给予充分肯定。

主要参考文献

《清实录·大清圣祖仁皇帝实录》(中国第一历史档案馆)

《清实录·大清高宗纯皇帝实录》(中国第一历史档案馆)

来新夏主编:《天津近代史》，南开大学出版社，1987年。

南炳文、高洪钧、王鸿涛编著:《天津古代人物录》，天津人民出版社，1993年。

梅成栋纂，卞僧慧、濮文起校点:《津门诗钞》，天津古籍出版社，1993年。

静海县志编修委员会编著:《静海县志》，天津社会科学院出版社，1995年。

赵学敏等主编:《杨柳青镇志》，天津社会科学院出版社，1995年。

来新夏、郭凤岐主编:《天津通志·旧志点校卷》，南开大学出版社，2001年。

天津市西青区地方志编修委员会编:《西青区志》，天津社会科学院出版社，2003年。

王洪逵著:《杨柳青人赶大营史实》，新蕾出版社，2004年。

马淑霞、郭忠萍编:《杨柳青的老买卖》，新蕾出版社，2004年。

谢玉明编著:《杨柳青古今兵战传奇》，新蕾出版社，2005年。

赵继华等主编:《抗日烽火在天津》，天津人民出版社，2005年。

《嘉庆帝起居注》，广西师范大学出版社，2006年。

宫桂桐、韩志勇编著:《杨柳青石家大院》，新蕾出版社，2006年。

宫桂桐著:《杨柳青民居石雕图录》，新蕾出版社，2008年。

吴永贵主编:《杨柳青剪纸》，新蕾出版社，2008年。

王敬模、张国梅、袁守云点校：民国《静海县志》，天津社会科学院出版社，2008年。

王敬模、张国梅点校：清同治《重辑静海县志》，天津社会科学院出版社，2008年。

周海山主编:《奇台县志》，新疆生产建设兵团出版社，2009 年。

赵文月主编:《杨柳青寺庙》，新蕾出版社，2013 年。

徐文路著:《杨柳青儿童百戏》，新蕾出版社，2013 年。

吉朋辉主编:《天津运河故事》，天津人民出版社，2014 年。

天津市口述史研究会、天津市西青区政协编:《丝路津商 · “赶大营” 资料汇编》，天津人民出版社，2014 年。

张利民等主编:《丝路津商》，天津人民出版社，2016 年。

方兆麟著:《丝路寻踪 · 津商赶大营》，中国文史出版社，2018 年。

天津市西青区年鉴编修委员会办公室编:《天津市西青年鉴（2018）》，天津古籍出版社，2018 年。

天津市西青区档案馆、天津市西青区融媒体中心编:《赶大营记忆》，天津古籍出版社，2020 年。

西青区政协编:《赶大营纪事》，天津社会科学院出版社，2021 年。

冯立主编:《西青古诗词集萃》，天津人民出版社，2021 年。

李桂强主编:《运河明珠》，天津人民出版社，2021 年。

编后记

《杨柳青镇志》的编修工作始于2017年8月。工作伊始，我们组织有一定修志经验的老同志建起专门的工作团队，并组织修志人员认真学习中国地方志指导小组办公室印发的《中国名镇志文化工程实施方案》等重要指导性、规范性文件。在此基础上制定出《杨柳青镇志》搜集资料和志稿编写篇目。

因杨柳青镇历史悠久，文化积淀深厚，地方特点比较突出，在搜集资料工作阶段，我们将能反映杨柳青各方面特点的事物归纳整理，整理成资料长编。2017年12月中旬，基本完成资料搜集、整理、打印和资料长编工作。

2017年10月24日，镇志初稿编写成员召开会议，进行工作分工：由赵继华总体负责组织编写和统稿工作；由徐凤琪负责“津西重镇”（基本镇情），“画苑瑰宝”（杨柳青年画），“艺术传承”（民间文艺），“河畔风情”（民间习俗相关内容），“名仕乡贤”（人物传略），“善行义举”（名人与杨柳青）等部分的初稿撰写；王洪海负责“丝路商旅”（杨柳青人赶大营），“文物胜迹”（名胜古迹相关内容），“津沽古镇”（古建筑、古遗址、古墓葬等），“名门望族”（石氏家族、石家大院），“要事纪略”（大事纪略），“艺文撷萃”（艺文杂记）等部分的初稿撰写；吴文瑞负责照片的搜集、拍摄工作。2018年3月10日，镇志初稿编写人员再次集中研究解决编写工作中的问题，交流工作进度情况。

2018年4月末至6月，镇志初稿陆续汇总，由赵继华开始总纂工作。总纂工作主要从以下几个方面对志稿进行精细加工：一是进一步完善调整篇目，将杨柳青特色事物置于更为突出的位置，得到充分反映；二是认真核实收入资料的真实性、准确性；三是按照严谨、朴实、简洁、流畅的记述要求，统一规范文体、文风；四是落实书写规定，在称谓、数字、标点符号、计量单位等方面严格执行有关规定。2018年9月，完成镇志稿总纂工作，交予杨柳青镇政府组织安排志稿初审。

2018年11月12日，在镇政府召开《杨柳青镇志》初审会议，西青区档案局局长林小琳、副局长薛安鲁等出席，杨柳青镇副镇长符新华主持会议。杨柳青镇老同志方文贤、胡有刚谈了对志稿的初审意见，在肯定志稿的同时，从记述内容，反映特点等方面提出一些具体修改意见。2018 年 12 月 4 日，天津市地方志办公室区县志指导处处长邹积浩到杨柳青镇指导镇志编修工作，西青区档案局副局长薛安鲁、杨柳青镇党委委员符新华出席。邹积浩重点对保障镇志编纂质量提出要求，市地方志办公室韦恬、区档案局谢连华从不同侧面对编好《杨柳青镇志》提出意见和建议。

2019 年 1 月 3 日，西青区档案局组织召开“中国名镇志、名村志、影像志工作座谈会”，天津市地方志办公室方志指导部主任张月光出席会议，西青区档案局副局长薛安鲁主持会议。2019 年 2 月 27 日，由西青区地方志办公室组织召开《杨柳青镇志》终审会议。会议邀请有关专家对镇志稿在体例结构、记述史实、文字表述、突出特点等方面给予评审，提出许多中肯意见和建议。张月光宣布《杨柳青镇志》稿通过终审。薛安鲁就下一步对志稿进行修改完善提出意见和建议。会后，由王洪海归纳吸收评审会中专家提出的各类意见和建议，认真对志稿进行修改。然后由赵继华再次进行统稿。

在《杨柳青镇志》的编纂过程中，有幸得到中国名镇志文化工程办公室老师和相关专家的指导和帮助。由于我们最初对名镇志体例结构方面理解存在偏差，过多地强调《杨柳青镇志》“独”与“特”的记述，使志稿在篇目设置和编纂规范方面存在很多问题。中国名镇志文化工程办公室老师与相关专家对《杨柳青镇志》稿在篇目和编纂规范以及准确表述等方面提出中肯、详细的修改意见，使我们获益颇深。

2020 年 5 月,《杨柳青镇志》稿修改工作完成，上报天津市地方志办公室审核。2021 年 2 月开始，根据方志出版社审稿意见，我们对志稿再次进行修改完善。本志编修顾问冯立老师提供了大量古诗词和人物资料，进一步丰富了有关类目记述。此次改稿工作于 2021 年 5 月末完成。

《杨柳青镇志》在编纂过程中，得到天津市文博院原院长李家麟、天津市文化遗产保护中心副主任盛立双的热情指导和帮助。西青区宫桂桐、刘体洪、赵金婉等为本志提供大量照片资料；徐文路、刘彦生对志稿提出了很好的修改意见。工作中，还得到天津市地方志办公室、西青区地方志办公室领导及各位老师的指导和帮助，在此一并深表谢意！

编者

2021 年 5 月

中国名镇志丛书

《周庄镇志》
《第一关镇志》
《钱清镇志》
《冶源镇志》
《角直镇志》
《同里镇志》
《三阳镇志》
《枫泾镇志》
《李庄镇志》
《天穆镇志》
《虎门镇志》
《小榄镇志》
《北庭镇志》
《青木川镇志》
《永宁镇志》
《沙家浜镇志》
《虞山镇志》
《泽国镇志》
《南翔镇志》
《千灯镇志》
《东山镇志》
《巴城镇志》
《阳澄湖镇志》
《松口镇志》
《震泽镇志》
《黎里镇志》
《浏河镇志》
《锦丰镇志》
《寨市苗族侗族乡志》
《汤池镇志》（安徽）
《湾头镇志》
《中心店镇志》
《乌镇志》
《保安镇志》
《德凤镇志》
《瑷珲镇志》
《王家坪镇志》
《穆云畲族乡志》
《北京街道志》
《王村镇志》
《八一镇志》
《双林镇志》
《棘洪滩街道志》
《凤凰镇志》
《烟店镇志》
《光福镇志》
《梅李镇志》
《高家堡镇志》
《杨岭镇志》
《金港镇志》

《云梯畲族乡志》
《马口镇志》
《杨舍镇志》
《杨店镇志》
《河图镇志》
《浔中镇志》
《孤山镇志》
《汤池镇志》(湖北)
《伍洛镇志》
《汤家汇镇志》
《陇城镇志》
《塘桥镇志》
《兴隆华侨旅游经济区志》
《胜坨镇志》
《来凤街道志》
《木渎镇志》
《锦溪镇志》
《黄龙溪镇志》
《店塔镇志》
《镇湖街道志》
《北七家镇志》
《瓜洲镇志》
《安仁镇志》
《浦口镇志》
《唐崖镇志》
《和顺镇志》
《老城镇志》
《里耶镇志》
《芙蓉镇志》

《博鳌镇志》
《唯亭街道志》
《重安镇志》
《烔炀镇志》
《张谷英镇志》
《鸦滩镇志》
《玉皇庙镇志》
《木洞镇志》
《采育镇志》
《下司镇志》
《德平镇志》
《龙池镇志》
《浦市镇志》
《黄楼街道志》
《冉庄镇志》
《金庭镇志》
《石牌镇志》
《元和街道志》
《古现街道志》
《光塔街道志》
《邵伯镇志》
《石杨镇志》
《杨柳青镇志》
《天桥街道志》
《柘皋镇志》
《西沱镇志》
《咸水沽镇志》
《茶阳镇志》
《崖城镇志》